SCORPIO

Prof. Dr. Bettina M. Pause

Shirley Michaela Seul

Verbundenheit

Das starke Gefühl, das uns glücklich und gesund macht

SCORPIO

Umschlaggestaltung: Hauptmann & Kompanie Werbeagentur, Zürich,
unter Verwendung eines Motivs von © Navalnyi/shutterstock.com
Layout und Satz: Margarita Maiseyeva
Druck und Bindung: GGP Media GmbH, Pößneck
ISBN 978-3-95803-485-3

www.scorpio-verlag.de

Those Were the Days

Once upon a time there was a tavern
Where we used to raise a glass or two
Remember how we laughed away the hours
And think of all the great things we would do

Refrain:
Those were the days my friend
We thought they'd never end
We'd sing and dance forever and a day
We'd live the life we choose
We'd fight and never lose
For we were young and sure to have our way

* * *

Then the busy years went rushing by us
We lost our starry notions on the way
If by chance I'd see you in the tavern
We'd smile at one another and we'd say

Refrain:
Those were the days my friend
We thought they'd never end
We'd sing and dance forever and a day
We'd live the life we choose
We'd fight and never lose
Those were the days, oh yes those were the days

* * *

Just tonight I stood before the tavern
Nothing seemed the way it used to be
In the glass I saw a strange reflection
Was that lonely woman really me?

Refrain:
Those were the days my friend
We thought they'd never end
We'd sing and dance forever and a day
We'd live the life we choose
We'd fight and never lose
Those were the days, oh yes those were the days

* * *

Through the door there came familiar laughter
I saw your face and heard you call my name
Oh, my friend we're older but no wiser
For in our hearts the dreams are still the same

Refrain:
Those were the days my friend
We thought they'd never end
We'd sing and dance forever and a day
We'd live the life we choose
We'd fight and never lose
Those were the days, oh yes those were the days[1]

---

1 »Those were the Days« wurde 1968 von der walisischen Sängerin Mary Hopkin gesungen. Die Melodie geht auf ein russisches Volkslied zurück. Das Lied gibt es in vielen Sprachen, darunter Deutsch, Französisch und Hebräisch. Die englischen Lyrics stammen von Gene Raskin.

Inhaltsverzeichnis

Zauberhaft!

Als ich mit Anfang vierzig meine Professur für Biologische und Sozialpsychologie in Düsseldorf antrat, ging dieser Ortswechsel für mich mit überraschend viel Körperkontakt einher. Kaum hatte ich jemanden privat kennengelernt, wurde ich beim nächsten Treffen umarmt; Küsschen rechts in die Luft, Küsschen links in die Luft. Natürlich kannte ich die Sitten und Gebräuche jenseits meiner norddeutschen Heimat, wo man sich deutlich seltener umarmt, und wenn, dann betont herzlich: kurz und kräftig. Ob Düsseldorf oder München, diese für mich als Norddeutsche distanzlose Art der Begrüßung kam mir vor wie eine beiläufig vollzogene Körperfloskel. Nun gut, wenn die Gepflogenheiten hier so waren … Ich gewöhnte mich schnell daran.

Länger dauerte es, mich an das Befremden zu gewöhnen, das ich hervorrief, wenn ich Unbekannten in die Augen schaute. Ich war es gewohnt, in der Öffentlichkeit auch mit Fremden Blickkontakt zu suchen, für mich die direkte Art von Verbindung. Doch in Düsseldorf wie in vielen anderen Großstädten galt dies gemeinhin als aggressiv. Unvergessen ist mir eine Frau im Bus, die meinen freundlichen Blick mit einer ruppigen Bemerkung quittierte und von mir wissen wollte: »Was denken Sie sich dabei, mich so anzustarren?«

Starren? Ich hatte doch nur geschaut. Und gedacht hatte ich gar nichts, was ich nun nachholte, indem ich mir ziemlich viele Gedanken machte. Ich kam zu dem bekannten Schluss, dass man in größeren Städten gut beraten ist, Augenkontakt zu meiden, sich selbst sozusagen aus dem Verkehr zu ziehen, gar nicht da zu sein: unsichtbar. Denn die Folgen des Augenkontakts könnten übel sein. Jemand könnte sich provoziert fühlen, und das könnte mit einem blauen Auge enden. Also lieber gar nicht schauen und nicht Gefahr laufen, eine unheilvolle Verbindung einzugehen.

Doch wie wir es auch drehen und wenden: Wir müssen Verbindung eingehen. *Ohne Verbindung können wir Menschen als soziale Wesen nicht leben.*

Ja, auch nicht als biologische. Denn wir atmen. Alle atmen dieselbe Luft. Ein und aus. Durch unseren Atem sind wir verbunden, mal mehr, mal weniger intensiv. Je kälter die Luft, desto weniger Stoffe werden flüchtig, je wärmer die Luft, desto mehr. Wer wusste vor fünf Jahren schon genau, was es mit Aerosolen auf sich hat. Heute wissen wir es alle. In einem geheizten Raum, in dem wir uns mit anderen Menschen aufhalten, schwirren aber nicht nur mehr Aerosole herum, wir erhalten auch viel mehr menschliche Informationen über andere als in einem kalten Raum. Wir tauschen nämlich nicht bloß Viren aus, sondern vielzählige Statements darüber, wer wir sind, wie es uns geht und was wir zu tun beabsichtigen. So verraten wir in der Kommunikation über Körpergerüche, der Chemokommunikation, etwas über uns und erfahren gleichzeitig etwas über andere. Und das alles, ohne es bewusst zu merken. Wir sind miteinander verbunden … und haben meistens keine Ahnung davon.

Verbundenheit ist neben Essen, Trinken und Schlafen das wichtigste Grundbedürfnis des Menschen. Fehlt sie vollständig, das haben viele Studien gezeigt, werden Menschen dauerhaft traurig, geraten in eine schwere Depression, werden ernsthaft krank, auch krebs- und herzkrank, sind anfälliger für Diabetes und ernste psychische Störungen, Angsterkrankungen und Schizophrenie und werden früher dement. Nicht ohne Grund werden soziale Isolation als schwere Strafe und vollständige Isolation als Folter eingesetzt. *Bei längerem Verlust der Verbundenheit ist die Wahrscheinlichkeit, vorzeitig zu sterben, um 50 Prozent erhöht.*

Verbundenheit ist also etwas enorm Wichtiges. Und dennoch kümmern wir uns in der Regel nicht wirklich darum. Es ist so ähnlich wie in einem Aquarium. Das Wasser ist einfach da. Es geht so lange gut, bis es kippt. Bis die Fische mit den Bäuchen oben treiben. Dann wird es sicht- und riechbar: Da stimmt etwas nicht.

Wann haben Sie sich das letzte Mal mit einem Menschen oder etwas verbunden gefühlt? Verbundenheit kann auch bedeuten, Fan eines Fußballklubs zu sein, oder bei gemeinsamen Unternehmungen mit Fremden. Die soziale Welt ist der Dreh- und Angelpunkt unserer Existenz. Wir sind ständig damit beschäftigt herauszufinden, wie andere »drauf sind«, interpretieren ihr Verhalten, verbinden uns in gemeinsamen Sichtweisen, orientieren uns an wahrgenommenen Stimmungen, wollen dazugehören, manchmal um jeden Preis. Denn intuitiv wissen wir: Allein sind wir verloren. Nur im Verbund mit anderen sind wir lebensfähig. Gleichzeitig üben Einzelkämpfer, die angeblich völlig unabhängig sind, eine starke Faszination auf uns aus. Frei und ungebunden, individualistisch bis zur Egozentrik – doch in Wahrheit sind es arme Würstchen. So zu leben geht auch nicht lange gut und im Kino gerade mal knapp zwei Stunden.

Tatsache ist, dass unser Leben durch die Erfahrung von Verbundenheit erst sinnvoll wird: einer anderen Person oder Personengruppe in vertrauensvoller Beziehung zuzugehören. Verbundenheit ist neben dem Selbstwert und der persönlichen Freiheit ein hohes Gut. Weil Menschen das Wichtigste für Menschen sind, brauchen wir das Gefühl, verbunden zu sein.

Wir schauen uns an und lesen uns von den Augen ab, dass wir einer Meinung sind.

Wir fühlen uns aufgehoben im Zusammensein.

Wir wissen, was richtig und falsch ist, weil andere das genauso sehen.

Hast du das eben auch gespürt?

Ja, hab ich.

Schon mit einer Betrachtungsweise allein dazustehen, kann unendlich schmerzvoll sein. Man fühlt sich unverstanden, im Stich gelassen, isoliert ... so beginnt manchmal der dornenvolle Pfad in die Depression. Die Geborgenheit in der Verbundenheit ist wichtiger als die Verbindung zum Computer. Auch wenn wir mutmaßen, ohne Smartphone wären wir verloren – in Wirklichkeit sind wir es ohne Menschen.

Wie wichtig Verbundenheit für die Lebensqualität ist, haben viele Menschen tatsächlich erst durch Covid-19 bemerkt. Man hat sich vorher nie Gedanken darüber gemacht, war selbstverständlich Teil einer Gemeinschaft. Niemand wäre auf die Idee gekommen, in zum gesellschaftlichen Klebstoff gehörenden Gesten Gefahren zu wittern, nun gut, außer ein paar Virologen. Man hat sich umarmt und Hände geschüttelt, man hat sich Küsschen auf die Wangen gehaucht und sich herzlich gedrückt.

Plötzlich war das nicht mehr möglich. Was vorher ein warmes schönes Gefühl machte, wurde nun zu einer potenziellen Todesdrohung. Der Mensch gegenüber war nicht mehr nur mein Freund, Verwandter, Bekannter, Nachbar, sondern jemand, der mich an die Beatmungsmaschine bringen kann. Also jemand, mit dem ich mich auf keinen Fall verbinden darf. Wenigstens nicht körperlich. Man kann ja trotzdem nah sein. Auch wenn man sich nicht sieht, nicht spürt, nicht riecht.

Tatsächlich?

Die Forschung sagt Nein. Und ganz tief drin wissen die meisten von uns, dass sie recht hat, auch wenn wir anfangs dachten, das kriegen wir schon hin. Ein paar Monate, dann ist alles wieder gut.

Aus den Monaten der gekappten Verbindung sind Jahre geworden, und die Veränderungen sind noch nicht absehbar, zumal einige aktuelle Studien gravierende und langwierige Folgen ankündigen. Denn bei all unseren Maßnahmen haben wir die Rechnung ohne den Wirt gemacht: die Seele. Menschen bestehen nicht nur aus einem Körper, wir sind beseelte Wesen. Seelen ohne Verbindung leiden, manchmal bis zum Suizid. Warum das so ist, werde ich auf den folgenden Seiten darlegen.

Seit mehr als 20 Jahren beschäftige ich mich mit der chemischen Kommunikation beim Menschen. Also mit jenen unbewussten Ausdrucksmöglichkeiten, die Nähe voraussetzen und die einen erheblichen Einfluss auf unsere physische und psychische Verfassung, auf unsere Gesundheit haben. Im Laufe meiner wissenschaftlichen Arbeit hat sich deutlich herauskristallisiert, dass die soziale Bindung eine Art Lebenselixier für uns Menschen ist. Sie hält uns am Leben, schützt uns vor Krankheit und macht uns froh. Wenn sie fehlt, wenn wir sozial isoliert sind und in die Einsamkeit abdriften, haben wir ein ebenso erhöhtes Risiko, schwer zu erkranken und früh zu sterben, als würden wir uns maßlos dem Nikotin und Alkohol zuwenden.

Anhand von Millionen von Datensätzen ist schon lange bekannt, wie wichtig Verbundenheit und wie desaströs Einsamkeit ist. Aus diesem Grund hat England vor einigen Jahren auch einen Einsamkeitsminister berufen.

Verbundenheit mit nahen Menschen, das kennen wir alle, macht uns ein warmes Gefühl, das Herz wird weit, alles scheint zu fließen. Ganz egal, von wem die Initiative ausgeht, findet sie Resonanz, dann strömt es. Ein lieber Mensch streichelt mir über die Hand, schaut mich an mit Zuneigung im Blick. Oder ich schaue, und mein Schauen wird erwidert; jemand hat mit einer Kleinigkeit an mich gedacht, oder ich habe an jemanden gedacht, auch mein Denken an ihn verbindet mich.

Verbindung kann entstehen mit fremden Menschen, die es danach nicht mehr sind. Man tauscht auf der Straße ein Lächeln mit einer unbekannten Person, erhält oder schenkt ein Kompliment, das Herz auf der Zunge, und hört »you made my day«. Manchmal kann eine flüchtige Begegnung im Vorübergehen zu einer Verbindung werden, die über Jahre, Jahrzehnte hält, an die man sich immer erinnert … Als das Kind mit dem Roller gegen den Laternenpfahl gefahren ist und ich diese fremde Frau angeschaut habe und wir beide wie auf Kommando losgelaufen sind. Wir waren eins in unserer Reaktion und Sorge um das kleine Mädchen. Und später noch verbunden in der Erleichterung, dass nichts Schlimmes passiert ist …

Kein Wort wurde gewechselt. Man weiß nicht, wie die andere heißt, woher sie kommt, wohin sie geht. Aber es gibt einen Moment, in dem die Zeit stillsteht. Es ist der Moment der Verbindung. Er kann auch im gemeinsamen Lachen erlebt werden, man teilt den gleichen Humor, sitzt mit vielen fremden Menschen in einem Konzert und erfreut sich an der Musik, egal welcher Tonart.

Wann immer wir etwas gemeinsam mit anderen Menschen tun, tanzen, singen, spielen, uns gemeinsam bewegen, verstärkt sich das Gefühl der Verbundenheit, und das dient später oft als Anknüpfungspunkt für eine weitere gemeinsame Zukunft.

Ohne Verbindung keine Gemeinschaft. Verbundenheit ebnet dem Vertrauen den Weg, was zu noch mehr Verbundenheit führt.

Verbundenheit wächst in die Tiefe, doch sie ankert nie. Sie macht glücklich und gesund … wie alles, was uns lieb und teuer ist. Sie lässt sich jedoch nicht festmachen, einfangen. Ihrem Wesen nach ist sie flüchtig, das macht ihren Wert aus. Sie ist ein unsichtbarer Zauber, der sich jederzeit verflüchtigen kann wie ein Duft. Und nun folgen wir ihrer Fährte …

Gleich und Gleich gesellt sich gern

Auf einem Geruchskongress in Stockholm war ich mit einigen Kollegen zum Abendessen verabredet und wartete in der Lobby des Hotels. Ich hatte den ganzen Tag konzentriert zugehört, referiert, diskutiert und genoss es, eine Weile meine Blicke schweifen zu lassen. Sie blieben an einer kleinen Bar in einer Ecke der Lobby hängen, wo sich auf stylischen Hockern am Tresen ein Mann und eine Frau augenscheinlich eben kennenlernten. Die nächsten Minuten verbrachte ich wie im Kino. Leider war die Tonspur ausgefallen, ich konnte nur sehen, nicht hören, aber letztlich spielte das keine Rolle, so eindeutig war das Drehbuch.

Spiegeln schafft Vertrauen

Die beiden saßen sich offen zugewandt gegenüber wie ein Paar, was sie vermutlich auch werden würden, wenn auch ungewiss war, für wie lange. Alle ihre Gesten signalisierten es, und vor allem die Art und Weise, wie sie sich spiegelten. Sie beugte sich vor, er beugte sich vor. Er hob sein Glas, sie hob ihres. Sie stützte den Kopf auf, er tat es ihr gleich. Er lehnte sich zurück, sie lehnte sich zurück. Die beiden zeigten die täglich milliardenfach gezeigte Choreografie, die Menschen vollführen, die sich sympathisch sind, sich mögen, lieben. So bekannt ist dieser Tanz, dass er in Kommunikationstrainings geübt wird. Man spricht dann vom »Spiegeln« und rät den Teilnehmern: Tun Sie, was Ihr Gegenüber tut, das schafft Vertrauen. Das Spiegeln des anderen findet sogar auf einer gänzlich unbewussten Ebene statt. Im psychologischen Labor können wir dabei mittels Elektroden leichte Schwankungen der Herzrate und der Hautleitfähigkeit aufzeichnen. Wir erhalten dadurch einen Hinweis auf die Aktivierung des sogenannten vegetativen Nervensystems. Dabei wurde vor Kurzem die folgende Beobachtung gemacht: Wenn bei zwei einander unbekannten Menschen – von beiden unbemerkt – die körperliche Aktivierung zeitgleich ganz leicht abfällt oder ansteigt, ist dies die beste Voraussetzung dafür, dass sie sich beide in dieser unbewussten körperlichen Verbundenheit gegenseitig für sehr attraktiv halten. Diese Verbundenheit kann innerhalb weniger Minuten entstehen.[1]

Der Geruch lügt nicht

Haben Sie sich schon einmal über einen Kinderwagen gebeugt, und wenn der kleine Mensch darin Laute des Wohlbefindens ausstieß, diese imitiert? Haben Sie schon einmal mit einem Kind gespielt, und plötzlich ist ein Ball unter das Sofa gerollt? Das Kind schaut Sie mit kullerrunden Riesenaugen an, und Sie machen Ihre Augen auch weit und groß und rufen erstaunt »Ui! Wo ist er jetzt hin?« Falls Sie eine Hundefreundin sind: Haben Sie sich schon einmal vom Gähnen Ihres Hundes anstecken lassen und mitgegähnt, und dann diese gemeinsame Entspannung genossen, in der noch viel mehr steckt: eine tiefe Verbundenheit. Es klappt sogar andersrum: Hunde lassen sich auch von menschlichem Gähnen anstecken, und diese Gefühlsübertragung ist umso stärker, je besser sich Mensch und Hund kennen.[2] Und wie ist es, wenn ein geliebter Mensch heiter ist oder traurig? Innerhalb von Sekundenbruchteilen kann sich das Gefühl auf uns übertragen. Ja, die Kommunikationscoachs haben recht. Was sie lehren, basiert auf wissenschaftlichen Erkenntnissen meines Fachbereichs, der Psychologie.

Dennoch ist es ein großer Unterschied, ob wir bloß so tun als ob – oder ob wir spüren, was wir tun, ob wir authentisch sind.

Ein untrügliches Messinstrument für die Wahrheit ist unsere Nase. Der Geruch, den jeder Mensch unentwegt ausdünstet, lügt nie, und mittels unseres Bauchgefühls können wir wahre Empathie von der Ware Empathie unterscheiden.

Leider musste ich die Beobachtung des Paares im Foyer aufgeben, denn zwei meiner Kollegen traten aus dem Fahrstuhl … und kamen im Gleichschritt auf mich zu.

Der Eisbrecher-Effekt

In der Psychologie bezeichnen wir das landläufige »Spiegeln« als Verhaltenssynchronizität. Ohne diese Verbindung wäre vieles nicht möglich, wie zum Beispiel gemeinsames Tanzen. Und sie macht glücklich, denn es werden Endorphine, also körpereigene Opiate, ausgeschüttet.[3] Wir fühlen uns pudelwohl, vielleicht sogar richtig glücklich, warm, geschützt, vertraut. Das kennen wir auch vom gemeinsamen Singen oder Lachen. Wenn einander Unbekannte miteinander singen, entsteht unmittelbar ein Gefühl von Verbundenheit und Freude. Wir sprechen vom »Eisbrecher-Effekt«, da das Gefühl von Gemeinsamkeit und Verbundenheit direkt entsteht ohne vorherige Gespräche und langwieriges Kennenlernen. Manche Wissenschaftler gehen davon aus, dass das Singen in der menschlichen Evolution entstanden ist, um in größeren Gruppen von Menschen Bindung herzustellen. Damit wird die Voraussetzung für soziale Unterstützung und Altruismus geschaffen.[4]

Verhaltenssynchronizität zeigt sich auch beim Umarmen, Streicheln, Schmusen, Küssen und Austauschen anderer Zärtlichkeiten. Doch wenn es dazu kommt, kennen wir uns vermutlich schon ziemlich gut, besser als die beiden im Foyer, die noch einen langen Weg vor sich haben könnten. Den sehen wir uns nun genauer an.

Wie du mir, so ich dir

Es gibt vielerlei Arten von Beziehungen. Häufig beginnen sie in Gestalt einer sogenannten Austauschbeziehung. In diesem Stadium haben wir noch keine verlässlichen Gefühle zu einem Menschen, den wir noch als eher unbekannt einstufen. Wir rechnen häufig auf: Ich habe ihm eine Tasse Kaffee bezahlt, jetzt muss er mir eine bezahlen. Ich habe ihn mit dem Auto ein Stück mitgenommen, jetzt habe ich was bei ihm gut. In Austauschbeziehungen muss es in erster Linie gerecht zugehen.

Die sogenannte Ungleichheitsaversion besteht nicht nur beim Menschen, wir finden sie auch bei anderen Säugetieren, wie zum Beispiel Hunden, Kapuzineräffchen oder Schimpansen.[5] Allen Arten gemeinsam ist ein Gefühl dafür, dass niemand bevorteilt oder benachteiligt werden sollte. Darauf wird umso mehr geachtet, je unbekannter sich die einzelnen Individuen sind. In einem mittlerweile sehr bekannten Versuch von Sarah Brosnan und Frans de Waal[6] konnten Kapuzineräffchen einen kleinen Gegenstand in Futter eintauschen, entweder in Gurkenscheiben, die sie recht gerne essen, oder in Weintrauben, die sie über alles lieben. Wenn die Äffchen allein waren, fanden sie es okay, wenn sie auch mal eine Gurke bekamen, es kann ja nicht immer Weintrauben geben. Befanden sie sich allerdings in Sichtweite eines zweiten Äffchens und konnten sie sehen, dass das andere Äffchen eine Weintraube im Austausch für den Gegenstand erhielt, während sie selbst bloß eine Gurke bekommen hatten, waren sie so erbost über diese Ungerechtigkeit, dass sie dem Versuchsleiter die Gurkenscheibe an den Kopf warfen. Lieber nichts essen, als ungerecht behandelt zu werden! Später zeigte sich bei Schimpansen, dass die Ungleichheitsaversion am stärksten bei unbekannten Individuen auftrat und bei langjährigen Freunden kaum noch zu beobachten war.

Beziehung auf dem Prüfstand

Solche »Berechnungen« werden also mit dem Gefühl der Verbundenheit weniger und hören schließlich ganz auf. Die Beziehung tritt in eine neue Phase, man könnte sagen, die erste Prüfung ist bestanden. Vertrauen ist gewachsen, wir fühlen eine deutliche Verbindung und tun dem anderen gern einen Gefallen, schenken ihm gern etwas und freuen uns, wenn er sich freut. Wir befinden uns nun in einer sogenannten Gemeinschaftsbeziehung. Hier macht es uns nichts aus, wenn wir etwas geben, ohne etwas dafür zu bekommen. Natürlich darf das nicht einseitig werden, doch meistens achten Menschen intuitiv darauf, dass die Balance stimmt. Denn beide sind ja interessiert an dieser Verbindung. Beide freuen sich daran.

Auch Affen helfen einander, ohne dass sie etwas dafür bekommen würden.[5] Wir sprechen hier von einem altruistischen Hilfeverhalten. In einem Versuch können Kapuzineraffen eine von zwei unterschiedlichen Spielmarken wählen, die danach gegen ein Stück Apfel eingetauscht werden kann. In Sichtweite des Äffchens sitzt ein weiteres Äffchen, das keine Spielmarken erhält. Wählt das Äffchen nun eine bestimmte, die »pro-soziale« Spielmarke, bekommt auch das andere Äffchen einen Apfel, während es bei der anderen leer ausgeht. In vielen solcher Versuche konnten die Forscher beobachten, dass das erste Äffchen umso häufiger die pro-soziale Marke wählte, je höher die Bindungsstärke zwischen den beiden Tieren war, also je besser sie sich kannten und je enger sie miteinander befreundet waren. Die Belohnung für das erste Äffchen war immer die gleiche, es erhielt bei beiden Spielmarken die gleiche Menge Apfel. Doch mit zunehmender Verbundeinheit wuchsen die Empathie, die Besorgnis um den anderen, das Mitgefühl und der Wunsch, dass es dem anderen gut geht.

Die Bindung verstärkt sich durch das Vertrauen, das zum vorherrschenden Bindemittel wird. Wir mögen den oder die andere – haben sie zum Fressen gern, total lieb, würden unser letztes Hemd für sie geben. Ein warmes Strömen, wenn wir an sie denken, wenn wir sie sehen. Es erfüllt uns mit Freude und Glück, wenn wir ihnen etwas Gutes tun können. Doch so ganz uneigennützig ist das nicht, denn wir profitieren selbst enorm von unseren kleinen Aufmerksamkeiten, auch bei Fremden oder nur oberflächlich Bekannten. Unsere Großzügigkeit, unsere Freundlichkeiten sind wie ein Bumerang: Indem wir einem anderen Menschen nahekommen, erweitern wir unser Selbst. Etwas Neues tritt herein. Ein neues Lieblingsgericht, eine neue Musikrichtung, eine inspirierende Lebenseinstellung, eine interessante Meinung, wir machen einen Ausflug in ein anders Land und verlassen den gewohnten Rahmen.

Andere Menschen bieten uns immer die Chance, unseren Horizont zu erweitern. Je näher wir einem anderen kommen, umso intensiver werden diese bereichernden Erfahrungen, da wir einen guten Freund mit in unser Selbst integrieren. Verbindung führt also zu Selbsterweiterung und einer Vergrößerung der Selbstkomplexität.

Es liegt auf der Hand, warum dies große Vorteile bietet: Je mehr Aspekte ich für mich wichtig finde, die mich persönlich ausmachen, je komplexer sich meine Persönlichkeit entwickelt, desto stabiler und glücklicher bin ich. Angenommen, meine Fähigkeiten würden sich darauf beschränken, dass ich leidlich gut Klavier spiele. Wenn dies das Einzige wäre, was ich an mir wertschätze, und ich mich dann beim Vorspielen in der Tonart vergreife, wird mich das zutiefst erschüttern. Alles futsch! Sind aber noch mehrere andere Aspekte meiner Persönlichkeit wichtig und ich bin zum Beispiel stolz darauf, gut kochen oder zeichnen zu können oder über ein fundiertes politisches Wissen zu verfügen, kann mich ein Fehlgriff nicht allzu sehr erschüttern. Es ist wie in vielen Bereichen des Lebens: Je breiter wir aufgestellt sind, je komplexer die Aspekte unseres Selbst sind, desto besser. Und wie erreichen wir diese Breite? Durch Kontakt mit Menschen, die uns wertvoll sind, mit denen wir uns verbunden fühlen und unser Selbst erweitern.

Verbundenheit kennt keine Grenzen

Während ich diese Zeilen schreibe, ist das alles beherrschende Thema in den Medien nicht mehr Corona, sondern der Krieg in der Ukraine. Ich höre manche Stimmen, die vom Feind sprechen, andere sprechen vom Brudervolk. Ich bin überzeugt davon, wenn das Gefühl der Verbundenheit international vorherrschen würde, sähe die Welt anders aus. Es beginnt ganz klein, in jeder Begegnung von Menschen und kann sich, wie wir es bei großen Sportereignissen erleben, rasant ausbreiten.

Verbundenheit ist eine Brücke, die uns Toleranz lehrt. Wir mögen jemanden, der anders ist als wir. Weil wir ihn mögen, akzeptieren wir sein Anderssein.

Wir springen schon mal über unseren Schatten nach dem generalisierenden Motto: Eigentlich mögen wir ja keine Porschefahrer, Rollerfahrer, Anwälte. Aber der ist wirklich nett … Und wenn es gut läuft, erweitern wir den Kreis und finden nun mehrere der Genannten sympathisch und wer weiß, eines Tages vielleicht sogar alle.

Kurioserweise fällt das Akzeptieren in Liebesbeziehungen manchmal schwerer als in Bekanntschaften. Da man den anderen als Erweiterung des eigenen Selbst betrachtet, kann einen die von der eigenen abweichende Meinung des Partners durchaus erschüttern, weil man sich in seinem Selbst angegriffen fühlt.

Es gibt noch eine Situation, in der das Akzeptieren schwerfällt, ja mehr noch, nicht mehr möglich ist: wenn wir uns lebensbedrohlich angegriffen fühlen. So ist es vielen Menschen in der Covid-19-Pandemie ergangen, und mittlerweile haben wir uns fast schon an die viel zitierte Spaltung der Gesellschaft gewöhnt, die genau genommen bereits lange davor beklagt wurde. Doch erst im Angesicht der allgemeinen Restriktionen wurde für viele Menschen spürbar: Vertrauen, Schutz, Sicherheit, Stabilität, Gesundheit und Glück können nur auf der Basis intakter Verbindungen gedeihen.

Wenn die Verbindung bröckelt

Eine gute Verbindung hält so einiges aus. Die eine ist Jägerin, die andere würde nicht mal eine Fliege erschlagen, und doch sind sie seit vielen Jahren beste Freundinnen. Ebenso die zwei Nachbarn der Doppelhaushälfte, obwohl sie politisch in verschiedene Richtungen blicken. Oder die Freundinnen, die gelernt haben, das Kinderthema auszuklammern, um ihre wundervolle und inspirierende Freundschaft zu schützen. Dieses kluge Vorgehen funktioniert allerdings nur, solange wir nicht in Stress geraten. Während der Corona-Pandemie, die für zahlreiche Freundschaften zu einer Bewährungsprobe wurde, haben das viele Menschen gemerkt. Vor der Krise war es kein Problem, dass Peter an Naturheilverfahren »glaubte«, Petra dagegen an die Schulmedizin. Die Conclusio lautete: Wer heilt, hat recht. Heute gibt es keine Conclusio mehr bei den beiden, ihre langjährige Freundschaft ist zerbrochen. Nie im Leben hätten sie das für möglich gehalten. Doch wenn wir im Krisenmodus sind, ja vielleicht sogar den Eindruck haben, es gehe für alle Altersgruppen um Leben oder Tod – und so wurde Covid-19 sehr lange Zeit in den Medien kommuniziert –, greifen psychische Mechanismen, die uns unbewusst in die Spaltung treiben.

Warum wir die eigene Endlichkeit so gern ausblenden

Menschen sind vielleicht die einzigen Lebewesen, die sich fortdauernd darüber bewusst sind, dass das Leben endlich ist. *Eigentlich ist unsere Sterblichkeit ein wunderbares Glück, denn bei einem ewig währenden Leben würden wir vermutlich mit der Zeit unsere Fähigkeit zu fühlen verlieren.*

Wir verspürten kein Glück und keine Angst mehr, und die Dinge und Menschen um uns herum würden mit der Zeit immer bedeutungsloser werden.

Wenn Sie sich mit dem Gedanken eines unendlichen Lebens beschäftigen möchten, empfehle ich den Roman *Alle Menschen sind sterblich* von Simone de Beauvoir. Sie hat die Tragik eines unendlichen Lebens wunderbar beschrieben. Wir wissen jedoch aus vielen Bereichen der Psychologie, dass Menschen im Allgemeinen nichts mehr fürchten als den Gedanken an den eigenen Tod. Ihn zu verdrängen hilft uns tatsächlich über viele Schwierigkeiten im Leben hinweg. Wenn wir uns verlieben, haben wir das Gefühl, *für immer* zueinander zu gehören. Wir durchleiden Entbehrungen mit dem Ziel vor Augen, dass es uns und den Menschen, mit denen wir uns verbunden fühlen, einmal besser gehen soll.

Der ständige Gedanke an den eigenen Tod könnte dazu führen, dass wir keine Kraft mehr verspüren, die Dinge um uns herum zum Besseren zu verändern. Wir könnten mutlos werden, uns weniger anstrengen, aufgeben. Bringt doch sowieso alles nichts. Und die große Liebe für immer wäre dann doch nur eine Affäre auf Zeit. So kann der Gedanke an den eigenen Tod für viele Menschen mit einem Gefühl der Sinnlosigkeit des Seins verbunden sein. Wozu sollte das eigene Leben gut sein, wenn nach einer Weile vielleicht niemand mehr von unserer Existenz weiß?

Es gibt unzählige psychologische Schutzmechanismen, die uns dabei helfen, den eigenen Tod zu verdrängen.[7] *Zu den wichtigsten zählt das Gefühl, eine übergreifend wahre Weltanschauung zu besitzen, die der Welt ringsum Struktur und Ordnung verleiht.* Außerdem hilft es, eine mögliche Sinnlosigkeit des Lebens zu verdrängen, wenn der Einzelne sich selbst als besonders und wertvoll betrachtet.

Wir wissen aus vielen Experimenten, dass sich Menschen bei der gedanklichen Konfrontation mit dem eigenen Tod noch stärker aufwerten und ihre persönliche Weltanschauung mit mehr Nachdruck verteidigen. Leider geht dies auch mit einer vermehrten Abwertung Andersdenkender einher.

Diese Abwertung, diese manchmal regelrechte Vernichtung anderer Meinungen, ist ein Schutzmechanismus. Man möchte seine Schäfchen irgendwie ins Trockene bringen, und das funktioniert nicht mehr mit Teilhabe – indem man sich also die Weide teilt, denn es wäre ja genug Platz für alle da, sondern indem man die anderen von der Weide vertreibt. Schließlich geht es gefühlt um Leben und Tod, ein Eindruck, der während der Pandemie von den Medien eher geschürt als abgeschwächt wurde.

Das erklärt, weshalb viele schöne, echte und langjährige Freundschaften an der Pandemie zerbrochen sind; weshalb gute Nachbarn zu erbitterten Feinden wurden – jeder kennt solche traurigen Geschichten oder hat sie selbst erlebt. Bedenkt man, wie extrem die Positionen kommuniziert wurden, ist das nicht verwunderlich.

Stress bedeutet Notstromaggregat

Für meine Wissenschaft, die Psychologie im weitesten Sinne, sind die Auswirkungen der Corona-Pandemie eine Forschungsweide, die uns noch sehr lange beschäftigen wird. Leider wurden bei den Beratungen zu den Maßnahmen, wenn überhaupt, zu wenig unterschiedliche Fachleute gehört. Viele längst gewonnene Erkenntnisse blieben unberücksichtigt.

Vielleicht gelingt es, im Nachhinein manche Fragen zu beantworten, damit unterbrochene Verbindungen wieder aufgenommen werden können. Denn wenn man erkennt, dass man sozusagen von seiner Biologie gesteuert wurde, ist die Umkehr einfacher. Wir sollten niemals vergessen, und das ist in unzähligen Versuchen nachgewiesen, dass die Identifikation mit den eigenen Normen und Moralvorstellungen unter Todesbedrohung stärker wird.

Gleichzeitig erleichtert es das Überleben in schwierigen Zeiten und überhaupt das Leben, wenn man sich als Teil eines sinnvollen Ganzen betrachtet, als zugehörig zu einer Gruppe – worauf in Notzeiten zu deren Stärkung die Abwertung anderer Gruppen erfolgt. Die Verbindung ist unterbrochen, und das ist tragisch, denn sie ist ja genau das, was wir jetzt dringend brauchten, zumindest seelisch.

Doch wenn wir mit dem Notstromaggregat laufen, denken und handeln wir nicht mehr logisch. Menschen, die dauerhaft Stress ausgesetzt sind, haben nicht mehr alle ihre Ressourcen zur Verfügung. Deshalb sehen wir uns im nächsten Kapitel zuerst einmal die spaltenden Folgen von Stress an, ehe wir erneute Verbindungen knüpfen.

Stress stresst!

Sind wir offen für andere Menschen, neugierig? Interessiert daran, uns mit ihnen zu verbinden? Oder sind sie uns im Zweifelsfall fremd, ja empfinden wir sie vielleicht sogar als feindlich? Wie begegnen wir ihnen? Stellen Sie sich vor, Sie laufen durch eine Stadt und haben es gerade sehr eilig, da Sie zu einem wichtigen Termin unterwegs sind, und Sie sind leider bereits fünf Minuten zu spät. Da sehen Sie vor sich einen jungen blinden Mann, der offensichtlich die Orientierung verloren hat und mit seinem weißen Blindenstock hilflos wirkend vor einer Baustelle steht. Vielleicht verspüren Sie kurz den Impuls, ihm zu helfen. Aber Sie sind wie gesagt spät dran. Und es sind ja genug andere Leute da. Sie eilen weiter. Wie würden Sie sich verhalten, wenn Sie alle Zeit der Welt hätten und sich kein bisschen gestresst fühlten? Und was könnte daraus entstehen? In einem unterhaltsamen Roman vielleicht eine berührende Begegnung; oder es käme sogar eine Immobilie heraus, weil die außerordentlich reiche Mutter des Jungen Ihnen eine kleine Freude machen will, und man will ja nicht unhöflich sein und so eine Villa am See zurückweisen.

Realistisch betrachtet ist es so, dass Stress uns Scheuklappen aufsetzt. Zu seinen Eigenschaften gehört es, dass er uns voneinander trennt.

Stress hat viele Gesichter

Obwohl zahlreiche Menschen über Freizeitstress klagen, wird Stress landläufig noch immer mit viel Arbeit gleichgesetzt. Doch soziale Isolation bedeutet hochgradigen Stress, und das hat nun überhaupt nichts mit ständig klingelnden Telefonen, Terminen, mit schreienden Kindern oder pflegebedürftigen Senioren zu tun – also mit dem, was man sich landläufig unter Stress vorstellt. Stress hat viele Gesichter!

Wann immer der Mensch gegen seine Grundbedürfnisse lebt, nimmt er Schaden. Gewiss hält man ein paar Tage ohne Sozialkontakt durch. Doch wenn aus Tagen Wochen werden und im Anschluss nie mehr die gleiche Verbundenheit hergestellt werden kann wie zuvor, müssen wir mit schwerwiegenden Folgen rechnen, die aus diesem Stress resultieren.

Das passiert bei Stress im Körper

Stress macht uns sofort hellwach. Das merken wir zum Beispiel, wenn wir knapp einem Unfall entronnen sind oder uns im Dunkeln erschrecken oder plötzlich mit einer unvorhersehbaren körperlichen oder mentalen Belastung konfrontiert sind: Wir fühlen, wie uns das Herz im Hals schlägt.

Für diese und weitere Reaktionen werden zwei unterschiedliche Körpersysteme angeregt: Zum einen der Sympathikus, das sind Nervenstränge im vegetativen Nervensystem, in dem Adrenalin und Noradrenalin ausgeschüttet werden. Herzschlag und Blutdruck erhöhen sich, die Bronchien erweitern sich, und die Atemfrequenz steigt, damit wir mehr Luft bekommen, die Pupillen werden größer, damit wir besser sehen können, und noch einiges mehr. All das sind wichtige Schutzmaßnahmen des Körpers. Aus diesem Grund ist Stress zuerst auch eine gesunde Reaktion, damit wir optimal mit einer Bedrohung umgehen können. Das zweite Körpersystem, das eine wichtige Rolle bei Stress spielt, ist das

Cortisol-System. Cortisol wird aus der Nebennierenrinde geliefert und bewirkt, dass mehr Zucker im Gehirn freigesetzt wird. Dadurch können wir schneller und flexibler denken und gelangen rascher zu mentalen Lösungen. Auch wenn wir schon länger nichts gegessen haben, wird das Gehirn, unsere Schaltzentrale, mit Zucker versorgt. Außerdem aktiviert Cortisol auch die Immunkompetenz, kurz: Unser Immunsystem wird angekurbelt. Nun ist der Körper optimal vorbereitet auf eine als bedrohlich eingestufte Situation.

Diese Zusammenhänge sind Ihnen vermutlich bekannt. In der Wissenschaft wurden sie bereits in den 20er- und 30er-Jahren des letzten Jahrhunderts durch den Physiologen Walter Cannon und den Mediziner und Hormonforscher Hans Selye beschrieben. *In der frühen Stress-Forschung wurden fast ausschließlich physikalische Stressoren verwendet, wie Hitze, Kälte oder Schmerz. Später stellte sich heraus, dass Stress beim Menschen weit überwiegend durch mentale Stressoren ausgelöst wird.*

Nummer sicher oder Vorsicht Falle?

Hierzu gehört an erster Stelle das Gefühl der Unkontrollierbarkeit, wie wir es zum Beispiel in persönlichen oder gesellschaftlichen Krisenzeiten erleben. Wenn wir glauben, wir haben unser Leben, unser Handeln, unsere Gefühle und unsere Motivation, ja im Grunde genommen nichts mehr in der Hand, erleben wir maximalen Stress. So ergeht es Menschen im Krieg, aber auch während der Pandemie kam es zu solchen Erfahrungen. Welche Gesetze gelten gerade, wie muss ich mich verhalten, wenn ich in ein anderes Land fahre? Darf ich mich mit jemandem treffen, wo muss ich die Maske tragen, ab welcher Uhrzeit darf ich nicht mehr auf die Straße gehen? Die Unkontrollierbarkeit ergab sich in dieser Zeit durch ständig wechselnde Verordnungen, die für kaum einen von uns noch zu überschauen waren, vor allem, wenn wir durch verschiedene Bundesländer reisten. Sie betraf zudem existenzielle

Lebensbereiche wie unsere Bewegungsfreiheit und unser Bedürfnis, andere Menschen oder Freunde zu treffen. Manche meiner Studenten fanden dies so verwirrend, dass sie auf Nummer sicher gegangen sind. Sie haben einfach gar niemanden mehr getroffen und das Haus nicht mehr verlassen. Lebensmittel haben sie sich über Lieferdienste bestellt. Mit diesem Maßnahmenpaket haben sie sich wahrhaft ein Päckchen aufgeladen und sich in eine gesundheitlich sehr gefährliche Situation begeben: die vollständige soziale Isolation.

Die Kostbarkeit der Vorhersehbarkeit

Bevor ich mich ausführlicher der Unkontrollierbarkeit widme, noch einige Sätze zur Kontrollierbarkeit, über die wir uns im Normalfall keine Gedanken machen. Wir haben Lust auf eine Tasse Kaffee, wir trinken sie. Wir kennen die Wege in unserer Stadt, wir können die Menschen einschätzen, mit denen wir zu tun haben, ja zuweilen erscheint uns manches vielleicht sogar so vorhersehbar, dass es fast schon langweilig ist. Doch kaum bekommt das Gewohnte einen Riss, es braucht nur eine Kleinigkeit geschehen wie zum Beispiel ein verlorenes Handy, ein verlegter Schlüssel, die Baustelle, die uns den gewohnten Weg versperrt, oder ein beunruhigender Verdacht auf eine Erkrankung, eine Schlägerei, die wir in einiger Entfernung beobachten, und wir merken: Das Eis ist dünn. Unsere Sicherheit ist eine Scheinsicherheit. Leben ist zerbrechlich. Von einer Sekunde auf die nächste kann alles anders sein.

Wenn wir eine Krise gut bewältigen und alles wieder »gut« ist, wir vielleicht sogar in unsere gewohnte Komfortzone zurückkehren, nehmen wir uns vielleicht vor, die Kostbarkeit der Vorhersehbarkeit im Normalzustand mehr zu schätzen. Dann vergehen ein paar Wochen, und alles ist wie vorher. Und das ist zum Teil auch gut so, denn würden wir nicht glauben, dass wir das Leben kontrollieren können, wären wir nicht lebensfähig. Wir könnten die

Wirkung unserer Handlungen nicht mehr vorhersagen. Wir mögen uns anstrengen, eine gute Leistung zu erzielen oder neue Freunde zu finden, und trotzdem haben wir keinen Erfolg; wir haben den Ausgang unserer Handlungen nicht unter Kontrolle. Ereignisse geschehen, und wir können sie nicht beeinflussen.

Wenn wir das Gefühl haben, unser Leben nicht beeinflussen zu können, wird die Zukunft bedrohlich.

Genau so erscheint es Menschen, die sich suizidieren. Etwas ist so groß und unvorhersehbar, dass sie es nicht mehr in den Griff bekommen. Sie sind am Ende ihrer Kräfte, ohnmächtig. Sie haben die Verbindung zu ihrer Selbstwirksamkeit verloren und kappen die zum Leben. Andere Menschen mit ähnlichen Problemen finden Lösungswege aus der Krise. Auch wenn sie hingefallen sind, auch wenn sie eine Weile am Boden gelegen haben, sie rappeln sich auf und versuchen weiterzugehen. Es gelingt ihnen, weil sie die Hoffnung verspüren, dass ihnen das Leben in Zukunft, irgendwann, auch wieder schöne Momente schenken wird. *Außerdem verfügen die meisten Menschen zum Glück über die gewisse Portion Größenwahn, die das seelische Gleichgewicht stützt. Wir überschätzen unsere Kontrollmöglichkeiten, wir glauben einfach, dass wir die meisten Dinge im Griff haben, auch wenn das oft nicht stimmt.*

Und wenn wir scheitern, begründen wir es. Der Fehler lag nicht bei mir. Ich kann nichts dafür. Mein Chef ist ein Idiot.

Die Nabelschnur zur Hoffnung

Es gibt unzählige Mechanismen in unserer menschlichen Ausstattung, mit denen wir unser Selbstbild, unsere Selbstachtung schützen. In der Psychologie sprechen wir hier von selbstwertdienlichen Attributionen. Sie helfen uns, an uns zu glauben, optimistisch in die Zukunft zu blicken und uns von Misserfolgen nicht kleinkriegen zu lassen.

Wenn ein Mensch die Nabelschnur zu dieser Hoffnung verliert, wenn der überlebenswichtige Mechanismus des Selbstschutzes unterbrochen ist, befindet er sich in einer Depression. Sie ist auch dadurch gekennzeichnet, dass depressive Patienten eben nicht zu selbstwertdienlichen Attributionen neigen. Im Gegenteil, sie schätzen ihre Fähigkeiten realistisch ein, ein typischer Denkstil bei Depressiven. Daran merken wir, wie wichtig für ein gesundes Leben die Portion Größenwahn ist. Während der Rat »Bleib mal auf dem Teppich« in anderen Fällen durchaus Sinn machen kann, wäre er für depressive Menschen ein Hindernis. Außer ihr Teppich könnte fliegen – so wie der von mit einer Portion Größenwahn Gesegneten, die genau deshalb nicht aufgeben. Erstens lag es sowieso nicht an ihnen und zweitens: »Es wird schon wieder.« So sprechen sie sich Mut zu, auch wenn die Umstände nicht unbedingt rosig erscheinen. Allein dadurch, dass sie an eine Zukunft glauben, verfügen sie über die Kraft und Ausdauer, sich immer wieder neuen Herausforderungen zu stellen.

Ohn(e)Macht

Unkontrollierbarkeit ist mental der wichtigste und umfassendste Stress, den man sich vorstellen kann, weil wir Menschen das Gefühl brauchen, dass wir selbst planen können, wie unser Leben verläuft. Das sind tief verwurzelte mentale Prozesse, die uns nicht immer bewusst, häufig sogar automatisiert sind. Wir möchten Dinge vorhersagen können, wir möchten wissen, ob wir einem Menschen trauen können, ob ein anderer es gut mit uns meint. Wir möchten uns auf zukünftige Ereignisse einstellen können.

Die extremste Form von Unkontrollierbarkeit könnte so aussehen: Wir leben auf einem fremden Planeten, auf dem wir nur Lebewesen (wenn es überhaupt welche sind, wer weiß) begegnen, die wir vorher noch nie gesehen haben. Ja, wir ahnten nicht, dass es solche Gestalten gab. Das würde uns enorm verunsichern und auch große Angst einflößen, weil wir überhaupt nichts einschätzen könnten. Ist ihr Verhalten freundlich oder feindlich und vor allem: Wie benehmen wir uns am besten, um sie wohlgesinnt zu stimmen?

Stress auf einem fremden Planeten

Unsere gesamte kognitive mentale Struktur hat sich so ausgebildet, dass wir Dinge einordnen und vorhersagen können, damit wir die Welt um uns begreifen. Wir bilden Kategorien beziehungsweise Schemata. So wissen wir intuitiv, dass Pflanzen andere Eigenschaften haben als Tiere, dass wir mit Hunden anders umzugehen haben als mit Katzen und wir auf Kinder anders zugehen sollten als auf Erwachsene. Das gewährleistet, dass wir uns spontan verhalten können, ohne lange zu überlegen, was angemessen wäre. Wir können uns spontan so verhalten, dass wir uns möglichst gut dabei fühlen; zumindest keinen Schaden erleiden. Aber dieses komische Ding mit den drei Augen … was erwartet es von mir? Soll ich mal winken oder würde es das als Angriff interpretieren? Kurz: Wir sind auf diesem fremden Planeten sehr gestresst, weil wir überhaupt nichts unter Kontrolle haben. Das ist ein vergleichbar hoher Stressor wie die zur Genüge erforschten: Tod des Lebenspartners oder eines Kindes, Elternteils, eine schwere Erkrankung.

Der Tod nimmt uns weg, was uns lieb und teuer ist, oder droht uns damit. Er ist die Macht, die wir nicht kontrollieren können. Er kappt die Verbindung final, und wir haben keine Möglichkeit, es zu verhindern. Mit dem Tod eines geliebten Menschen verlieren wir auch einen essenziellen Teil von uns selbst, da andere für uns wichtige Menschen wie beschrieben in unser Selbstbild mit aufgenommen werden. Plötzlich, ohne die Chance, etwas daran zu ändern, wurde uns dieser liebe Mensch weggerissen. Das ist totaler Kontrollverlust!

Gewiss erleben wir Unkontrollierbarkeit auch, wenn wir schwer erkranken, wir unseren Arbeitsplatz verlieren, weil sich unser Arbeitgeber zum Rationalisieren entschieden hat, oder unser Nachbar eine brennende Kerze vergisst und unsere Wohnung ausbrennt, also durch äußere Umstände, auf die wir keinen oder wenig Einfluss haben.

Doch auch positive Ereignisse können uns stressen, zum Beispiel eine Hochzeit oder der Umzug in eine noch fremde Stadt. Jedes Mal werden Gewohnheiten aufgebrochen, müssen wir uns neu zurechtfinden, neue Verbindungen knüpfen. Wir sind, wie es so schön heißt, ins kalte Wasser gesprungen. Was besser ist, als geworfen zu werden, weil der Sprung kontrollierter erfolgen kann. *Unkontrollierbarkeit breitet sich immer dann aus, wenn unsere Handlungsabsicht frustriert wird, wenn wir etwas bewirken wollen, und es passiert entweder nichts oder das Gegenteil des Gewünschten.*

Gewiss, es kann vorkommen, dass wir diese Entwicklung selbst unbewusst verursacht haben, doch diese Ausnahme möchte ich hier ausklammern. Unkontrollierbarkeit erleben wir auch in alltäglichen Situationen, so wie ich im Bus in Düsseldorf – Sie erinnern sich vielleicht, als mich damals die Frau anblaffte, warum ich sie so anstarre, was doch gar nicht in meiner Absicht lag. Wir vollführen eine nette Geste, und sie wird total missverstanden, die Situation entgleist, wir haben keine Ahnung, was geschehen ist; wir haben die Kontrolle verloren. Und das, obwohl wir vielleicht davon überzeugt waren, eine sehr gute Kontrolle über soziale Kontakte im weitesten Sinne zu haben. Sind wir nicht Sympathieträger? Und jetzt so was!

Auf einmal weiß man nicht mehr, wie man sich verhalten soll. Aus Unsicherheit wird Ängstlichkeit, und wenn sie lang anhält und sich die als unkontrollierbar wahrgenommenen Situationen wiederholen, die man vielleicht tatsächlich provoziert durch die eigene Unsicherheit, kann das in eine Depression münden.

Erlernte Hilflosigkeit und Depression

Eine der wichtigsten Theorien zur Erklärung von Depressionen ist die der erlernten Hilflosigkeit. Sie wurde in den 70er-Jahren des letzten Jahrhunderts von dem Psychologen Martin Seligman aufgestellt und seitdem viele Hundert Male bestätigt. Er fand ursprünglich heraus, dass Hunde vor leichten Stromstößen nicht mehr fliehen, wenn sie vorher »hilflos« gemacht wurden.[1] Dabei hätten die Hunde dem Schockerlebnis ganz einfach entfliehen können, sie hätten nur über ein kleines Hindernis springen müssen, aber sie taten es nicht. Denn am Tag zuvor hatten die Hunde in einem ganz anderen Versuch keine Möglichkeit, den elektrischen Schocks zu entkommen. Es waren im Übrigen leichte Schocks, so wie wenn man an einem trockenen Wintertag einen Türknauf berührt. Die Hunde hatten also am Tag zuvor gelernt, was auch immer sie tun würden, sie können den Schocks nicht entfliehen. Auch wenn sie am zweiten Tag in einer ganz anderen Umgebung waren, hatten sie verinnerlicht, dass ihre Aktionen, den Schock zu vermeiden, umsonst waren, und ertrugen die unangenehme Situation. Eine andere Gruppe von Hunden hatte am Vortag die Möglichkeit, den Schock über eine Bewegung abzustellen und eine dritte Gruppe erhielt gar keine Schocks. 90 Prozent der Hunde dieser beiden Gruppen entflohen dem Schock am zweiten Tag schnell und einfach. Ähnliche Versuche sind mittlerweile auch mit anderen Tieren und auch Menschen durchgeführt worden. Wenn man Menschen an einem Tag unkontrollierbarem Lärm aussetzte und sie am zweiten Tag in einer anderen Umgebung wiederum Lärm aussetzte, der durch eine kleine Handbewegung zu beenden gewesen wäre, ertrugen die hilflosen Menschen den Lärm, ohne etwas zu unternehmen. Im Gegensatz zu denjenigen, die vorher nicht hilflos gemacht wurden, sie stellten den Lärm sofort ab.

Die Theorie der erlernten Hilflosigkeit wird heute von vielen Psychologen herangezogen, um die Entstehung von Depressionen zu erklären. Dass man also wiederholt Dinge unternimmt, die nicht zum Erfolg führen, ob es nun Studium oder Beruf, Sport oder das Klavierspielen betrifft. Vor allem: ob es das Finden und Halten von Freundschaften betrifft. Man hat sich so sehr angestrengt und hört: »Das war wohl nichts.« Passiert das öfter, endet es im Gefühl der Hilflosigkeit: Man ist nicht mehr Herr und Frau über sein Leben, hat seine eigene Motivation, sein eigenes Fühlen und Denken nicht mehr in der Hand, sondern ist quasi hilflos dem Schicksal oder anderen Menschen ausgeliefert. Am stärksten wirken sich Missgeschicke auf die Psyche aus, wenn angenommen wird, dass man erstens selbst für sie verantwortlich sei, sie zweitens in vielen unterschiedlichen Situationen passieren können und drittens, sich daran mit der Zeit nichts ändern wird. *Hier zeigt sich wieder die antidepressive Wirkung unseres normalen Größenwahns: Wer nach einem Missgeschick die Ursache auf die Umstände oder andere Menschen zurückführt, hat den besten Schutz, nicht hilflos und damit depressiv zu werden.*[2]

Die Annahme, dass man selbst für negative Ereignisse wie zum Beispiel die Kritik anderer verantwortlich ist, weil man eben nicht schlau oder schön genug ist, ist besonders dramatisch bei Kindern. Erst im Alter von 13, 14 Jahren beginnen Kinder, sich unbewusst zu schützen und gegen Herabsetzungen zu wehren.[3] Dann quittieren sie die Bemerkung eines Mitschülers »So einen langweiligen Typen wie dich habe ich noch nie gesehen« innerlich mit einem: Idiot. Der hat ja keine Ahnung. Vorher nehmen sie sich solche wenig achtsam dahingesagten Bemerkungen sehr zu Herzen: Natürlich hat der andere recht. Er weiß, wie ich auf andere wirke. Er ist ja ein ganz normaler Junge. Er kennt sich aus. Ich muss wirklich ein langweiliger Typ sein. Das ändert sich ab der Adoleszenz, wenn der sogenannte positive Illusionseffekt einsetzt. Die positive Illusion ist nicht zu verwechseln mit Kritikunfähigkeit. In eindeutigen oder klaren Situationen ist es für eine echte Verbindung natürlich wichtig, auch Verantwortung tragen zu können oder Fehler einzugestehen. Bei der positiven Illusion geht es darum, in nicht eindeutigen Situationen den Selbstwert zu erhalten und unser Selbst zu schützen, um weiterhin optimistisch zu bleiben.

Ein bisschen hübscher

Nichtsdestotrotz ist ein bisschen rosarote Brille, wie wir es vorhin schon bei der kleinen Portion Größenwahn gesehen haben, durchaus empfehlenswert. Gesunde Menschen, die nicht ängstlich oder depressiv sind und sich im Vollbesitz ihrer geistigen Kräfte befinden, überschätzen sich nun mal. Psychologisch ausgedrückt haben sie bei der positiven Illusion eine verzerrte Wahrnehmung. Leiden sie darunter? Nein. Sie überschätzen einfach ihre Fertigkeiten und Fähigkeiten. Das ist vollkommen normal und spricht tatsächlich für eine gute Bindung mit sich selbst.

Zeigt man psychisch gesunden Menschen verschiedene Fotografien von sich selbst – real, aufgehübscht, abgehübscht – und fragt, welches ihnen am ähnlichsten sieht, deuten sie auf die etwas schönere Version. *Wir haben also in der Regel auch positive Illusionen über unser Aussehen. Dieser biologische Prozess schützt uns vor negativen Gefühlen, und somit erhält er uns auch gesund. Bei aller Wahrheitsliebe sollte man ihn nicht tilgen wollen.* Gewiss, depressive Menschen schätzen sich realistischer ein, doch was haben sie davon? Keine gesteigerte Lebensqualität. Im Gegenteil, sie empfinden sich als wertlos, haben keine Freude mehr und blicken hoffnungslos in die Zukunft.

Dabei kommt es doch darauf an, dass es uns gut geht! Dann sind wir auch gesünder und wir können ein kurzzeitiges Gefühl der Unkontrollierbarkeit problemlos integrieren. Es wird uns nur dann aus dem Gleichgewicht bringen, wenn solche Situationen mit dem damit einhergehenden Gefühl der Hilflosigkeit wiederholt auftreten, dann kommt es zur erlernten Hilflosigkeit nach dem Motto: »Das alles ist nicht kontrollierbar.«

Alarm: Stress kann traumatisch sein …

Diese Empfindung der Unkontrollierbarkeit ist Stress pur. Wird er chronisch, landen wir im krank machenden Bereich: Langfristiger Stress äußert sich in dauerhaft erhöhtem Blutdruck und Herzschlag, und es werden dauerhaft vermehrt Adrenalin und Cortisol ausgeschüttet. In der Folge treten zahlreiche schwere Erkrankungen auf wie Herzinfarkt, Schlaganfall, Krebs. Das hatten auch schon Selye und Cannon zu Beginn des letzten Jahrhunderts beschrieben. Ändert sich nichts an der Belastung, bleiben auch einige der hormonellen und vegetativen Reaktionen langfristig erhöht. Nach dieser sogenannten Alarmphase erreicht der Körper irgendwann die Erschöpfungsphase, die tödlich enden kann. Während eine dauerhaft erhöhte Aktivität des sympathischen Nervensystems zu Schäden im kardiovaskulären System und in der Folge zu Herzinfarkt und Schlaganfall führen kann, hat eine permanent gesteigerte Cortisolproduktion einen starken Einfluss auf unser Immun- und Nervensystem. Teile der schützenden Immunabwehr sind womöglich auf Dauer geschwächt, und entzündliche Prozesse können sich ausbreiten. Bei anhaltendem Stress kann das Cortisol sogar Nervengewebe zum Absterben bringen, wie es sich in vielen Tierversuchen gezeigt hat, und auch bei Patienten mit posttraumatischer Belastungsstörung beobachtet wurde. Diese haben das Gefühl, das traumatische Ereignis immer wieder neu durchleben zu müssen. Kleinste Hinweise aus der Umwelt, die den während des Traumas erlebten ähneln, reichen für diese Menschen aus, um die alten Gefühle zu triggern. So haben sie das Gefühl, das Trauma immer wieder neu erleben zu müssen. Es kann ein Geräusch sein oder vielleicht auch ein Geruch. Diese Menschen kommen nicht zur Ruhe, sie sind dauerhaft nervös und stehen ständig unter Stress. Der dadurch verursachte Verlust an Nervenzellen tritt vor allem in Gehirnbereichen auf, die für die Gedächtnisbildung verantwortlich sind, wie dem Hippocampus und dem Gyrus dentatus.[4]

Kinder brauchen Geborgenheit

Prinzipiell gilt, dass für ältere, resiliente Menschen mit reicher Lebenserfahrung und dem Wissen um die Möglichkeiten ihres persönlichen Krisenmanagements eine längere Stressperiode leichter zu kompensieren ist als für jüngere oder ganz junge Menschen. Für sehr junge Kinder können schon ein paar Wochen des Gefühls der Unkontrollierbarkeit das Leben tiefgreifend verändern. Im Rahmen sozialer Beziehungen tritt dieser Effekt noch ausgeprägter in Erscheinung. Kann ein Kind sich auf seine nächsten Bezugspersonen, seine Eltern, Geschwister und Freunde, emotional verlassen? Ist die Bindung stabil, oder reagieren die Bezugspersonen manchmal unkontrollierbar, abweisend oder aggressiv? Im schlimmsten Fall ist ein kleines Kind häufig alleine und kann keine echte Beziehung aufbauen, was langfristig zu einer Beeinträchtigung des sozialen und prosozialen Verhaltens führen kann. Die vernachlässigten Kinder von heute sind die Problemkinder von morgen.[5] Glücklicherweise trifft dieser Satz nicht in jedem Fall zu. Es gibt auch problematische Kindheiten mit Happy End im Erwachsenenalter. Verantwortlich dafür sind sogenannte Coping-Mechanismen, die darauf Einfluss haben, wie wir mit Stress umgehen, ob wir unter mangelnder Kontrolle hilflos werden oder nicht und ob wir über Taktiken zur Stressreduktion verfügen.

Stress kappen

Oft ist es ein langer Weg, bis wir merken, dass uns das Zusammensein mit einer bestimmten Person oder ein Job nicht guttut. Was den Arbeitsplatz betrifft, haben wir die Möglichkeit zu kündigen, auszuharren oder mit der Chefin zu sprechen und um eine Versetzung zu bitten. Was natürlich etwas Mut braucht – und: Selbstfürsorge!

Jeder Mensch entwickelt im Lauf seines Lebens Fähigkeiten, wie er mit schwierigen Lebenssituationen umgeht und Krisen bewältigt. In der Psychologie sprechen wir hier von Copingstrategien. Sie können uns dabei helfen, als unkontrollierbar erlebte Lebensphasen besser zu ertragen und Auswege zu finden.

Richard Lazarus, ein amerikanischer Psychologe, hat sich gefragt, warum ein bestimmtes stressreiches Ereignis bei einem Menschen nur eine leichte Verärgerung auslöst und einen anderen Menschen völlig aus der Bahn wirft. Lazarus hat herausgefunden, dass es in erster Linie die mentale Bewertung des Ereignisses ist, die es als stressreich oder unkontrollierbar erscheinen lässt.[6] Erst mal muss ein Ereignis überhaupt als bedrohlich interpretiert werden. Angenommen, eine Freundin guckt mich verärgert an. Wenn ich vermute, dass es an mir liegt, kann der Ärger bedrohlich werden, vielleicht ist sie sauer auf mich und nimmt mir etwas übel. Das könnte zu einem Streit führen. Vermute ich aber, dass der Ärger an ihr liegt, dass sie vielleicht etwas Unangenehmes erlebt hat und deswegen ärgerlich ist, nehme ich den Ärger nicht als Bedrohung wahr und versuche vielleicht, auf sie zuzugehen und sie zu beruhigen. Für den Fall, dass ich mir sicher bin, dass es sich um eine bedrohliche Situation handelt, wäre dann die nächste Überlegung, ob ich dafür Bewältigungsstrategien, also Copingstrategien, habe oder nicht. Bin ich mir sicher, dass ich mit der Situation gut umgehen kann, erlebe ich sie kaum als stressreich. Bin ich mir allerdings unsicher, wie und ob ich reagieren kann, erlebe ich Unkontrollierbarkeit und Stress.

Coping ist nicht gleich Coping

Es gibt verschiedene Arten von Coping. Wir können zum einen problemorientiertes Coping anwenden. Dabei bewirken wir Veränderungen am Stressor oder unserem Bezug dazu. Das könnte zum Beispiel so aussehen, dass wir im Falle eines verärgerten Menschen – ob Partner, Freund oder Arbeitskollege – beschließen, ihm aus dem Weg zu gehen, ihn zu beschwichtigen oder aber auch aktiv in die Konfrontation zu gehen.

Ein anderer Mechanismus, das emotionsorientierte Coping, sähe so aus, dass wir unsere Gefühle oder unsere Sichtweise dem Stressor gegenüber verändern, zum Beispiel die Bedeutung dieses Menschen für uns verändern nach dem Motto: Die ist eben so, das hat nichts mit mir zu tun. Man kann auch re-framen, einen neuen Rahmen um das Problem legen. Zum Beispiel: Meine Freundin ist ein Supersparringspartner für mich, mit der ich Geduld lernen kann.

Je mehr unterschiedliche Copingstrategien uns zur Verfügung stehen, desto weniger gestresst werden wir auf unsere Mitmenschen und unsere Umwelt reagieren. Und so können wir dem Gefühl der Unkontrollierbarkeit begegnen und kommen bei zwischenmenschlichen Problemen vielleicht sogar wieder in Verbindung miteinander.

Männlicher und weiblicher Stress

Stress wurde ja ursprünglich im Zusammenhang mit physischem Unwohlsein erforscht. Man hat dazu vor rund hundert Jahren Tiere Hitze, Kälte und Schmerz ausgesetzt, also Einflüssen, wie sie auch Menschen im Krieg erleben – einem der schlimmsten Stressoren überhaupt. Anlass für die Untersuchungen des US-amerikanischen Physiologen Walter Cannon war seinerzeit der traumatische Schock, unter dem viele Soldaten im Ersten Weltkrieg litten. Cannon prägte außerdem den Begriff *Fight or Flight*. Dies bedeutet, dass er annahm, dass Tiere und Menschen auf Stress immer mit Kampf oder Flucht reagieren. Beim Menschen kann dieses Verhalten entweder eindeutig oder auch nur angedeutet sein. Den Wunsch zu kämpfen können wir andeuten, indem wir ärgerlich schauen oder eine abwertende Bemerkung fallen lassen. Der Wunsch zu fliehen kann sich durch Schüchternheit oder Passivität ausdrücken.

Doch erst um die Jahrtausendwende forschte Shelley Taylor als Erste über die Rolle der Frauen, die seltener kämpfen und langsamer als Männer laufen.[7] *Die Menschheit wäre ausgestorben, wenn es allein auf Fight or Flight ankäme.*

Obwohl Shelley Taylors Erkenntnisse über die unterschiedlichen Stressreaktionen von Frauen und Männern bahnbrechend sind und lang offene Fragen klären, sind sie in der breiten Öffentlichkeit noch nicht bekannt. Die US-amerikanische Psychologieprofessorin prägte den Begriff Tend-and-befriend als weibliche Reaktion auf Stress – die Schwachen und insbesondere den Nachwuchs beschützen und mit der Intensivierung von Freundschaft die Gruppe stabilisieren, kurz: Verbindung statt Trennung.

Ich bin überzeugt, dass wir als Primaten nur durch Verbindung so weit gekommen sind, denn wenn wir allein nach Walter Cannons Theorie handeln würden, zum Beispiel bei einem feindlichen Angriff oder einem Unglück wie Flut oder Feuer, was ja enormen Stress darstellt: Wer würde sich dann um die Kinder, die Neugeborenen, die Schwangeren und Senioren und alle Kranken kümmern, die eben gerade nicht fliehen oder kämpfen können. Sie dem Feind überlassen? Sie einfach zurücklassen? Kinder wären dem Stress dann schutzlos ausgeliefert, dabei können Stress und Trennungserfahrungen gerade für sie besonders schädlich sein. Ihre Gehirnentwicklung kann sich verzögern, und sie können in der Folgezeit Ängste und Depressionen entwickeln. Würden wir unter Stress Kinder und Schutzlose wie Alte und Kranke generell allein lassen, wäre die Menschheit schnell ausgestorben. Insofern geht es gar nicht anders als mit der Aktivierung von Bindung unter Stress, das heißt, sich um diejenigen zu kümmern, die nicht kämpfen und fliehen können, und ihnen ein Gefühl von Stärke zu geben. Dieses Verhalten spiegelt sich auch im Körper in der erhöhten Ausschüttung des beruhigend wirkenden Neuropeptids Oxytocin wider. Die stressbedingte Cortisolantwort und die Aktivität des sympathischen Nervensystems werden unter seinem Einfluss verringert.

Freundschaft und Bindung sind der beste Schutz, damit sich Stress und seine negativen Konsequenzen nicht ausbreiten können.

Was ist das Gegenteil von Stress? Die meisten Menschen würden wohl antworten: Entspannung. Also sehen wir uns im nächsten Kapitel an, was uns glücklich macht, denn das können wir nur sein, wenn wir keinen chronischen Stress haben.

Glück zieht Menschen an – und Gesundheit

Wissen Sie, was Sie glücklich macht? Ich kann mir Glück mittlerweile immer deutlicher vorstellen, es ist nämlich seit einiger Zeit ziemlich gut erforscht.[1] In der modernen Psychologie haben sich verschiedene Glücksbringer herauskristallisiert. Platz eins belegt ungeschlagen ein stabiles soziales Netzwerk.[2] Es hat zwei Funktionen: erstens Freude und Glück zu erleben und zweitens Stress abzupuffern.

Gemeinsames Erleben ist tausendmal so schön

Die gemeinsame Freude ist unendlich viel größer als die einsame Freude. Ja, oft werden Dinge erst dadurch so leuchtend, dass man sie zu zweit erlebt. Der Sonnenuntergang, der Kinobesuch, eine Reise. In Gemeinsamkeit werden schöne Dinge intensiver erlebt, das wissen wir intuitiv. Wenn wir mit anderen spazieren gehen, können wir unseren Genuss an der Natur miteinander teilen, und wir erleben ihn facettenreicher, da unsere Weggefährten uns womöglich auf Schönheiten der Natur hinweisen, die wir selbst übersehen hätten. Und mal ehrlich: Wie viel Spaß macht es, ein Fußballspiel alleine zu gucken? Gemeinsam wird es viel spannender, und der Spielverlauf kann aus unterschiedlichen Blickwinkeln diskutiert werden. Für viele wird das Zuschauen erst so richtig großartig, wenn sie zusammen mit anderen Fans im Stadion sind. Dort erleben sie Gefühle, wie wir sie schon im letzten Kapitel angesprochen haben: Sie verhalten sich synchron, stehen gemeinsam auf und setzen sich wieder, und sie singen wie aus einer Kehle – wenn auch nicht immer in der gleichen Tonlage, aber darauf kommt es nicht an. Wichtiger ist das Gefühl von Gemeinsamkeit, von Verbundenheit.

Und sogar die Arbeit scheint den meisten mehr Spaß im Betrieb als zu Hause zu machen. Durch die sehr lange, teilweise aufgehobene, dann wieder angeordnete Pflicht zum Homeoffice haben viele schmerzlich lernen müssen, wie eintönig, ermüdend und trostlos der Arbeitstag in Isolation sein kann. So hat man sich das vielleicht nicht vorgestellt, als man noch vom Homeoffice träumte. Es fehlen ganz einfach die vielen kleinen Höhen und Tiefen, die den Berufsalltag prägen: das Lob der Chefin oder die unangemessene Bemerkung der Arbeitskollegin. Gewiss, einmal erleben wir leichte Freude, dann wieder leichten Ärger, aber ist das nicht immer noch besser, als *nichts* zu erleben? Kleine Ärgernisse können wir mit vertrauten Kollegen besprechen und dabei eine Strategie entwerfen, damit die nächste unangemessene Bemerkung an uns abprallt. *Nichts* zu erleben wirkt wie eine unendliche soziale Leere, Wochen und Monate lang. Ganz entscheidend fehlten uns im beruflichen Lockdown die kurzen Gespräche nebenbei oder in der Pause. »Hast du schon gehört, Sabrina und ihr Freund sollen sich getrennt haben …« Wissenschaftlich gesehen ist das ein Austausch sozialer Information, der uns am Gruppenerleben teilhaben lässt und uns mit der Zeit stärker in die Gruppe integriert. Ein Prozess, der diese mit der Zeit kohäsiver werden lässt, also den Zusammenhalt fördert.

Wenn wir mit unseren Arbeitskollegen nicht nur Arbeits-, sondern auch soziale Information teilen, beginnen wir mitzufühlen, uns mitzufreuen und auch Ärger und Trauer zu teilen. Der Arbeitskollege wird als Mensch und Person wichtig. Solche kohäsiven Gruppen erbringen übrigens bessere Leistungen als Gruppen, die nur aus Einzelkämpfern bestehen.

Ich fasse zusammen: Geteilte Freude ist doppelte Freude, heißt es zwar schon von jeher, ich meine aber, dass geteilte Freude etwa tausendmal so schön ist wie Freude, die man für sich allein erlebt. Versuchen Sie sich doch bitte einmal zu erinnern, wann Sie das letzte Mal für sich allein oder gemeinsam mit anderen richtig froh waren. Und nun vergleichen Sie, wie intensiv Sie in beiden Fällen Ihre Freude erfahren haben, wie nah sie Ihnen gegangen ist. Stimmen Sie mit mir überein?

Die zweite wichtige Funktion unseres persönlichen sozialen Netzwerks, das uns glücklich macht, besteht im Abpuffern von Stress mithilfe des Oxytocin-Systems. Wenn wir gestresst sind, schützt uns die Verbundenheit mit anderen Menschen vor schädlichen stressbedingten Auswirkungen aller Art.

Kleine Aufmerksamkeiten sind große Glücksfaktoren

Am allerbesten schützen wir uns selbst durch kleine Geschenke, die die Freundschaft erhalten wie auch die Gesundheit. Neben dem sozialen Netzwerk ist dies der zweite wichtige Glücksfaktor. *Viele Studien haben gezeigt, dass es sich positiv auf unseren Selbstwert auswirkt, wenn wir anderen kleine Aufmerksamkeiten erweisen. Wir haben dadurch das Gefühl, ein liebenswerter Mensch zu sein, jemand, der nicht nur von anderen gemocht wird, sondern auch von uns selbst.* Wir halten jemandem die Tür auf, machen im Vorübergehen ein Kompliment, schenken ein Lächeln und sind selbst beschenkt mit einem guten Gefühl von Verbundenheit. Und es gibt noch einen Grund, warum Schenken glücklich macht: Der andere freut sich über die unerwarteten Nettigkeiten, und dies stärkt unsere Bindung zueinander jedes Mal ein ganz kleines bisschen mehr.

Ist heute nicht ein herrlicher Tag? Doch, ist es, und wir basteln kräftig an unserem eigenen Glück mit. Gerade in schwierigen Zeiten wie diesen sind Gesten des Miteinanders für ein kleines Glück zwischendurch enorm wichtig.

Begeistert dem Glück entgegen

Der dritte Faktor, um glücklich zu sein, besteht darin, Dinge zu tun, die einen begeistern. Es sollte nicht allzu einfach sein, sonst langweilen wir uns, aber auch nicht so herausfordernd, dass wir sie nicht bewältigen können, sonst frustrieren sie uns.

Wenn wir die richtige Intensität finden, erleben wir im Tun etwas, was in der Psychologie als »Flow« bezeichnet wird: Wir setzen uns mit etwas auseinander und entwickeln uns dabei weiter, egal, worum es geht. Ob wir knifflige Denkaufgaben lösen oder handwerklich tätig sind, ob wir musizieren, philosophische Texte lesen oder unsere sportliche Kondition trainieren – Hauptsache, es handelt sich um Aktivitäten, die für uns selbst, für unser Selbstkonzept, besonders wichtig sind. So bekommen wir im Lauf der Zeit eine immer größere Handlungskompetenz und können uns daran erfreuen, die Dinge in der Tiefe zu durchdringen – oder einfach immer besser zu werden. Dabei ist es wichtig, dass wir selbst entscheiden und einem niemand uns vorgibt, was wir zu tun haben nach dem Motto: Du musst die Etüde fehlerfrei spielen, du musst die hundert Meter in einer bestimmten Zeit laufen und so weiter. Wir brauchen niemanden, der uns sagt, was wir tun sollen, wir haben das sichere und sehr schöne Gefühl, es selbst zu wollen. Deshalb brauchen wir auch kein konkretes Ziel zu erreichen, um uns glücklich zu fühlen. Allein, dass wir die Handlung vollziehen, erfüllt uns mit einem Gefühl von Zufriedenheit und ja, auch Glück. Wir sind verbunden mit uns selbst. Gewiss, wir könnten besser Gitarre spielen, wenn wir mehr üben würden. Aber das Spielen auf unserem Niveau ist auch schon schön. Ja, es wäre toll, wenn wir schneller laufen oder länger schwimmen könnten, aber allein die

Bewegung an der frischen Luft ist bereits so erfüllend, dass es auf die paar Minuten nicht ankommt, und auch nicht auf die Aussicht eines größeren Atemvolumens.

Selbstbild mal drei

Zurück zu den kleinen Aufmerksamkeiten mit großer Wirkung, die wir anderen angedeihen lassen … oder uns selbst? Wie wir gesehen haben, sind wir mit uns selbst zufrieden, wenn wir anderen Gutes tun. Wir mögen uns, wenn wir uns mit anderen verbinden, und haben das Gefühl, ein wertvoller und schätzenswerter Mensch zu sein. Psychologisch gesprochen kommen wir dabei unserem sogenannten Idealselbst näher.

Als Menschen verfügen wir über drei Selbstkonzepte: ein tatsächliches, ein ideales und ein Sollselbst. Das tatsächliche Selbst beinhaltet, wie wir denken, wie wir mit allen unseren Eigenschaften und Eigenheiten und vielfältigen Facetten tatsächlich sind. Mit dem Sollselbst ist gemeint, wie wir in bestimmten Gruppenkontexten nach unserer Vorstellung sein sollten – und zwar abhängig von den jeweiligen Normen, die wechseln, je nachdem, ob wir uns in Gegenwart von Eltern oder Kolleginnen, in bestimmten Gremien oder im Freundeskreis oder Verein aufhalten.

Das Idealselbst

Das Idealselbst baut sich jeder Mensch individuell auf – aufgrund seiner Erfahrungen mit anderen Menschen, den verfügbaren Informationen und seiner Gedankenwelt, den Dingen, mit denen er sich beschäftigt und die er erstrebenswert findet. Es ist unser Selbst, so wie wir es uns in unseren Träumen wünschen. Es ist nicht übertragbar, und es gibt kein vorgegebenes Idealselbst. Das Problematische am Idealselbst liegt darin, dass es ist, was es ist: ein Ideal, das heißt, es ist im Allgemeinen unerreichbar. Ideale hängen meist sehr hoch, Idealmaß und Idealfigur sind in der Regel nur mithilfe von Photoshop zu realisieren. Und so ist es auch mit vielen anderen Fertigkeiten, die wir gut, vielleicht sogar sehr gut, aber eben nicht perfekt, ideal, virtuos beherrschen.

Kein Wunder, dass wir uns gar nicht so gern mit unserem Idealbild auseinandersetzen, denn dabei sind wir zwangsläufig mit unserem Scheitern konfrontiert. Im Normalfall erreichen wir nicht alles, was wir uns erträumen. Je mehr Abstand wir zwischen unserem tatsächlichen und unserem Idealselbst empfinden, desto trauriger werden wir. Es ist ja unser sehnlichster Wunsch, ein bestimmter Mensch mit bestimmten Eigenschaften zu sein, doch das Leben zeigt leider häufig, dass wir von diesem Wunschbild weit entfernt sind. Und so haben wir den Eindruck, dass es außerhalb unserer Kontrolle liegt, unseren Lebensplan so zu entwerfen, dass wir unser ganz persönliches Glück erreichen. Das ist Stress pur, und zwar einer, der ganz tief ins Herz reicht! Wenn wir das Gefühl haben, dass unser Idealselbst in unerreichbare Ferne rutscht, werden wir traurig und teilnahmslos. Was macht das Leben dann noch für einen Sinn?

Die gute Nachricht: *Ein kleines bisschen Idealselbst können wir relativ einfach erlangen, indem wir anderen Menschen eine kleine Aufmerksamkeit angedeihen lassen, ihnen etwas schenken, und sei es nur ein Lächeln. Dann nämlich sind wir meistens ziemlich nah dran an unserem Idealselbst.* Wir sind stolz auf uns, wir schätzen diesen selbstlosen Aspekt, der unmissverständlich bestätigt: Du bist ein guter, ein wertvoller Mensch. Dieses Ja zu uns selbst brauchen wir essenziell, um zu überleben, um die Sinnhaftigkeit des Lebens zu erleben. Leben ohne Sinn ist so gut wie unmöglich. Als Menschen brauchen wir einen Sinn.

Kleine Aufmerksamkeiten ziehen oft weitere Nebeneffekte nach sich, denn die Empfänger revanchieren sich vielleicht und denken: Das ist aber ein netter Mensch. Mit dem möchte man gern näher bekannt werden … womöglich sogar befreundet sein? Wir sehen, dass sich die Wahrscheinlichkeit, Kontakt zu knüpfen und zu halten, durch solche Gesten steigert. Und, mal Hand aufs Herz, das kennen Sie doch auch: Nach einer guten Tat und sei es, dass man einem älteren Herrn im Supermarkt das Kleingedruckte vorliest oder einer Mutter mit Kinderwagen an der Treppe hilft … da fühlt man sich gleich besser und geht beschwingt und lächelnd seines Weges. Heute ist ein schöner Tag!

Das Sollselbst

Ganz anders, wenn wir ständig mit unserem Sollselbst konfrontiert sind. Das Sollselbst hat nichts mit unseren eigenen Zielen und Wünschen zu tun, es ist das Selbst, das wir meinen, nach außen hin zeigen zu müssen, damit andere uns gut finden. Wie verhalte ich mich am besten, um von meinen Eltern, meinen Freunden, meinen Arbeitskollegen gemocht zu werden? Was erwarten andere von mir, die mir nahe sind und deren Urteil mir wichtig ist? Dem Sollselbst zu entsprechen wird umso wichtiger, je näher ich mich den Menschen beziehungsweise der Gruppe fühle, deren Ansprüche ich gerne erfüllen möchte. Sie müssen nicht einmal anwesend sein, damit der Gedanke an mein Sollselbst aktiviert wird. Wenn ich zum Beispiel in eine Situation komme, von der ich weiß, dass sie meinen Eltern wichtig ist, wird automatisch mein Sollselbst aktiviert, und wenn mir die Wertschätzung meiner Eltern sehr wichtig ist, werde ich versuchen, mich so gut wie möglich daran anzupassen. Der Druck ist dabei immer dann am stärksten, wenn die mir wichtigen Menschen tatsächlich anwesend sind. Gelingt der Abgleich mit dem Sollselbst nicht, werde ich ängstlich und nervös, denn ich befürchte, von meinen Bezugspersonen abgelehnt zu werden. Ich würde aus ihrem Kreis ausgeschlossen, man würde mich ablehnen, vielleicht ignorieren, man würde sich vielleicht über mich lustig machen.

Zur Konfrontation mit dem Sollselbst kommt es unweigerlich in Situationen, in denen die Ziele und Wünsche unserer wichtigsten Mitmenschen von großer Bedeutung sind. Man kann diesen Situationen nicht entfliehen. Anders die Konfrontation mit dem Idealselbst. Die Angst vor dem Gefühl der Hoffnungslosigkeit und Verzweiflung, die entsteht, wenn wir unser Idealselbst nicht erreichen, führt leider bei vielen Menschen zu einer starken Abwehr von Gedanken an das eigene Ideal. Oft äußert sich diese Abwehr in andauernder Zerstreuung, wie fernsehen oder Netflix gucken, im Internet spielen oder shoppen. Aber in den Spiel- oder Shoppingpausen kehrt der Gedanke zurück, dass das eigene Leben eigentlich so schön und lustvoll geplant war und nun so ganz anders verläuft. Je weiter sich das Idealselbst vom tatsächlichen Selbst entfernt, desto stärker wird der Wunsch, nicht an das Idealselbst zu denken. Der nächste Schritt ist der Weg in die Alkohol- oder Drogenabhängigkeit, und wenn dies auch nicht mehr hilft, kann es sogar sein, dass manche Menschen versuchen, ihre Hoffnungslosigkeit durch Selbstmord zu beenden.

Man könnte meinen, dass Menschen, die weniger Sollselbst- oder Idealselbstanteile haben, glücklicher wären. Aber wir brauchen beide, sie haben sich entwickelt, weil wir sie zum Überleben benötigen. *Das Idealselbst hilft uns, unserem Dasein einen Sinn zu geben, uns wertvoll zu fühlen und kleine und große Ziele zu planen, die wir in unserem Leben erreichen möchten und die uns das Gefühl von Glück bringen sollen. Das Sollselbst entspringt unserem Bedürfnis nach Zugehörigkeit. Dahinter steckt die Angst vor dem Ausgeschlossensein, die Angst vor der Isolation.*

Für Idealselbst und Sollselbst gilt, je weiter sie gefächert sind, je mehr Anteile das Idealselbst hat und je mehr Menschen für jeweils nur kleine Anteile des Sollselbst von Bedeutung sind, desto weniger gefährlich sind negative Ergebnisse bei Vergleichen mit dem tatsächlichen Selbst.

Das Idealselbst sollte außerdem nicht zu hoch aufgehängt sein, und wir sollten die idealen Aspekte in kleinere Teile zerlegen, die wir leichter erreichen können. Man muss, um Großzügigkeit zu üben, nicht gleich sein Auto verschenken. Man kann mit einer Esseneinladung im Freundeskreis beginnen. So vermeiden wir Frustration und Trauer, wenn wir das viel zu groß portionierte Ziel unseres Idealselbst nicht ruckzuck erreichen. Sonst laufen wir auch Gefahr, etwas vorzugeben, was wir nicht empfinden. Es geht darum, das Ziel authentisch zu erreichen. Das Gleiche gilt für die kleinen Aufmerksamkeiten, die uns und anderen ein Lächeln ins Gesicht zaubern. Entstehen sie aus einem unmittelbaren Impuls heraus, fühlen sie sich anders an, als wenn wir berechnend agieren. *Verbindung, die zum Glück führt, schreibt keine Rechnungen.*

Wie ich mir, so ich dir

Es gibt einige Evolutionspsychologen, die der Auffassung sind, dass Gesellschaften, in denen sich Individuen im Sinne einer Austauschbeziehung gegenseitig geholfen haben, besser überlebten. Das mag sein. Doch eine Kosten-Nutzen-Rechnung führt nicht zwingend zu einer beglückenden Verbindung. Das kennen wir alle: wenn wir gute Miene zum bösen Spiel machen, wenn wir nett zu jemandem sind, weil wir uns Vorteile davon ausrechnen, wenn wir eine Verbindung aufrechterhalten, weil wir uns unterlegen fühlen und hoffen, an der Überlegenheit anderer partizipieren zu können. Gesünder ist es, solche Verbindungen einzugehen, die wir mit ganzem Herzen bejahen können. Manchmal geschehen auch kleine Wunder im zwischenmenschlichen Bereich, die man früher allerdings nicht als solche betrachtet hätte …

Im letzten Semester kam eine Studentin zu spät zu einer Arbeitsgruppe. Wir alle wussten sofort, dass etwas Besonderes vorgefallen sein musste. Sie war aufgeregt, ihre Wangen waren gerötet, und sie war geradezu erleichtert, als ich sie aufforderte zu erzählen, was ihr förmlich aus dem Gesicht sprang: »Ich habe den Zündschlüssel nicht ins Schloss gekriegt. Es war, als wäre das Schloss ausgetauscht worden. Der Akku von meinem Handy war fast leer. Und das mitten in der Pampa nach einem Spaziergang. Ich habe die nächstliegende Autowerkstatt gegoogelt, dem Mann, der abhob, gesagt, wo ich parke und dass der Akku gleich leer ist. Er sagte: ›Dann pack ich jetzt mal mein Wurstbrot ein und mein Werkzeug zusammen und komme zu Ihnen.‹ Zehn Minuten später war er da. Er hat sich das Zündschloss angeschaut, mit einem kleinen Schraubenzieher hantiert und ein paar Tropfen Öl reingespritzt. Dann passte der Schlüssel wieder, der Motor sprang an, und jetzt bin ich da!«

Ich überlegte gerade, was sie an dieser Begegnung so sichtlich berührt hatte, da sagte sie es selbst: »Ich wollte ihm 20 Euro geben. Er hat es zurückgewiesen. Das sei zu viel, sagte er. Ich sagte, dann solle er mir eben zehn rausgeben. Er sagte fast ein bisschen empört, für so einen Gefallen würde er doch kein Geld nehmen. Aber ich meine …«, sie suchte nach Worten. »Er war ja kein zufälliger vorbeigehender Passant. Er war ein Fachmann, und ich habe ihn angerufen, also quasi beauftragt. Er hat sein Wurstbrot weggelegt!« Jetzt lachte sie und fragte mich schließlich: »Warum?«

Am Ende waren wir uns einig, dass das Hilfeverhalten des Mannes in der heutigen Zeit in einer Großstadt tatsächlich außergewöhnlich war.

»Vermutlich ist er seinem Idealselbst damit sehr nah gekommen«, meinte ein Student.

»Aber deswegen hat er es nicht getan«, verteidigte die Studentin ihren Retter. »Der war einfach hilfsbereit.«

»Und er hatte gute Laune«, ergänzte eine Kommilitonin.

Kurz blinkten ein paar Fragezeichen in der Arbeitsgruppe auf, dann erhellte Erinnerung die Gesichter. Das Thema hatten wir schon mal: Menschen, die unter Stress stehen oder ängstlich sind, zeigen weniger Hilfeverhalten.

Glückliche Hilfe

Eine ausgesprochen hilfsbereite Gesellschaft wäre auch eine relativ zufriedene Gesellschaft. Fühlen wir uns wohl, gut gestimmt, ja vielleicht sogar glücklich, sind wir viel schneller bereit, anderen zu helfen, als wenn wir in neutraler oder negativer Stimmung sind. Es ist, wie es das bekannte Sprichwort sagt: Ich könnte die ganze Welt umarmen. Ich bin glücklich. Das strahlt ab. Ich möchte andere, die gerade nicht glücklich sind, anstecken mit meinem Überschwang. Ich möchte ihnen gerne helfen, weil es mir so gut geht. Glück kann beneidet werden, gewiss. Es verbindet aber auch.

In der Psychologie können wir keine Allgemeinaussagen treffen, wie etwa in der Physik, wenn wir feststellen: Wenn der Apfel vom Baum fällt, fällt er immer Richtung Erde, weil es das Gesetz der Schwerkraft gibt. Was aber das Hilfeverhalten positiv gestimmter Menschen betrifft, ist dies für die Psychologie ein sogenannter extremer Effekt.[3] Fast schon ein Gesetz. Und wie Sie wissen, hat es positive Auswirkungen auf uns selbst, da wir uns unserem Idealselbst annähern.

Die Frage ist berechtigt, ob es auch Menschen gibt, deren Idealselbst eher so aussieht, andere ständig zu betrügen und belügen. Dies sind häufig Menschen mit einem sehr geringen Selbstwert, die, vielleicht ohne es zu wissen, die Hoffnung aufgegeben haben, ein wertvoller und geliebter Mensch zu werden. Wie jeder Mensch brauchen sie dennoch einen Sinn, ein Ziel im Leben. Ihren Lebenssinn sehen sie jedoch in einer Vermehrung von Macht und Reichtum und nutzen andere Menschen (aus), um dieses Ziel zu erreichen.

Die Stimmung, die bei uns gerade vorherrschend ist, projizieren wir auf andere. Bin ich positiv gestimmt, sehe ich meine Mitmenschen in einem rosigeren Licht, als wäre ich missmutig oder traurig. Fühle ich mich ängstlich, bin ich sehr sensitiv für Anzeichen von Angst bei anderen. Bin ich gut gelaunt, sehe ich bei anderen eher die positiven Aspekte, helfe gern und kann die Konfrontation mit meinem Idealbild riskieren, denn ich verhalte mich ja meinem Idealselbst gemäß.

Ich bescheinige mir, dass mein Idealbild korrekt ist, bestätige die positive Sichtweise meiner selbst und kann dadurch meine positive Stimmung festigen. Tragischerweise erleben wir das nicht, wenn wir uns unwohl oder ängstlich fühlen und deshalb anderen lieber nicht helfen, was uns die Kluft zwischen tatsächlichem Selbst und Idealselbst schmerzlich vor Augen führt – und das bügelt uns noch mehr nieder.

Es gibt jedoch zwei kleine Ausnahmen von dieser Regel: Wer sich sehr traurig fühlt und wer Schuldgefühle hat, hilft ebenfalls häufiger. Wir vermuten, dass traurige Menschen diese Technik intuitiv anwenden, um dadurch verstärkt Zuwendung und positive Rückmeldung von anderen zu erhalten. Ein grandioser Weg, aus der Traurigkeit herauszukommen! Wenn jemand sich bewusst ist, einem anderen unrecht getan zu haben, was ihm mittlerweile leidtut, er es aber nicht rückgängig machen kann, dem bietet die vermehrte Hilfe für andere die Möglichkeit, den Selbstwert langsam wieder zu stabilisieren: Ja, ich gebe zu, ich habe etwas Gemeines getan, aber dadurch, dass ich auch viel Gutes tue, fällt es insgesamt nicht so ins Gewicht.

Zu viele Helfer verderben den Brei

Hilfeverhalten ist nicht nur abhängig von unserem persönlichen Befinden, sondern auch vom Ort. Es nimmt mit dem Urbanisierungsgrad ab, wie es viele Studien bestätigen, in denen ein Mensch im öffentlichen Raum schauspielert, dass es ihm schlecht gehe. Er hustet oder stöhnt, fasst sich um den Leib, beugt sich nach vorne, sackt ein, humpelt oder was auch immer. In einer Kleinstadt stößt er auf große Hilfsbereitschaft, fast alle, die seine Notlage erkennen, erkundigen sich nach seinem Befinden, bieten Hilfe an. In einer Großstadt interessiert sich so gut wie keiner für das öffentlich sichtbare Leid eines anderen.

Zu viel oder zu wenig? Das Phänomen des Overcrowding

Mit einem Diplomanden habe ich in Düsseldorf solche Versuche selbst durchgeführt, wobei das Resultat nichts speziell mit Düsseldorf zu tun hat. Es hätte auch jede andere größere Stadt sein können. Einhundertmal ist der Diplomand an einer Bushaltestelle sehr realistisch zusammengesackt. Einhundertmal hat niemand darauf reagiert. Ein erschütterndes Ergebnis? Ja, aber es ist psychologisch zu erklären mit dem Phänomen des *Overcrowding:* Wenn sich zu viele Menschen an einem Ort aufhalten, wird unser Sinnes- und Wahrnehmungssystem überlastet. Unsere Biologie ist so programmiert, dass wir mit unserem Sinnessystem idealerweise die Menschen um uns herum erfassen können, um optimal auf sie und die durch sie entstehenden Situationen reagieren zu können.

Befinden sich jedoch zu viele Menschen in unserer unmittelbaren Umgebung, sind wir überfordert. Wir verlieren den Überblick, das System ist überlastet, wir sind gestresst und wünschen keine Verbindung.

Großstädter sind an diesen Stress gewöhnt. Unternehmen Kleinstädter oder Landbewohner einen Ausflug in die City, reagieren sie häufig sensibler auf dieses *Overcrowding* und fühlen sich nach einem zwei- bis dreistündigen Stadtbummel regelrecht erschöpft.

Die Theorie des *Overcrowding* wurde schon vor vielen Jahren formuliert und seither in Versuchen immer wieder bestätigt.[4] Die Reaktion auf diese Überlastung sieht so aus, dass wir Menschenansammlungen lieber meiden und aggressiv reagieren, wenn wir angesprochen werden. Ferner tendieren wir dazu, uns möglichst schnell in unseren geschützten Bereich, zum Beispiel unsere Wohnung, zurückzuziehen, zurück zur Familie, zu Freunden. Diese

Theorie erklärt auch den Unterschied zwischen Groß- und Kleinstädten. In kleineren Gemeinden sind die Einwohner meistens sesshafter, die Umzugsfrequenz ist geringer. Häufig bleibt man sogar ein Leben lang. In Großstädten hingegen wird viel zugezogen, weggezogen, umgezogen. Wohnt man nur kurz an einem Ort, fühlt man sich weniger verantwortlich, als wenn man sich zu verwurzeln beginnt oder es bereits aufgrund der familiären Herkunft ist. Man wirft Müll nicht achtlos auf die Straße, ist interessiert an der Gestaltung der Umgebung und hat auch das Wohl seiner Mitbürger im Auge. Wobei Letzteres für manche Dorfflüchtige ein Grund ist, in die Stadt zu wechseln, sie ziehen ein eher anonymes Leben vor. Alles hat eben seine Vor- und Nachteile.

Dass wir uns vor allem für den eigenen Bereich interessieren, erkennt man auch in vielen Ferienorten und Naherholungsgebieten. Am Wochenende reisen Horden von Erholungssuchenden an, die an ihrem eigenen Wohnort vielleicht auf Sauberkeit achten, zu Hause will man es schließlich schön haben. Doch hier am See oder im Wald sind sie nicht zu Hause, sie haben weniger Verbindung zu dem Ort und »vergessen« ihre Hinterlassenschaften.

Selbstwirksamkeit

Eine wichtige Voraussetzung für langfristiges Wohlbefinden und auch Glücklichsein finden wir im Gegenteil von Hilflosigkeit und Kontrollverlust: in der Selbstwirksamkeit,[5] in der Überzeugung, dass ich durch mein Handeln die Dinge in meinem Sinn verändern kann – wie ich es wünsche.

Selbstwirksamkeit kann, muss sich aber nicht auf die gesamte Persönlichkeit beziehen, in der Regel beschränkt sie sich auf einzelne Komponenten. Sonst wären wir ja imstande zu zaubern. Angenommen, jemandem ist es wichtig, als guter Koch wahrgenommen zu werden. Er liebt es, für andere zu kochen, lädt gern ein, und wenn seine Gäste keinen Bissen übrig lassen, freut er sich. Er hat also in diesem Bereich eine hohe Selbstwirksamkeit, er weiß, dass es ihm meistens gelingt, nicht nur den Hunger seiner Gäste zu stillen, sondern sie auch kulinarisch zu überraschen. Eine niedrige Selbstwirksamkeit würde er erleben, wenn seine Gäste nur wenige Happen von seinen Speisen kosten würden und dann die Teller wegschöben. Wird er weiterhin Gäste einladen, wenn das zwei-, dreimal passiert? Vielleicht reicht ein misslungenes Menü, und er wird diese für ihn unkontrollierbare Situation nicht wiederholen wollen, in der er sich als hilflos erlebte. Wir möchten Dinge tun, in denen wir uns als selbstwirksam erleben, oder Dinge so verändern können, dass wir Selbstwirksamkeit erfahren. Abhängig von den Umständen und unserem eigenen Durchhaltevermögen, werden wir nach Fehlschlägen noch weitere Versuche starten oder es bleiben lassen.

In Freundschaft und Trennung

Der wichtigste und zugleich schwierigste Bereich in der Selbstwirksamkeit ist der soziale. Wenn Menschen von sich selbst an nehmen, dass sie in der Lage sind, neue Verbindungen zu schaffen, schöne Erlebnisse mit anderen Menschen herbeizuführen und sich gleichzeitig von Menschen zu distanzieren oder zu trennen, die sie frustrieren, mit denen sie sich nicht wohlfühlen. Wenn die Selbstwirksamkeit im sozialen Bereich also dergestalt gelingt, dass man sich mit Menschen umgibt, die die Stimmung heben, und sich von jenen verabschiedet, die einen »runterziehen«. Das hat nichts mit Oberflächlichkeit oder Tiefgründigkeit und Ernsthaftigkeit zu tun. Meine Stimmung kann auch durch ein intensives Gespräch über ein schwieriges Thema gehoben werden, und es kann mich runterziehen, Banalitäten auszutauschen oder Probleme zu wälzen. Was wir wie empfinden, ist von Mensch zu Mensch verschieden. Wichtig ist, dass man sich selbst auf der eigenen Landkarte auskennt und wahrnimmt, wenn man sich verfahren hat. Zum Beispiel in einer Sandkastenfreundschaft, die eigentlich nur noch der Form halber besteht. Eigentlich ist die gemeinsame Zeit vorbei, und man fühlt sich auch nicht mehr wohl miteinander, aber man ist doch ein treuer Mensch. Treu wem gegenüber? Sich selbst oder der Sandkastenfreundin, die vielleicht das Gleiche denkt? Zu solchen Irrwegen komme ich später noch. An dieser Stelle möchte ich nur festhalten: *Menschen mit hoher Selbstwirksamkeit können sich so verhalten, dass sie frustrierende Beziehungen rechtzeitig beenden und gut für sich sorgen, indem sie Leichtigkeit, Gelassenheit und Fröhlichkeit in ihrem Leben Raum geben. Diese Sozialkompetenzen sind uns nur in sehr geringem Maße angeboren, daher können wir sie über Erfahrungen erlernen und spielerisch stärken.*

Das gelingt etwa im Gruppentraining und mit dem Entwickeln von internalen Kontrollüberzeugungen, in der Psychologie oft mit dem englischen Begriff internaler *Locus of Control* bezeichnet.

Internaler Locus of Control

Manche Menschen glauben, die Veränderungen des Lebens selbst beeinflussen zu können. Sie verfügen über das, was man als eine hohe internale (also von innen kommende) Kontrollüberzeugung bezeichnet. Sie entspricht einem überdauernden Persönlichkeitsmerkmal und ist das Gegenteil von Unkontrollierbarkeit und Hilflosigkeit und ein bedeutender Glücksfaktor. Im Gegensatz zur Selbstwirksamkeit bezieht sich der internale Locus of Control nicht auf einzelne meiner Fertigkeiten, von denen ich besonders überzeugt bin, sondern allgemein auf das tief in mir verankerte Gefühl, es selbst in der Hand zu haben, wie mein Leben verläuft – im Gegensatz zu anderen, die glauben, was passiert, sei external (also von außen) beeinflusst, ob durch ihre Mitmenschen, die Konstellation der Sterne, die Religion oder das Schicksal ganz allgemein. Sie können machen, was sie wollen, es ist alles vorherbestimmt, sie haben keine Chance.

Wer hat Einfluss auf unser Leben?

Es überrascht nicht, dass Menschen mit einem hohen internalen Locus of Control zufriedener und vielleicht sogar glücklich sind. Sie bewältigen das Leben geschmeidiger, und wenn sie zum Beispiel schwer erkranken, erholen sie sich schneller.[6] Das hat man unter anderem bei Krebspatienten untersucht. Auch Patienten mit schweren Herzerkrankungen werden rascher gesund. Sie nutzen die vielfältigen Möglichkeiten, der Krankheit die Stirn zu bieten, zum Beispiel in Bezug auf gesundes Essen und Bewegung. So aktivieren sie ihr Immunsystem und können positiv auf den Krankheitsverlauf einwirken. *Zahlreiche Studien belegen, dass die Überzeugung, das eigene Leben unter Kontrolle zu haben und beeinflussen zu können, ein bedeutender Glücksfaktor ist.* Und zwar weil wir glauben, dass wir die Dinge ändern können, dass wir an uns selbst arbeiten und etwas für unsere Gesundheit tun können, dass wir das Gelingen unseres Lebens in der Hand haben und nicht Spielball irgendwelcher Mächte sind, der Gene, der Erziehung, *meine Mutter ist schuld, mein Chef ist schuld, meine Partnerin ist schuld, ich bin halt so, wie ich bin, und kann nicht anders.*

Wenn die anderen bestimmen

Langfristig kann ein Mangel an Selbstkontrolle sogar zu Organschäden und zum Tod führen. Nachfolgend ein erschütternder Versuch:

Man hat hochbetagte Menschen in Seniorenheimen in zwei Gruppen aufgeteilt.[7] Beide Gruppen erhielten eine Grünpflanze. Die erste Gruppe der Bewohner wurde gefragt, ob sie die Pflanze haben wollte, alle hatten dies bejaht. Die zweite Gruppe wurde nicht gefragt, hier wurde sie einfach in die Zimmer gestellt. In der ersten Gruppe wurde die Verantwortung für die Pflanze den Heimbewohnern übergeben. Sie seien dafür zuständig, die Pflanze zu gießen. Bei der zweiten Gruppe übernahm dies das Pflegepersonal. Zusätzlich wurde den beiden Gruppen ein Kinoabend angeboten. Die erste Gruppe konnte darüber bestimmen, an welchem Abend er stattfinden sollte, die zweite Gruppe wurde vor vollendete Tatsachen gestellt. Alles in allem wurden also minimale Kontrollmöglichkeiten installiert – mit maximalen Auswirkungen. Die Älteren, die ihr Leben zumindest wieder etwas selbst kontrollieren durften, waren 18 Monate nach Beginn der Studie aktiver, glücklicher und gesünder. Am auffallendsten war jedoch, dass in der ersten Gruppe, also jener mit Handlungsspielraum, noch doppelt so viele der hochbetagten Menschen am Leben waren wie in der zweiten Gruppe ohne Handlungsspielraum. Diese Studie wurde mit anderen Bedingungen wiederholt.[8] Diesmal erhielten zwei Gruppen im Pflegeheim Besuch von Studenten. Die erste Gruppe wurde gefragt, wie oft und wie lange die Studenten kommen sollten. Die zweite Gruppe wurde nicht gefragt, erhielt aber genauso lang und oft Besuch wie die erste Gruppe. In dieser Studie war allerdings der Kontrolleinfluss auf zwei Monate begrenzt, danach waren die Semesterferien vorbei, und die Studierenden mussten wieder zur Uni. Direkt nach Abschluss der Studie stellte sich heraus, dass das Wohlbefinden und die Gesundheit der Pflegeheimbewohner, die Kontrolle über die Besuche hatten, deutlich angestiegen und stabilisiert war im Gegensatz zu den Pflegeheimbewohnern, die keine Kontrolle hatten. *An diesen beiden Untersuchungen sieht man, wie wichtig es ist, dass Menschen bis ins hohe Alter hinein Aspekte ihres Lebens kontrollieren können – gerade in Alters- und Pflegeheimen, wo wir in der Corona-Pandemie massive Auswirkungen auf die Todeshäufigkeit gefunden haben.*

Die zweite Studie hatte einen dramatischen Folgeeffekt. Denn zwei Jahre nach der Studie, als die Bewohner keine Besuche mehr bekamen, reduzierte sich der Gesundheitsstatus und erhöhte sich die Sterberate bei denjenigen Hochbetagten signifikant, denen man die Kontrolle über die Besuche gegeben hatte, und zwar in stärkerem Ausmaß als bei der Gruppe, die keine Kontrolle gehabt hatte. Das zeigt, dass entzogene Kontrolle noch viel schlimmer ist als gar keine Kontrolle. Haben Menschen erst einmal erfahren, wie gut sie sich fühlen, wenn sie ihr Leben oder einige Aspekte davon in die eigene Hand nehmen können und ihnen dann die Entscheidungsfreiheit wieder genommen wird, ist der Schmerz, fremdbestimmt zu sein, besonders groß.

Menschen machen Menschen glücklich

Sowohl für alte Menschen als auch für Kinder sind Sozialkontakte enorm wichtig. Sie entscheiden nicht nur über die Lebenszufriedenheit, sondern auch über die Gesundheit. Sehr junge und sehr alte Menschen können ihre Bedürfnisse noch nicht oder nicht mehr befriedigen und sind angewiesen auf Hilfe, auch körperlich. Säuglinge können nicht allein essen, allein irgendwo hingehen. Senioren sind oft schwerhörig und sehen schlecht. Lesen, Radiohören und Fernsehen werden zum Problem. *Umso wichtiger sind Berührungen. Kaum zu ertragen ist die Vorstellung, wie es den alten Menschen während des Lockdowns erging, als sie sich mehr oder weniger selbst überlassen blieben und ihre wenigen Möglichkeiten, seelisch wenigstens ein paar Almosen zu bekommen, rigoros gestrichen wurden.*

Ich formuliere das so deutlich, weil ich überzeugt bin, dass es sanftere Methoden gegeben hätte, und weil ich unzählige Studien gelesen habe, aus denen das Elend dieser älteren Menschen regelrecht zum Himmel schrie.[9] Es kann einem fast so vorkommen, als würden älteren Menschen die Grundbedürfnisse aberkannt. Als würden wir nicht alle einmal – wenn wir Glück haben – alt. Für viele von uns haben Alter und Glück jedoch nichts gemein.

Allerorten ist die Rede von der desaströsen Lage in der Pflege, und es ist keine Besserung in Sicht, zumal wir in naher Zukunft mit immer mehr pflegebedürftigen Menschen rechnen müssen. Das Pflegeheim ist für viele Menschen als Endstation eine sehr gruslige Vorstellung. Hinzu kommt, dass Lebensqualität im Alter von den finanziellen Möglichkeiten abhängt, was vor allem für Frauen, die im Alter häufig nur wenig Geld zur Verfügung haben, keine rosigen Perspektiven bedeutet. Gewiss, man kann Glück haben und nette Menschen im Heim kennenlernen. Doch wenn man zu krank ist, um am sozialen Leben teilzuhaben, ist die Aussicht, die letzten Monate oder Jahre in Einsamkeit und Isolation zu verbringen, eine schreckliche.

Die ideale Prävention gegen Demenz

Und gibt es das überhaupt, Glück im Alter, den goldenen Herbst? Ein wichtiger Ansatzpunkt ist es hier, dass Menschen keine Demenz entwickeln und möglichst lange gesund und froh bleiben. Das ermöglichen Sozialkontakte, sie sind die wichtigste Prävention vor demenziellen Erkrankungen.[10] Warum das so ist? Unser Gehirn liebt Neuigkeiten! Wenn wir jeden Tag dieselben Dinge tun, wenn alles immer beim Alten bleibt, wenn nichts Neues hereinkommt und vor allem die Herausforderungen durch Begegnungen mit anderen Menschen fehlen, die uns wie beschrieben sehr viel abverlangen durch die Einordnung, mit wem wir es zu tun haben und wie wir darauf reagieren wollen, dann schläft das Gehirn ein. Es bilden sich weniger neue Nervenzellen und die vorhandenen Nervenzellen gehen allmählich zurück. Für ein intaktes Gehirn ist es extrem wichtig, immer wieder neuartige Informationen zu verarbeiten, zu speichern und somit neue Verbindungen zu schaffen, lebendig zu bleiben und sich anpassen zu können. Das wissen wir aus Tausenden von Untersuchungen.[11]

Emotionales Lernen
Viele Menschen glauben, zur Vorbeugung von Demenz würde es genügen, hin und wieder ein Kreuzworträtsel zu lösen oder Vokabeln zu lernen. Nun, sich eine Fremdsprache anzueignen hat noch keinem geschadet, um kognitiv flexibel zu bleiben, doch beim Vokabellernen und Kreuzworträtseln nehmen wir lediglich Sachinformationen auf und rufen sie ab, also Inhalte, die wir irgendwann einmal gelernt haben. Das sind aber nicht die Herausforderungen, die das Gehirn braucht, um neue Nervenzellen zu bilden. Es benötigt vielmehr Emotionen, wie wir sie von Mensch zu Mensch entwickeln. Das emotionale Lernen geht mit hoher neuronaler Veränderung – neuronaler Plastizität – einher.

Ich habe selbst lange zum emotionalen Lernen geforscht.[12] Es bildet sich über unsere persönlich bedeutsamen Lebenserfahrungen. Wir nennen es auch episodisches Gedächtnis, weil wir uns dabei an wichtige Episoden aus unserem Leben erinnern. *Das emotionale Lernen bewirkt über die gleichzeitige Aktivierung emotionaler (Amygdala) und gedächtnisbildender Systeme (Hippocampus) im Gehirn die nachhaltige Bildung von Gedächtnisinhalten, bei der auch im hohen Alter noch neue Nervenzellen entstehen.*

Wir alle erinnern uns auch nach vielen Jahrzehnten noch deutlich an wichtige Begebenheiten aus unserem Leben, wie zum Beispiel den Schulabschluss, den ersten Kuss, den traurigen Verlust eines Freundes durch Unfalltod. Hingegen verlieren unemotionale Ereignisse bald an Bedeutung; sie werden vergessen. Was habe ich letzten Dienstag zum Frühstück gegessen? Es ist nicht wichtig, und die Erinnerung zerfällt.

Beim sachlichen oder »semantischen« Lernen, also bei der Faktenaufnahme, sind wir in der Regel emotional nicht beteiligt. Es ist zudem mit sehr viel weniger strukturellen Veränderungen im Gehirn verbunden, neue Nervenzellen werden nicht gebildet. Das emotionale Gehirn ist beim Lernen von Fakten selten bis gar nicht beteiligt. Semantische Informationen müssen meist sehr oft wiederholt werden, bis sie für längere Zeit behalten werden, und wenn wir uns einige Jahre später wieder an sie erinnern wollen, sind sie meist aus dem Gedächtnis verschwunden. Aus diesem Grund sollten die Neuigkeiten zur Vorbeugung von Demenz nicht auf nur nebensächliche Sachinformationen beschränkt sein.

Am emotionalsten für uns Menschen ist es, darüber informiert zu werden, wie es anderen Menschen geht, wie sie sich in Gruppen verhalten, in ihren jeweiligen sozialen Bezügen. Hier können wir mitfühlen und mitfiebern, hier sind wir berührt, fühlen uns verbunden, hier bietet sich die Gelegenheit zu einer Perspektivübernahme. Was wir emotional mit anderen teilen, wo wir uns mitfreuen und mitleiden, wo wir ein tiefes Interesse entwickeln, da lässt uns die Erinnerung auch nicht so leicht im Stich, das ist gut abgespeichert. Und beim nächsten Mal fragen wir nach: Wie ist es weitergegangen … Hat sich dein Vater wieder erholt? Hat das mit der Wohnung geklappt? … *Je kleiner die Welt eines Menschen wird, und im Alter schrumpft sie automatisch, desto wichtiger ist die Verbindung nach draußen. Wirklich fundiert kann sie nur über echte Menschen und echten Kontakt in regelmäßigem Austausch hergestellt werden, idealerweise mit bereits bekannten und vertrauten Menschen.*

Wir sehen also, wie wichtig es ist, dass ältere Menschen in sozialen Bezügen und Gruppen bleiben, sich mit anderen Menschen treffen, Austausch haben, ob zu Hause, im Seniorentreff, in der Kirche, in Vereinen, Hauptsache Kontakt. Das ist die wichtigste Prävention gegen Alzheimer und andere Formen von Demenz.

Ich möchte noch einmal zurückkommen zu den eben beschriebenen Besuchen der Studenten in einem Seniorenheim, denn natürlich haben die Bewohner mit ihnen über persönliche, über zwischenmenschliche Belange gesprochen. Die Studenten haben aus ihrem Leben und von ihren Familien erzählt, vielleicht auch von ihren persönlichen Schwierigkeiten. So haben sie die Gehirne der Senioren herausgefordert. Und mehr noch: Sie haben ihnen Gelegenheit gegeben, ihre Gefühle zu teilen, mitzufühlen, mitzuerleben. Das ist etwas völlig anderes, als wenn man jemandem ein Buch in die Hand drückt oder einen Fernsehkanal einstellt.

Je näher man sich kommt, desto stärker wird die Bindung. Am intensivsten wird diese erlebt durch Berührung und Geruch. Schmecken, Riechen, Fühlen, das sind die Sinne, auf die es im frühen und späten Lebensalter besonders ankommt.

Menschen, Bewegung und Haustiere halten jung

Damit das Gehirn aktiv bleibt und sich Nervenzellen weiter neu bilden, benötigt es bei den Sozialkontakten mehr als einen Menschen. Wenn ein Ehepaar seit Jahrzehnten verheiratet ist, führt es vermutlich keine anregenden Gespräche mehr, die zur Bildung neuer Nervenzellen motivieren. Meistens beschränken sich die Redebeiträge langjähriger Paare auf Alltägliches. *Hast du Hunger, was schauen wir im Fernsehen an, heute ist schönes Wetter.* Deshalb ist es so wichtig, gerade im Alter in sozialen Bezügen zu bleiben, sich nicht in der Ehe zu verschanzen, sondern an Gruppen teilzunehmen. Es gibt sehr viele Angebote für Senioren, und auch wenn man der einzige Senior in einer Gruppe ist: Teilhabe hält fit!

Daneben ist körperliche Bewegung ebenfalls enorm wichtig für eine dauerhafte Gesundheit des Gehirns und unser Glück.[13] Sobald wir uns bewegen, idealerweise an der frischen Luft und im Team, wie zum Beispiel beim Tanzen oder Rudern, schütten wir froh machende Botenstoffe aus. Auch das ist längst bekannt und wurde bei den Maßnahmen gegen die Pandemie … vergessen?

Haustiere machen ebenfalls glücklich, und sie verbinden uns mit anderen Menschen und der Natur. Mit Hunden »muss« man darüber hinaus Gassi gehen. Es wird ihnen sogar ein hoher Flirtfaktor nachgesagt, weil man mit Hund unterwegs oft angesprochen wird. Tatsächlich kommen Hundebesitzer leicht ins Gespräch, und oft sieht man sie in Grüppchen am Rand von Wiesen stehen.

Darauf haben sich viele Menschen in jüngster Vergangenheit besonnen.

Klug beraten für ein langfristiges Lebensglück ist derjenige, der auf mehrere Pferde setzt, denn es kann ja sein, dass man eine lieb gewonnene Aktivität irgendwann altersbedingt nicht mehr ausüben kann. Dann ist es gut, weitere Interessen in petto zu haben. Das schützt auch vor Frustration. In der Psychologie sprechen wir hier von Selbstkomplexität, also von verschiedenen Aspekten, die das Selbstkonzept ausmachen.

Innere und äußere Belohnungen

Ein weiterer wichtiger Glücksfaktor ist die Fähigkeit, sich selbst belohnen zu können und nicht abhängig davon zu sein und darauf zu warten, dass jemand anders einen lobt. Also sich selbst auf die Schulter zu klopfen: Das habe ich gut gemacht!

Das ist nicht immer leicht und muss manchmal geübt werden. Halten Sie kurz inne, wenn Sie stolz auf sich sind, und freuen Sie sich über sich selbst!

Das fällt umso leichter, je mehr unsere Ziele und Werte intrinsischer Art sind, also in uns selbst liegen. Das kann der Wunsch nach Selbsterweiterung sein oder die Wertschätzung unserer Kontakte und Freunde. Liegen die Ziele und Werte außerhalb von uns selbst, sind andere dafür verantwortlich, dass wir sie erreichen. Und von denen ist unser Eigenlob dann abhängig, wie zum Beispiel bei einer Gehaltserhöhung im Beruf.

Auch finanzielle Unabhängigkeit gehört zu den Glücksfaktoren. Allerdings nicht in dem Sinn, dass man mehr hat, als man jemals ausgeben kann. Es geht vielmehr darum, dass man genug hat. Viele Untersuchungen belegen, dass die meisten Menschen mit einer Summe zufrieden sind, bei der sie sich keine Sorgen über ihren Alltag zu machen brauchen und auch genug für einen Urlaub übrig bleibt.[14] Die Summe variiert je nach Bezugsgröße.

Verdienen andere mehr als man selbst, die aber Ähnliches leisten und in dem gleichen Kulturkreis leben, kann auch ein recht hoher Betrag unglücklich machen. Hier sehen wir wieder die Auswirkungen der Ungleichheitsaversion. Wer finanziell in Nöten ist, also abhängig von Geld, das an allen Ecken und Enden fehlt, hat es nicht leicht, unbeschwert und froh zu sein, es sei denn, er oder sie wäre ein Lebenskünstler. Doch ist genug da und man kann den wahren Luxus genießen, den eigenen Interessen zu folgen, weil man sie spannend findet, nicht weil sie Geld einbringen, dann ist man wahrlich auf der Glücksstraße. Wie sagte Bob Dylan so zutreffend: Ein Mensch ist erfolgreich, wenn er von morgens bis abends das tut, was ihm Spaß macht.

Jeder von uns hat schon einmal die Erfahrung gemacht, dass etwas neu Gekauftes sehr schnell an Attraktivität verliert, ein Phänomen, das man als hedonische Adaptation bezeichnet. Ein neu kennengelernter Mensch hingegen glänzt oft sehr lange weiter, ja mit der Zeit wird er vielleicht sogar immer schöner – dann als Freund. Geld ausgeben macht also auch nicht glücklich. Anders ist es, wenn wir es für Erfahrungen und nicht für Dinge verbrauchen, es also einsetzen, um Reisen zu machen, neue Länder und Menschen kennenzulernen oder auch einen Fortbildungskurs zu buchen, vielleicht um eine neue Sprache zu lernen. In solchen Fällen sehen wir einen Zusammenhang zwischen Geldausgeben und Glück. Ebenso, wenn wir Geld nutzen, um Geschenke für Freunde zu kaufen. Wird es eingesetzt, um andere zu unterstützen, kann es auch langfristig helfen, uns glücklich zu machen.

Two in one

Hedonismus bedeutet Streben nach Freude und Wohlbefinden, und gehört unbedingt zum Glück. Hedonisches Glück empfinden wir über Genüsse und die akute Erfüllung unserer Wünsche. Wir fühlen die Freude ganz aktuell. Sie kann sozialer, aber auch materieller Natur sein. Auch die Sinneslust gehört zum hedonischen Glück, zum Beispiel das Berühren eines Lieblingstieres oder Lieblingsmenschen, das Riechen und Schmecken unserer geliebten Person. *Aber wir kennen auch ein eudaimonisches Glück durch die Erfüllung unserer Werte. Letzteres steht in engem Zusammenhang mit unserem Selbstkonzept: Ich bin glücklich, ich bin stolz, ich bin zufrieden in meiner Ganzheit als Person.*

Eudaimonisches Glück erfahren wir auch, wenn wir zwar erschöpft sind, zum Beispiel nach stundenlangem Musizieren, aber das Gefühl haben, unserem Idealselbst nahegekommen zu sein. Daher ist das eudaimonische Glück eher ein stilles Glück und kann auch in Momenten von Ruhe entstehen.

Dieses Glück erleben wir, wenn wir zum Beispiel mit unserem Liebespartner einen Sonnenuntergang betrachten, wenn wir ganz für uns allein eine tiefe Naturerfahrung machen, wann immer wir dieses besondere Gefühl von JETZT haben. Wir haben nichts dafür bezahlt, es ist einfach über uns gekommen. Es spricht nichts dagegen, ein solches Erlebnis mit einem hedonischen Glück in einem Sternerestaurant abzurunden. Dann hat man zwei Glücke an einem Tag! Und macht vielleicht eudaimonisch weiter, wenn man danach in ein Konzert geht. Und im Anschluss in eine Champagnerbar, wo wiederum das hedonische Glück im Glas perlt. Eudaimonisches und hedonisches Glück sind keine Gegensätze, sie treten sogar recht häufig gemeinsam auf.

Eudaimonisches Glück hat gravierende Einflüsse auf die Gesundheit, darauf werde ich später noch eingehen, wenn wir uns dem Un-Glück zuwenden, der Depression, einem Zustand ohne Verbindung.

Was jedoch miteinander verbunden ist, sind das Nerven- und das Immunsystem. Und die sehen wir uns nun etwas genauer an, zwei großartige Systeme in einem Körper … die eine Menge mitzureden haben, wenn es um unser Glück geht.

Die Boten des Glücks und der Gesundheit

Das Immunsystem – wie oft haben wir den Begriff in den letzten beiden Jahren gehört, ohne auf seine Bedürfnisse zu achten? – ist dafür zuständig, unsere körperliche Gesundheit zu bewahren. Es spielt eine wichtige Rolle bei der Abwehr von Viren, Bakterien und Schadstoffen aus der Umwelt. Das Nervensystem steuert die Motorik, einfache Reflexe, Verdauung und Schlaf-wach-Zustände bis hin zu unseren Emotionen, unserem Gedächtnis und der Motivation. Bis heute gibt es Wissenschaftler, die das Nerven- und Immunsystem als zwei getrennte Systeme betrachten, obwohl längst das Gegenteil bewiesen ist.

Botenstoffe gehen fremd

Botenstoffe im Nervensystem, die sogenannten Transmitter, sind Stoffe, die zum Informationsaustausch zwischen zwei Nervenzellen genutzt werden, wie zum Beispiel Acetylcholin, Adrenalin, Noradrenalin, Dopamin oder Serotonin. Aber auch Hormone oder sogenannte Neuropeptide – Peptidhormone, die im Nervensystem gebildet werden – können direkt an eine Nervenzelle andocken und so die Zellaktivität beeinflussen. Wir hatten bereits darüber gesprochen, dass das Stresshormon Cortisol Andockstellen im Gedächtnisbereich des Gehirns besitzt und dort bei chronischer Überproduktion zum Zelltod führen kann. Am wichtigsten scheinen mir aber die Neuropeptide zu sein, es gibt vermutlich weit über hundert verschiedene von ihnen, und wir verstehen ihre Funktion erst ansatzweise. Zu ihnen gehören zum Beispiel das bindungsfördernde Oxytocin oder die körpereigenen Opioide, die uns vor Schmerz schützen und uns euphorisieren können. Neuropeptide haben eine nachhaltigere Wirkung auf die Nervenzelle als Transmitter, sie können deren generelle Ansprechbarkeit längerfristig verändern und haben in unterschiedlichen Gehirnarealen unterschiedliche Wirkungen.

Im Immunsystem nennt man die Botenstoffe Zytokine. Wir kennen heute sehr viele unterschiedliche Zytokine, die bekanntesten sind vielleicht die Interleukine. Von ihnen gibt es mindestens zwei Dutzend und darüber hinaus viele weitere Zytokinfamilien wie zum Beispiel die Interferone oder Tumornekrosefaktoren. Diese Botenstoffe, die noch lange nicht umfassend erforscht sind, tragen ständig Informationen zwischen den Immunzellen hin und her. Sie verfügen über Andockstellen im Nervensystem und im Hormonsystem, sind also sehr fleißig in mehreren Jobs unterwegs, da sie an drei Systemen mitarbeiten. Jeder, der sich mit den Botenstoffen im Gehirn, Hormon- und Immunsystem beschäftigt, weiß, wie weit die Wissenschaft davon entfernt ist, die Funktionsweise dieser Systeme zu begreifen. Der südafrikanische Biologe Lyall Watson umschreibt es so: »If the brain were so simple we could understand it, we would be so simple we couldn't« – Wenn das Gehirn so einfach wäre, dass wir es verstehen könnten, wären wir so einfach, dass wir es nicht verstehen würden.

Nerven- und Immunsystem spielen zusammen

Wir wissen, dass Zytokine ähnlich wie Neurotransmitter im Immunsystem wirken, aber auch auf Zellen im Nervensystem (zum Beispiel wirkt Interleukin 1 auf Nervenzellen im Hypothalamus). Die T- und B-Lymphozyten sind die wichtigsten Zellen im Immunsystem. Sie bilden sich nach Kontakt mit Schadstoffen, Viren und Bakterien spezifisch für den jeweiligen Fremdkörper und bleiben dem Immunsystem im Gedächtnis, machen uns also langfristig gegen ihn immun. Auf den Lymphozyten finden wir Andockstellen für Neurotransmitter und Neuropeptide aus dem Nervensystem. Außerdem sind sie selbst in der Lage, Neurotransmitter und körpereigene Opioide (Endorphine) zu bilden. Ja, Zellen des vegetativen Nervensystems stehen sogar über direkten synaptischen Kontakt mit Lymphozyten in Verbindung. Es gäbe noch viele weitere Beispiele, aber dieser kurze Eindruck soll ausreichen, um Ihnen zu zeigen, dass Immun- und Nervensystem nicht getrennt voneinander betrachtet werden können.

Die Psychoneuroimmunologie

Wir sind an dieser Stelle in eine interdisziplinäre Wissenschaft eingestiegen, die Psychoneuroimmunologie[15]*: Es geht um Psyche, Seele, Neuro- und Immunsystem und wie sich diese gegenseitig beeinflussen. Seit den 1980er-Jahren gab es viele spannende Versuche, die die Vermutung bestätigten, dass die Systeme in engem Zusammenhang stehen.* Ein Beispiel: Versuchspersonen mit einer Heuschnupfenallergie wurden wiederholt einem Allergen ausgesetzt. Währenddessen tranken sie einen ungewöhnlich schmeckenden Saft. Diese Prozedur wurde einige Male wiederholt. Nun reagierten die Probanden allein auf den Saft mit einer allergischen Reaktion, auch wenn das Allergen weggelassen wurde. Alles bloß Einbildung? Nein, eine geniale Verknüpfung, denn es ist ja nur sinnvoll, dass die beiden Systeme zu unserem größtmöglichen Schutz zusammenarbeiten. Das Immunsystem hat mithilfe des Nervensystems gelernt: Wenn ich diesen Saft trinke, bedeutet das, dass ich dem Allergen ausgesetzt werde. Dementsprechend antwortet es mit einer Immunreaktion, obwohl es eigentlich keinen Grund dafür gibt, denn der Saft an sich ist ja harmlos.

Viele solcher Studien sind mittlerweile bei Tier und Mensch durchgeführt worden. Sie zeigen, dass die Reaktion von T- und B-Zellen klassisch konditioniert werden kann. Der Körper erhält so größtmöglichen Schutz, es bedarf gar keiner Konfrontation mit einem Erreger. Das Immunsystem reagiert bereits auf den Kontext, in dem der Erreger typischerweise auftritt. In unserem Körper wohnt eine faszinierende Biologie, wir sind weit davon entfernt, sie zu verstehen.

Seit Längerem wissen wir leider auch, dass Erkrankungen der Seele, klinisch-psychologische Erkrankungen, mit Störungen des Immunsystems einhergehen.[16] Es ist bekannt, dass Menschen mit

Depressionen oder Angststörungen vermehrt entzündungsfördernde Zytokine (IL-6) produzieren. Die so eingeleiteten chronischen Entzündungsprozesse führen langfristig zu Gebrechlichkeit und Behinderungen, verursacht durch Muskel- und Knochenabbau, Arthritis und Herzinsuffizienz. Schließlich führt dies alles zu frühem Tod. Dass Depressionen und Angststörungen auf lange Sicht mit körperlichem Verfall einhergehen, liegt also an der engen Verzahnung von Nerven- und Immunsystem. *Wir wissen mittlerweile auch, dass sowohl Stress und Einsamkeit auf der einen als auch Glück auf der anderen Seite sich auf die Genexpression auswirken, die beeinflusst, welche Botenstoffe auch im Immunsystem gebildet werden. Das heißt: Positive Gefühle erhöhen unseren Schutz, negative verringern ihn. Dieser Mechanismus ist mittlerweile zweifelsfrei nachgewiesen bis hin zur genetischen Bildung im Zellkern.*

Aber auch diese Erkenntnisse flossen nicht ein in die »Schutzmaßnahmen« während der Pandemie. Das hat mich oft empört, manchmal auch verzweifeln lassen, denn ich bin mit Leib und Seele und Verstand sowieso Psychologin und möchte natürlich, dass es den Menschen gut geht. Aus diesem Grund bin ich vor Jahrzehnten angetreten, das hat mich zur Wahl dieses Studiums motiviert. Ich wollte wissen, was man tun kann, damit es Menschen besser geht, und mit meiner Grundlagenforschung Werkzeug liefern, das die Praktiker, die Psychotherapeuten, bei ihren Patienten einsetzen können.

Ich hätte mir gewünscht, dass bei den Maßnahmen zur Pandemiebekämpfung nicht nur der menschliche Körper, sondern der ganze Mensch berücksichtigt wird, der, wie wir gesehen haben, eben nicht nur Körper ist, sondern ein beseeltes Wesen mit vielschichtigen Gefühlen. Dazu wäre es erforderlich gewesen, dass sich die PolitikerInnen nicht nur von VirologInnen, PhysikerInnen, InformatikerInnen, MedizinerInnen etc. hätten beraten lassen, sondern auch von Fachleuten angrenzender Gebiete wie der Biologie, Philosophie und natürlich: Psychologie!

Letztere jedoch schien gänzlich zu fehlen, zumindest konnte ich keine erkennen. Wenn überhaupt, spielten Psychologen und Psychologinnen nur dann eine Rolle, wenn es darum ging, für eine möglichst effektive und unkomplizierte Vermittlung der Corona-Maßnahmen an die Bevölkerung zu sorgen.

Kurz: Die Verbindung hat gefehlt, und so kam es zu der oft beklagten, andererseits aber teilweise auch forcierten Spaltung der Gesellschaft.

Die Gefahren des Gruppendenkens

Psychologisch ist auch das sehr einfach zu erklären. In der Risikoforschung spricht man vom Gruppendenken[17] oder Kuba-Syndrom, wenn sich eine Gruppe von Führenden isoliert und immer die gleichen Experten um sich schart, die mehr oder weniger die gleiche Meinung vertreten. Genau dies wurde während der Corona-Pandemie der Regierung vorgeworfen. Im deutschen Bundestag hieß es zu den Corona-Beschlüssen der Ministerpräsidentenkonferenz (MPK):[18] *»Bei der Stellung des Parlaments geht es nicht nur um demokratische Legitimation und um Gewaltenteilung, es geht auch um die Qualität der Beschlüsse, die am Ende dabei rauskommen. Die MPK ist auf Dauer kein gutes Entscheidungsformat. Ministerpräsidentinnen und Ministerpräsidenten sind in der Coronakrise dauergestresst. Sie sind durchweg Generalisten, keine Spezialisten. Das Phänomen des Gruppendenkens setzt ein. Es führt selbst bei kompetenten Personen zu schlechteren und realitätsferneren Entscheidungen. Das hat die Wissenschaft immer wieder gezeigt.«*

Gruppendenken bedeutet, dass sich Experten in der eigenen Meinung bestätigen, ohne andere Sichtweisen in Betracht zu ziehen, was dazu führt, dass Entscheidungen auf einer einseitigen Grundlage getroffen werden und negative Konsequenzen, die man durch das Einbeziehen anderer Perspektiven früher hätte erkennen können, außer Acht gelassen werden. Wichtige Elemente beim Gruppendenken sind, dass die Gruppe sich selbst isoliert und ein starkes Bedürfnis nach Übereinstimmung mit den anderen Gruppenmitgliedern besteht. Zusätzlich gibt es einen starken Druck auf Abweichler und sogenannte Gedankenwächter, die die Gruppe vor Informationen abschirmen, die die sachliche Richtigkeit beziehungsweise moralische Legitimation einer neuen Entscheidung infrage stellen würden. Als Effekt ergibt sich eine unvollständige Überprüfung von Alternativen. Die Risiken der gewählten Entscheidungen werden nicht in Betracht gezogen.

Der Name Kuba-Syndrom wurde geprägt, als diese falsche Berater-Strategie in den 1960er-Jahren, während der sogenannten Kuba-Krise, fast zu einem dritten Weltkrieg geführt hätte. Die Gefahren, wenn Gruppen sich in ihrer Meinung gegenseitig bestärken und geradezu hochschaukeln, sich abgrenzen, andere abwerten und sich immer mehr isolieren, kann kaum unterschätzt werden.

Es ist falsch, dass Gruppen immer zu besseren Ergebnissen kommen, zumal geschlossene Systeme zu Radikalität neigen. Manchmal können Einzelpersonen bessere Entscheidungen treffen als Gruppen, die sich sozusagen gruppendynamisch selbst auf den Leim gehen.

Glück im Zellkern

Doch kommen wir noch einmal zum Glück zurück, zu dem zusammenfassend festzuhalten ist: Glück macht gesund.[19] Menschen, die sich häufig in einer positiven Stimmung befinden, die mit ihrem Leben im Großen und Ganzen zufrieden sind und vor allem die häufig eudaimonisches Glück empfinden, leben länger und gesünder. Sie erleiden zum Beispiel seltener Herzerkrankungen oder Diabetes und erkranken seltener an Krebs oder Schlaganfall. Glückliche Menschen erholen sich schneller von einer Krankheit, und immer mehr Studien ergeben konsistent, dass sich insgesamt ihre Lebensdauer verlängert.[1] Dieser Effekt ist nicht unerheblich: Für glückliche ältere Menschen ist die Wahrscheinlichkeit, in einem Sieben-Jahres-Intervall zu sterben, um 36 Prozent reduziert.[20]

Wie kann man es sich erklären, dass Glück gesund macht? Mittlerweile wissen wir, dass eudaimonisches Glück die Aktivität der Gene im Zellkern verändert.[21] Wichtig ist dabei zu wissen, dass es hier um Gene geht, die für die Aktivierung von Botenstoffen im Immunsystem, den Zytokinen, verantwortlich sind. Wie wir gesehen haben, werden bei langfristigem Stress entzündungsfördernde Interleukine vermehrt ausgeschüttet, sodass nicht nur Angst und Depression, sondern auch Herzerkrankungen, Osteoporose, Arthritis und auch Krebserkrankungen leichtes Spiel haben. Das Immunsystem von glücklichen Menschen, die eudaimonisches Glück erleben, verringert hingegen die Genexpression dieser Interleukine. Außerdem können wir feststellen, dass die Körperzellen glücklicher Menschen mehr antivirale Zytokine herstellen und die Aktivität der B-Zellen zur Antikörperproduktion angeregt ist. Damit verfügen glückliche Menschen über eine bessere Virenabwehr und sind vor Entzündungen besser geschützt.

Ohne das Mitspracherecht unserer Seele zu berücksichtigen, sind keine verlässlichen Aussagen über Gesundheit zu treffen. Und über unser Glück sowieso nicht.

Verbindung ist die Nahrung der Seele

Viele glauben, die Berücksichtigung seelischer Belange wäre eine moderne Erfindung nach dem Motto: Im Mittelalter hat niemand nach mildernden Umständen bei der Verurteilung Angeklagter gefragt. In Wirklichkeit ist die Seele schon immer Thema. Ja, die Menschwerdung wird sogar häufig gleichgesetzt mit der Ausbildung einer Vorstellung von der Seele. Dass es auch sehr frühen Menschen wichtig war, mehr zu sein als Körper, sehen wir an der Art und Weise, wie sie ihre Toten bestatteten. Ausgrabungen von Grabstätten und Grabbeigaben zeigen, dass man sich bereits in der Steinzeit ein Bild von der Seele machte und dem Übergang ins Jenseits große Bedeutung beigemessen wurde. Bereits damals ging man davon aus, dass mit dem Tod nicht alles beendet ist und ein Teil des Menschen, die Seele, weiterhin geschützt werden muss. Es ist davon auszugehen, dass vermutlich die Neandertaler, mit Sicherheit aber die ersten echten Menschen *(Homo sapiens sapiens)*, die noch in Höhlen lebten, bereits eine ausdifferenzierte Religion hatten.

Der Glaube an die Seele und der Wunsch, dem Leben auch außerhalb des Materiellen einen Sinn zu geben, markiert den Beginn der menschlichen Kultur.

Die Heimat der Seele

Heute noch staunen wir über die leichenpräparatorischen Fähigkeiten der alten Ägypter, die wie viele andere Kulturen davon überzeugt waren, dass der Tod nur das körperliche Leben beendet und es neben dieser noch eine andere, wichtigere Welt gibt, die Heimat der Seele. Die Verbindung zu ihr besteht immer, sie ist nie getrennt, und wenn wir sie als solches wahrnehmen, liegt das an unserer Unfähigkeit, sie zu erkennen. Doch eines Tages, wenn wir selbst sterben, werden wir uns wieder vereinen, so die tröstende Vorstellung. Dem Leben der Seele nach dem Tod maßen die alten Ägypter extreme Bedeutung bei. Der Bau der Königsgräber konnte über Jahrzehnte dauern, die Begräbnisvorbereitungen 70 Tage. Mit dem Tod zeigte sich, ob die Seele in die Götterwelt aufgenommen und unsterblich wurde oder in die fürchterliche Düsternis des Nichts hinabsteigen musste. Ein Göttergericht entschied über diesen Ausgang aufgrund der im Leben begangenen guten Taten und Sünden.

Die Götter der alten Ägypter symbolisierten Seelenaspekte – Hathor, Göttin der Liebe, des Glücks und der Musik, Isis, Göttin der Heilkraft, Maat, Göttin der Gerechtigkeit, und viele mehr. Im alten Ägypten gab es ungefähr 2000 Götter, darunter männliche, weibliche und auch Tiergötter. Im alten Griechenland gab es Letztere nicht, aber noch eine Vielzahl weiblicher Götter: zum Beispiel Aphrodite, Göttin der Schönheit, Liebe und sinnlichen Begierde, Athene, Göttin der Weisheit, oder Demeter, Göttin der Fruchtbarkeit. Die meisten der weiblichen Götter finden wir in der römischen Mythologie wieder, aus Aphrodite wird Venus, aus Athene Minerva, aus Demeter Ceres. Erst mit dem Auftreten des Monotheismus wurde Gott zum Mann.

Zurück zur Seele: Die christliche wie auch viele andere Religionen vermitteln uns eindringlich, dass wir mehr sind als nur Körper. Mal kann sie unsterblich sein, mal ist sie an den Körper gebunden.

Aber sie alle betonen die Bedeutung unseres Wollens, Empfindens und Handelns für unseren Seelenfrieden. Das ist auch die Ansicht vieler Philosophen. Platon und Aristoteles sehen die Seele dreigeteilt, mit leichten Unterschieden erkennen beide eine niedere Seele, die für Fortpflanzung und Stoffwechsel verantwortlich ist, eine mittlere Seele, in der Begehren und Gefühlsleben beheimatet sind, und eine Art Vernunftsseele, die nur der Mensch besitzt. Nach Platon ist nicht die sichtbare Welt entscheidend, sondern eine dahinter existierende, die Welt der Ideen, und ebendiese könne nur die Vernunftsseele erkennen. Solche Gedanken ziehen sich durch viele philosophische Schulen, und auch in der frühen Neuzeit wurde die Seele hoch geschätzt, zum Beispiel von Spinoza, für den Körper und Seele nichts sind als zwei Aspekte einer einzigen Entität. Doch dann wurde die Seele von den Materialisten in der modernen Neuzeit langsam immer mehr verdrängt. Vertreter der materialistischen Denkrichtung wie Watson, Skinner oder Darwin, auf denen unsere Wissenschaft stellenweise noch immer fußt, erkennen nur die körperliche Welt als existent an.

Seele und Körper im Verbund

Wie wir gesehen haben, hat die Seele also seit Beginn der Menschwerdung über die verschiedenen Religionen, die Philosophie und modernen Naturwissenschaften hinweg immer eine wichtige Rolle gespielt. Mir persönlich ist es im Rahmen dieses Buches nicht wichtig, ob sie als unabhängige Einheit existiert, ob sie sich vom Körperlichen lösen kann oder nicht. Es kommt mir darauf an zu zeigen, dass seelische und körperliche Vorgänge miteinander vollständig verzahnt sind und seelische und körperliche Gesundheit sich gegenseitig bedingen. Und das wissen viele Menschen intuitiv. Vor ca. 2000 Jahren hat es der römische Dichter Juvenal so ausgedrückt: »Beten sollte man darum, dass ein gesunder Geist in einem gesunden Körper sei.« *(... orandum est ut sit mens sana in corpore sano)*. Im Fazit bleibt: *Was auch immer die »Seele« beinhalten mag, Gefühle, Gedanken, Bedürfnisse – all dies ist für unsere Gesundheit und unser Glück vermutlich bedeutsamer als ein seelenloser, funktionaler Körper.*

Aber Vorsicht: Im Zuge des Vormarsches der künstlichen Intelligenz neigen immer mehr Menschen dazu, Menschen mit einem Computer zu verwechseln, eben einem seelenlosen Ding, das sich dadurch auszeichnet, schnell rechnen zu können. Was sich rächen könnte ...

In den letzten Jahrzehnten ist die Seele in der Mitte der Gesellschaft angekommen. Seelische Befindlichkeiten werden nicht mehr belächelt, sondern ernst genommen. Immer mehr psychische Erkrankungen finden die Beachtung, die sie verdienen, weil wir die Verbindung zwischen Körper und Seele mit all ihren Wechselwirkungen mittlerweile als naturgegeben akzeptieren. Vom Entweder-oder zum Sowohl-als-auch. Zumindest in größeren Städten muss sich niemand mehr schämen, Psychotherapie in Anspruch zu nehmen. Kurz: Die Seele wird immer gleichberechtigter, zumal klar wird, welch entscheidenden Einfluss sie auf unsere Gesundheit hat. Viele Studien haben gezeigt, dass Menschen, die ihre Seelenkräfte aktivieren, auch schneller gesund werden. Häufig richten Kranke ganz gezielt den Fokus auf ihre seelische Befindlichkeit, um auch wirklich alle Ressourcen zur Gesundung zu aktivieren. Dennoch gibt es weiterhin auch jene, die den Unterschied zwischen Psychiaterin und Psychologin nicht kennen und für die es entsetzlich wäre, zu einem »Seelenklempner« gehen zu müssen. Diese Seelenklempner setzen jedoch im Grunde genommen nur das fort, was früher kirchliche Seelsorger geleistet haben. Die Beichte ist nicht allzu weit weg von bestimmten Formen der Psychotherapie, zumindest dahingehend, dass sich Patienten danach sehr erleichtert fühlen.

Der Mensch braucht Sinnhaftigkeit im Dasein, das ist von essenzieller Bedeutung und war über Jahrhunderte ein Alleinstellungsmerkmal der Religionen. Im Glauben konnten die Menschen Sinn finden, immer, auch in schlimmster Not. Mit schrumpfender Bedeutung der traditionellen Kirchen ist eine Lücke entstanden, die der Intellekt allein nicht schließen kann. So verbinden sich heute immer mehr Menschen mit höheren Welten, dem Kosmos, Buddha, Lichtwesen – was auch immer es sein mag, diese Verbindung, ihre »Spiritualität«, gibt ihnen Kraft und Zuversicht.

Wie viele »Likes« muss man sammeln?

Andere glauben gar nichts und merken vielleicht nicht einmal, dass ihr neuer Gott Fortschritt heißt. Sie suchen Verbindung in der Technik; die künstliche Intelligenz klingt in ihren Ohren wie das Paradies. Wie wäre das … Mensch und Maschine zu koppeln, müsste das nicht eine himmelsgleiche Erfahrung sein? Für mich ist es eher eine höllengleiche – obwohl auch ich zu Beginn des Internets begeistert war von der Vorstellung, jederzeit weltweit mit Kolleginnen und Kollegen verbunden zu sein und mich mit ihnen austauschen zu können. Und wie schnell das alles ging, man musste nicht mehr wochenlang auf Post warten, ein Knopfdruck und man war up to date in der aktuellen Forschung.

Doch nach einer Weile fiel mir auf, dass meine Studierenden nicht mehr ordentlich recherchierten, nicht mehr in die Literatur guckten und sich auch nicht mehr umfassend informierten auf Basis von seriöser Literatur, die ja durch viele Begutachtungsprozesse gegangen ist, bevor sie wissenschaftlich publiziert wird. Stattdessen machte man eine Stippvisite bei Wikipedia. Da fing mein Unwohlsein mit der neuen Technik an, und es steigerte sich, als meine Studierenden und Doktoranden nur noch Übersetzungsprogramme benutzten. Gewiss, es gibt sehr gute, doch noch besser sind Lexika, denn gerade in der Forschung kommt es auf hauchfeine Unterschiede an. Diese Bequemlichkeit schlug sich auch auf die

Arbeiten nieder, die heutzutage durch die Bank in deutlich schlechterem Englisch als früher verfasst sind. Das bedaure ich persönlich sehr, da Wissenschaft auf absoluter Genauigkeit fußt.

Was den privaten Bereich betrifft, empfinde ich die Verbindung, die mir anfangs im Internet mit all seinen Möglichkeiten vielversprechend erschien, nun oft eher als Fessel. Aus vielen Gesprächen mit meinen Studierenden weiß ich, dass die Präsenz in den sozialen Medien als enormer Leistungsdruck erlebt wird. Ständig posten und immer etwas Neues bringen und Likes sammeln, attraktiv sein, viele Freunde haben … Nun, ich brauche das an dieser Stelle nicht auszuführen. Es ist bekannt. Weniger bekannt ist, dass das angebliche Wohlfühlklima der sozialen Netzwerke bei vielen Menschen zu einer Reduktion von Wohlsein führt, und wenn das Ganze über längere Zeit anhält, mündet Unwohlsein in Stress und einem reduzierten Glücksempfinden.[1] Denn das Internet schläft nie.

Da die Freunde in der Regel keine echten Freunde sind, fehlt das Daheim-Gefühl, das wir alle kennen, wenn wir nicht nur virtuell, sondern analog, körperlich anwesend, Zeit mit lieben Menschen verbringen. *Manchmal heißt es, der Internetgebrauch könnte für schüchterne Menschen eine gute Möglichkeit darstellen, um soziale Netzwerke aufzubauen und Kontakte zu knüpfen. Leider ist genau das Gegenteil der Fall.* Menschen, die sich einsam fühlen, einen niedrigen Selbstwert oder wenig Kontrolle über ihre eigenen Gefühle haben und für soziale Kontakte auf soziale Netzwerke zugreifen, bekommen sehr leicht Probleme damit. Sie nutzen das Internet exzessiv und zwanghaft, haben das Gefühl, andauernd online sein zu müssen, trotz der Erfahrung, dass damit immer mehr negative Gefühle und Unwohlsein verbunden sind.

Menschen, die sich wohlfühlen und sozial eingebunden sind, neigen nicht dazu, von Internetplattformen abhängig zu werden, sie haben ihre Glückserlebnisse in der realen, analogen Welt.

Neulich erzählte mir eine Studentin von einem kuriosen Erlebnis. Ihr Smartphone war auf den Boden gefallen und das Display zersplittert. Sie brachte es zu einem Handyladen. Dort sagte man ihr, dass die Reparatur 60 Minuten dauern würde. Dann fragte der Mitarbeiter sie, ob sie ein Ersatzgerät benötigen würde. Irritiert mutmaßte die Studentin, sie habe sich verhört und die Reparatur würde doch mehr als 60 Minuten dauern. Sie fragte nach und erfuhr, dass manche Kunden sogar für 30 Minuten ein Ersatzgerät verlangten. Sie würden nervös bis panisch, wenn sie kein Handy bei sich hätten. Meine Studentin fand das lustig, bemerkte dann aber selbst ein leicht verlorenes Gefühl, als sie eine Stunde ohne ihr Smartphone durch die Stadt lief. Resümierend stellte sie fest: »Es war fast so, als wäre mein Handy wie eine Nabelschnur in ein größeres Ganzes, das mir bestätigt, dass es mich gibt.« Diese Aussage deckt sich mit diversen Studien über abhängiges Verhalten von Usern.[2]

Warum das Handy und der Computer nur Krücken sein und keine echten Kontakte ersetzen können, erfahren Sie, wenn Sie die Verbindung zu diesem Buch aufrechterhalten und es nicht – oder wenn, nur kurz – aus der Hand legen und weiterlesen! Oder wenn Sie einfach einmal aufmerksam beobachten, wie viele Menschen sich deutlich intensiver ihren Handys als ihren Gesprächspartnern zuwenden. Es ist längst nicht mehr kurios, sondern fast schon normal, dass auch in geselliger Runde am meisten mit dem Handy kommuniziert wird. Unvergessen ist mir ein Flug nach Florida zu einem Geruchskongress. In der Warteschlange bei der Einreise war jeder, wirklich jeder, mit seinem Smartphone beschäftigt. Es sah aus, als seien diese leuchtenden Rechtecke Auswüchse des menschlichen Körpers. War ich fälschlicherweise auf dem Planeten mit den Drei-Augen-Wesen gelandet?

Künstliche Verbundenheit

Mit der Entwicklung der künstlichen Intelligenz vermischen sich in der gesellschaftlichen Wahrnehmung die Entitäten Mensch und Computer. Es wird so getan, als könne man Roboter herstellen, die Menschen gleichkämen. Gleichzeitig wird der Mensch zunehmend als Computer wahrgenommen, der rund um die Uhr funktionieren und Leistung bringen soll. Die Unterschiede zwischen Computer und Mensch verwischen. Irrationale Aussagen diverser Informatiker, was Computer zu leisten imstande wären, beschleunigen diesen Prozess, zumal diese Techniker grundsätzlich ein falsches Bild von der menschlichen Biologie und Psychologie haben. Es ist schon unheimlich, was in der letzten Zeit angedeutet wurde: Gehirn-Implantate, die Gedanken erkennen sollen,[3] oder computergesteuerte Nervenzellen in der Petrischale, die einfache Computerspiele spielen.[4]

Gelenkte Nervenzellen

Kommen wir zu ersterem Fall. Hier werden bei Patienten, die sich nicht mehr bewegen können, Mini-Elektroden ins Gehirn eingepflanzt, die die Aktivität bestimmter Nervenzellen aufzeichnen. Mithilfe künstlicher Intelligenz lernt ein Computer, die Signale der Elektroden zu deuten und an die Muskeln entsprechende Signale zu schicken, sich zu bewegen. Tatsächlich können betroffene Patienten mittels dieser Technik lernen, langsame und fahrige Bewegungen auszuführen. Sie kann allerdings bei Gesunden nicht angewandt werden, weil ja für das Training beim Patienten die Schädeldecke geöffnet werden muss. Werden die Elektroden über der Schädeldecke an der Kopfhaut befestigt, sind die Gehirnsignale weitaus unspezifischer. Hier können über Bio-Feedback Ja-Nein-, bzw. 0-1-Antworten gelernt werden. Im ersten Fall versucht man seine Gehirnaktivität über Entspannung, im anderen Fall über Konzentration zu beeinflussen. Die Elektroden über der intakten Kopfhaut können diesen Unterschied erkennen. So können auf dem Bildschirm Buchstaben gezeigt werden, und es ist möglich, auch wenn man nicht sprechen oder schreiben kann, zu zeigen, ob der angegebene Buchstabe zu dem Wort gehört, das man bilden möchte oder nicht. Dies Verfahren ist recht langsam und mühsam, aber es kann Patienten mit dem sogenannten Locked-In-Syndrom, die keine Muskulatur mehr willentlich bewegen können, erstmals wieder ermöglichen, mit der Außenwelt zu kommunizieren.

Wie weit sind wir also? Wenn die Forscher bei neurologischen Patienten direkt innerhalb des Gehirns arbeiten, können sie unter Umständen eine große Hilfe sein. Über der Kopfhaut aber, bei gesunden Menschen, können bei der Gehirn-Computer-Verbindung kaum auswertbare Signale gewonnen werden. Die mittels Bio-Feedback erreichbaren Resultate gehen nicht über eine langsame Unterscheidung von 0-1-Antworten hinaus. Dies ist weit von einer Gedankenerkennung entfernt.

Und was ist mit den lebenden Gehirnzellen in der Petrischale? Die können zum Glück vorerst auch nur »Pong« spielen, eines der ersten Computerspiele aus den 70er-Jahren des letzten Jahrhunderts. Ein Ball fliegt an eine Wand, prallt ab, und man muss ihn auffangen und zurückwerfen.

Für künstliche Intelligenz ist nichts bedeutend

Seit einiger Zeit wird vielerorts versucht, künstliche Intelligenz auf den Menschen anzuwenden, zum Beispiel das Verhalten von Menschen mittels Informationstechnologie vorherzusagen, etwa die Bewegungsströme bei Veranstaltungen wie der Love Parade in Duisburg 2010, bei der 21 Besucher starben und 652 zum Teil schwer verletzt wurden.

Menschen sind keine automatisierten Ameisen oder Schienenfahrzeuge, die sich in vorhersagbaren Bahnen bewegen. Sie haben einen freien Willen. Es kann immer zu unvorhersehbaren Ereig-

nissen kommen, extern durch Umwelteinflüsse oder aus der Gruppe heraus.

Zudem gibt es immer einzelne Individuen, die sich nicht konform verhalten und die Gruppe beeinflussen können, die sich dann auch anders verhält, als der Computer es für wahrscheinlich hält.

Computer können in rasanter Geschwindigkeit rechnen. Doch sie können Dingen keine Bedeutung zuweisen. Sie reagieren wie Menschen mit einer Hirnschädigung im mittleren unteren Frontalhirn, die nicht mehr selektieren können, was wichtig und was unwichtig ist.[5] Das führt zu kuriosen Reaktionen wie bei einem Mann, der an einer solchen Beeinträchtigung leidet und dessen Frau beim Fensterputzen von einem wackeligen Stuhl zu fallen droht. Statt ihr zu helfen, fährt er fort, die Geschirrspülmaschine auszuräumen. Er kann Sachverhalten zwar eine Wertigkeit geben: Vom Stuhl fallen ist negativ, und eine volle Geschirrspülmaschine ist negativ. Aber er kann die relative Bedeutung nicht mehr zuordnen und nicht mehr beurteilen, was schlimmer ist, eine volle Geschirrspülmaschine oder wenn ein geliebter Mensch vom Stuhl fällt. Um die relative Bedeutung zuordnen zu können, um also zu entscheiden, was von beiden wichtiger ist, braucht man echte Lebenserfahrung. Durch unsere Lebenserfahrung verbunden mit dem Ausmaß der Gefühle, die wir jeweils empfunden haben, speichern wir die wichtigen Episoden unseres Lebens langfristig ab. Jede Episode wird zwar als einzelnes Ereignis erinnert, aber wir sind in der Lage, automatisch Ähnlichkeiten zu anderen Situationen herzustellen. Wir hatten dies bereits bei der Bildung von Schemata und mentalen Kategorisierungen besprochen. Tritt nun ein neues unbekanntes Ereignis ein, können wir diesem automatisch eine emotionale Bedeutung zuordnen, eben aufgrund seiner Ähnlichkeit mit den Inhalten unseres episodischen Gedächtnisses. Das Ganze funktioniert ganz von allein ohne den Einfluss von Denkprozessen. Sehen wir, dass unsere Partnerin eventuell gleich vom Stuhl fallen könnte, lassen wir an der Spülmaschine alles stehen und liegen und eilen ihr zu Hilfe. Menschen mit ventromedialen Frontalhirnschädigungen tun dies nicht, sie berechnen, was wann warum in welcher Reihenfolge unternommen werden könnte. So wie ein Computer vermutlich den Wackligkeitsgrad des Stuhls unter besonderer Berücksichtigung des Luftstroms bei geöffnetem Fenster unter den aktuellen Wetterbedingungen berechnen würde und vielleicht sogar unter Einbeziehung der Wahrscheinlichkeit eines Sturzes des belebten Gegenstandes auf dem Stuhl … Aber ebenso wenig wie der Patient kann der Computer den Ereignissen eine relative Bedeutung zuordnen, so wie wir das können. Mit dieser faszinierenden Eigenschaft ist unser menschliches Gehirn einzigartig.

Künstliche Intelligenz fährt am Stoppschild vorbei

Unser Gehirn ist nun mal keine Ansammlung von Zellhaufen, sondern hochkomplex. Seine Zellen sind aus verschiedenen spezialisierten Gehirnbereichen ständig miteinander in Verbindung. Denken heißt verbunden sein! Wird die Verbindung gekappt, das zeigen viele Untersuchungen an Patienten mit Hirnschädigungen nach Schlaganfällen oder Unfällen, sind wir nicht mehr in der Lage zu diesen komplexen Vorgängen. Die Verbindungen werden hergestellt von vernetzten Botenstoffen, den Transmittern, Neuropeptiden, Hormonen und Zytokinen.

Wann immer ich mich mit dem Gehirn beschäftige, kann ich nur in Ehrfurcht staunen ob dieser genialen Erfindung. Nun, sie hat zu ihrer Entwicklung auch viel Zeit gehabt. Rund 500 Millionen Jahre sind vergangen, seit in den Urmeeren die ersten Wirbeltiere entstanden, sich also aus losen Zellansammlungen die ersten Gehirne bildeten. *Das absolut unfassbar Großartigste ist, dass kein Gehirn wie ein anderes ist. Jedes ist ein Unikat, das sich aufgrund der Erfahrungen, die wir machen, ständig verändert, um »seinem Menschen« ein Maximum an Wohlbefinden und ein Minimum an Schmerz oder Unwohlsein zu vermitteln.* Bereits im Mutterleib beginnt es damit, Erfahrungen zu sammeln. Nach der Geburt sind andere Lebewesen seine wichtigsten Erfahrungsquellen. An ihnen lernt es am nachhaltigsten, und in der Interaktion mit seiner Umwelt bildet es seine ganz persönlichen Überlebensstrategien aus. Diese sind zu einem Teil genetisch vorprogrammiert. 500 Millionen Jahre gegen … 50 Jahre künstliche Intelligenz? Das riecht nach Größenwahn, und zwar nach einer Portion, die nicht mehr gesund ist, zumal die Versprechungen ja niemals eingelöst werden können. Das sehen wir schon, wenn wir die Probleme um selbstfahrende Autos betrachten. Gewiss kann ein Computer ein Verkehrsschild, zum Beispiel Stopp – erkennen. Ist das Schild aber mit einigen kleinen Aufklebern beklebt, erkennt die künstliche Intelligenz nicht mehr »Stopp«, sondern »Geschwindigkeitsbegrenzung = 45 km/h«. Ist es auf die Seite gekippt, registriert der Computer eine Hantel, ist es umgeknickt, einen Tennisschläger.[6] Wir Menschen nutzen ein holistisches Sehen, wir erkennen die Einzelinformation eines Bildes nicht unabhängig voneinander, wir sehen ein Bild, ein Gesicht in seinem jeweiligen Kontext und geben ihm aufgrund unserer Erfahrung in seiner Gesamtheit eine Bedeutung. Es ist für uns egal, wie viele Ecken bei dem Schild eingeknickt sind, ob es zur Seite gekippt oder mit Aufklebern beklebt ist. Es ist und bleibt ein Stoppschild. Anders der Computer. Er hat keine übergeordnete Kategorie für Stoppschilder, er weiß nicht, welche Elemente alle Stoppschilder dieser Welt gemeinsam haben und welche zur Identifikation wichtig sind. Er summiert einfach die Pixel-Informationen. Sobald diese sich verändern, geht ihm seine Fähigkeit zur Erkennung verloren. Diverse Ereignisse können das Schild beschädigen, je nach Ereignis kann die Ecke leicht, schwer, etwas, stark, schief oder gerade umgeknickt sein. Alle diese Ereignisse müssten dem Computer vorher eingegeben werden, damit seine Erkennungssoftware funktioniert. Ein Ding der Unmöglichkeit. Unsere visuelle Wahrnehmung hingegen hat sich über Millionen von Jahren entwickelt. Sie basiert auf einer Mischung aus der Bereitstellung aller wichtigen Funktionen zu Beginn unseres Lebens und der individuellen Erfahrung, die wir im Leben machen. Beides zusammen gibt uns die Fähigkeit, die Welt ringsum so zu erkennen, dass wir uns möglichst sinnvoll in ihr verhalten können.

Die Welt ist voller Unwägbarkeiten, oft werden wir selbst davon überrascht. Trotzdem finden wir Lösungen, weil wir flexibel sind und über Verknüpfungen verfügen. Wir erinnern uns, wir vergleichen, und in Sekundenbruchteilen wissen wir, wie wir uns verhalten sollen. Computer können unfassbar große Herausforderungen berechnen. Doch eine Kleinigkeit kann sie aus der Bahn werfen, denn sie sind eben keine Menschen und können Wichtiges nicht von Unwichtigem unterscheiden, was wir ständig, wenn auch unbewusst, tun. Wir könnten keine noch so unbedeutende Entscheidung sinnvoll treffen, wenn wir keine Prioritäten setzen würden.

Computer sind keine Menschen, und Menschen sind keine Computer. Das mag banal klingen, doch was es bedeutet, sehen wir im Extremfall an Kindern, die in Heimen unter sensorischer Deprivation, also ohne Zuneigung, Liebe schon gar nicht, ohne Berührung, mit wenig Ansprache, aufwuchsen. Ein trauriges Beispiel sind die Kinder, die 1990 aus dem rumänischen Kinderheim Cighid gerettet wurden. Diese verwahrlosten kleinen Menschen sind, auch wenn sie irgendwann »befreit« wurden, lebenslänglich nicht in der Lage, zu gehen, zu sprechen, Kontakt aufzunehmen, selbstständig zu essen und sich zu versorgen. In der bedeutendsten Entwicklungsphase des Lebens waren sie abgeschnitten von ihren Artgenossen … und bleiben es für immer. Es gruselt mich, wenn ich lese, welche menschenfeindlichen Ideen manche Forscher umtreiben, die von Robotern in Waisenhäusern und Seniorenheimen fantasieren. Besser als nichts, mag man meinen. Aber wie kommt man überhaupt auf die Idee, von nichts auszugehen?

Zurück zur Überbewertung von Rationalität?
Der Mensch sägt sich den Ast ab, auf dem er sitzt. Das hat eine lange Tradition.

Immanuel Kant, er wird heute noch hoch geschätzt, was ich nicht teilen kann, hat die Ratio über alles gesetzt. Im Grunde genommen ist er ein Vordenker der künstlichen Intelligenz, die ja auch von einem steuerbaren Leben träumt, in dem Gefühle ausgeschaltet sind. Wenn man schon ein paar Jahrzehnte auf diesem schönen Planeten verbracht hat, stellt man fest, dass sich Ideen in bestimmten Zyklen wiederholen, nicht nur in der Mode, und ich habe manchmal den Eindruck, dass wir jetzt gerade einen Umschwung erleben. Während in den 1960er- und 1970er-Jahren Zuwendung und Menschlichkeit als weitverbreitete Werte galten, sehen wir derzeit eine Überbewertung von rationalen Operationen, die Computer genauso gut oder besser können als Menschen. Zum Beispiel eine Bewertung der Krankheitsanfälligkeit der Bevölkerung vorzunehmen – bar jeder individuellen Verschiedenheit. Aber man kann darin natürlich auch eine Panikreaktion im Angesicht des Todes erkennen, der sich jeder Kontrolle entzieht.

Die Terror-Management-Theorie

Diese Theorie, die in den 1980er-Jahren erstmals aufgestellt wurde,[7] befasst sich mit typischem Verhalten von Menschen in Bezug auf die eigene Sterblichkeit und Todesangst. Erforscht wurde das Schlimmste, womit Menschen konfrontiert sein können, auch ohne lebensbedrohlich erkrankt zu sein: der Gedanke an die eigene Vergänglichkeit, an den eigenen Tod. *Und dann erinnert sich niemand mehr daran, dass ich einmal da war. Mein Leben ist sinnlos.*

Kein Denken ohne Fühlen

Diese Erkenntnis ist der Preis für unsere kognitiven Kapazitäten, die ursprünglich entstanden sind, um unser Verhalten zu flexibilisieren. Wir besitzen einen ausgesprochen großen Neokortex, das Neuhirn, welches in der Lage ist, immer wieder neue Verbindungen von Erlerntem herzustellen und gegebenenfalls zu ändern. Um unsere Erfahrungen jedoch in ihrer Gesamtheit kohärent als Lebensabschnitte im Rahmen unserer einzigartigen Persönlichkeit wahrzunehmen, brauchen wir Emotionen. Erst durch sie können wir unsere Erfahrungen zu einem sinnvollen Ganzen verbinden.[8] Unsere Emotionalität teilen wir mit vielen Wirbeltieren und Säugetieren, die ebenfalls über ein größeres Gehirn verfügen. Insbesondere bei den Primaten kam es im Verlauf der Entwicklung zu einer immer stärkeren Ausdifferenzierung von Gefühlen und damit einhergehend zur Flexibilisierung von Verhalten. Das heißt, wir können unser Verhalten und unsere Gefühle umso besser kontrollieren, je größer unser Gehirn, je größer unser Neokortex ist. *Ich gehe davon aus, dass alles Verhalten und alles Denken auf Gefühlen basiert, auf Angst vor Schmerz oder Misserfolg, auf Hoffnung auf Freude oder Erfolg. Wie also können wir es schaffen, in allen gegebenen Abhängigkeiten mit unseren Gefühlen zu leben … und mit dem Wissen um den Tod?*

Darin unterscheiden wir uns vermutlich von Tieren, denen das Ende nicht bewusst ist.

Die mentale Löschung der Endlichkeit

Ich habe unsere Endlichkeit und die damit einhergehende Angst vor Sinnlosigkeit am Anfang des Buches schon angesprochen und möchte hier noch einmal darauf zurückkommen. Denn hier liegt der Ursprung für das, was uns immer wieder von uns selbst trennt und damit automatisch auch die Verbindung zu anderen kappt. Wie wir schon gehört haben, gibt es nur eine Strategie, um mit dem erschreckenden Gedanken fertigzuwerden: ihn zu verdrängen.

Unser Gehirn, unser mentales System, schafft es nicht, damit zu leben, dass das Leben sinnlos ist. Wären wir uns ständig dessen bewusst, dass uns jederzeit ein tödliches Ereignis treffen kann, im Haushalt durch einen Unfall oder Stromschlag, den berühmten Blumentopf, der aus einem Fenster fällt, oder auf der Autobahn, aufgrund einer Erkrankung wie Krebs, die auch im frühen Lebensalter schon auftreten kann – woher würden wir dann die Energie nehmen, beruflich und privat immer weiter an uns zu arbeiten? Wir lernen in der Schule, absolvieren eine Berufsausbildung, besuchen Lehrgänge, machen manchmal auch Umschulungen, mit dem Ziel eines guten Arbeitsplatzes. Privat möchten wir zufriedenstellende Kontakte haben und anerkannt werden und sind psychologisch gesehen ununterbrochen dabei, die mentalen Bedingungen dafür zu schaffen. Dies alles tun wir nur, weil wir an das Leben glauben, daran, dass es uns noch einige schöne, ja lebenswerte Momente schenkt. Würden wir ständig daran denken, dass es jeden Moment zu Ende sein kann, wären wir handlungsunfähig.

Für viele von uns wirft der Tod darüber hinaus die Frage auf, ob das Leben überhaupt einen Sinn hat. Diejenigen, die die Sinnsuche aufgegeben und gegen Eintönigkeit und Alltag getauscht haben, verdrängen erst recht den Gedanken an den Tod. Die Fragen, die auftauchen könnten, sind zu fürchterlich, als dass sie zu ertragen wären: Wozu habe ich mich in meinem Leben so angestrengt, so viel gekämpft, warum so viel gearbeitet, warum so viel Leid erfahren? Wenn die Antwort ist, dass alles in allem sinnlos war, ist dies, wie ich weiter vorn schon ausgeführt habe, der gedankliche Einstieg in eine schwere Depression oder vielleicht sogar den Selbstmord.

Die erste Strategie, um die Angst vor dem Tod auszublenden, liegt darin, mich mit Kulturen oder Normen zu identifizieren, die durch für mich wichtige andere Menschen aufgestellt werden. Es kann jemand aus meiner Gruppe sein, eine Politikerin, ein Musiker oder der Papst, die Demokratie oder ein Fußballverein, mit dem ich mich identifiziere, um mich als Teil eines größeren Ganzen zu erleben und damit meinem Leben Sinn zu geben. Oder ich horte Geld und Immobilien. Ja, vielleicht fühle ich mich der Mafia zugehörig, auch das kann eine verinnerlichte Norm sein, die dazu führt, dass ich mich nicht allein und verlassen fühle. Ich bin in Verbindung mit einem größeren Ganzen, Teil von sinnspendenden Gruppen, die einen dauerhaften Einfluss auf die Welt haben. Durch die Identifikation mit diesen Gruppen, Kulturen oder Weltsichten erlange ich symbolisch Unsterblichkeit. Ich habe das Gefühl, einen wichtigen Beitrag zu einer weiter fortbestehenden Welt zu leisten.

Die zweite Strategie geht in die entgegengesetzte Richtung. Wären wir uns täglich dessen bewusst, dass wir sterben, wären wir nicht mehr überlebensfähig, weil wir zu viel Angst hätten. Die Konfrontation mit einer potenziellen Sinnlosigkeit lässt auch die Hoffnung ersterben und die Motivation, etwas zu tun. Die Alternative liegt darin, mich selbst als etwas Besonderes zu empfinden – unabhängig von der Norm, unabhängig von der Gruppe, das heißt, mir selbst das Gefühl zu geben, ein wertvoller Mensch zu sein. Ich bin es wert zu leben und geliebt zu werden, ich und andere achten mich als besonderen Menschen. Auch dazu gehört ein Stück weit Verdrängung, nämlich all jener Vorkommnisse, die mich in einem schlechten Licht erscheinen lassen. Stattdessen konzentriere ich mich auf jene Dinge, die zu meinem Selbstbild, zu meinem Idealselbst, passen und die mir bestätigen, dass ich wirklich etwas Besonderes bin. Es ist gut und richtig, dass ich lebe; meine Mitmenschen profitieren davon, dass ich geboren bin und hier und heute existiere. Und zwar als Mensch, nicht als Maschine!

Viele Hunderte Studien haben gezeigt, dass beide Strategien verstärkt angewandt werden, wenn der Gedanke an den Tod nicht verdrängt werden kann; wenn uns nahestehende Menschen sterben, wenn täglich in der Presse über lebensbedrohliche Ereignisse berichtet wird, wie über eine tödliche Pandemie oder einen immer näher rückenden Krieg.

Je präsenter der Gedanke an den Tod, desto mehr muss ich mich vor ihm schützen. Ich klammere mich fester an mein Weltbild als vorher, enge meine Gedanken ein, bin Alternativen gegenüber weniger aufgeschlossen. Im Kontakt mit Menschen, die mein Weltbild infrage stellen, werde ich unnachgiebiger. Vorurteile und Radikalisierungen verschärfen sich, ich bin dafür, über Andersdenkende härtere Strafen zu verhängen.

Darüber hinaus versuche ich, meinen Selbstwert unbedingt zu erhalten, und trenne mich von denjenigen, die ihn in Zweifel ziehen könnten. *Es gibt leider wenig Hoffnung, dass die Forschung sich zeitnah wieder mehr dem Menschen zuwendet,* wenngleich allmählich die Erkenntnis durchsickert, dass all die Gehirnscans, die man inflationär erstellte in der Begeisterung über die Technik der bildgebenden Verfahren, doch nicht erklären, was der Mensch eigentlich ist, sondern eben nur Farbflecke in bestimmten Arealen zeigen. Die Genforschung hat keine Lösung gebracht, die Gehirnscans haben versagt – ob vielleicht Großrechenanlagen dem Geheimnis Mensch auf die Spur kommen können? Ich hoffe, dass auch dieser Ansatz, der das Computerähnliche in uns völlig überbewertet, nichts weiter ist als eine vorübergehende Periode in der Wissenschaft. Und dass wir bald wieder das gesamte Wohlbefinden des Menschen in den Mittelpunkt unserer Forschung stellen und die Psychologie, die in letzter Zeit wie ein Stiefkind behandelt wurde, den Stellenwert erhält, den sie verdient: als eine für unsere Gesundheit und auch für das Überleben von Gesellschaften und der Menschheit an sich essenzielle Disziplin. Daran mitzuarbeiten, das ist auch ein Lebenssinn!

Menschen wollen Freunde sein

Warum ist Freundschaft für uns Menschen so wichtig? Um diese Frage zu beantworten, müssen wir weit zurückgehen, ca. 50 Millionen Jahre. Die Säugetiere hatten zu diesem Zeitpunkt bereits einiges an Entwicklung hinter sich und begonnen, sich zunehmend zu differenzieren. Die Dinosaurier waren schon lange ausgestorben, eine große Zahl unterschiedlicher Spezies und die ersten Primaten entstanden: lemurenartige kleine Äffchen, die sogenannten Feuchtnasenprimaten, aus denen sich später die Trockennasenprimaten differenzierten, zu denen wir als Menschenaffen auch gehören.

Vor ca. 20 Millionen Jahren war die Erde von Schimpansen, Orang-Utans, Bonobos und Gorillas bevölkert, die immer ausgeprägtere soziale Strukturen entwickelten. Was war passiert? Nun, die Primaten hatten sozusagen ihr eingebautes Werkzeug verloren, über das andere Säugetiere nach wie vor verfügen – zum Beispiel lange, scharfe Eckzähne und harte Krallen. Wir Trockennasenprimaten sind zur Abwehr eines Angriffs nur sehr mäßig ausgestattet. Auch unsere Fluchtmöglichkeiten sind suboptimal, in der Savanne können wir nicht besonders gut laufen und sind dabei auch noch viel zu langsam. Das heißt, wir benötigten andere Strategien, um uns vor Räubern – Tierarten anderer Spezies wie auch feindlichen Affengruppen – zu schützen. Wenn die Nahrung knapp wird, ist es überlebenswichtig, neues Territorium in fruchtbarer Gegend zu erobern. Nicht nur aus der Beobachtung von Schimpansen wissen wir, was in diesem Fall passiert: Die Männchen töten bei Überfällen auf benachbartes Gebiet ihre Artgenossen, vor allem auch die Kinder, um im Anschluss ihre eigenen Gene weiterzugeben. Tötungsdelikte innerhalb einer Art, insbesondere bei Affen, kommen relativ häufig vor, wenn sich die Gruppen nicht kennen.

Durch Bindungsfähigkeit zum Menschen

Das bedeutet für unseren Werdegang: Hätten wir keine Strategie gehabt, um unsere Mankos in Bezug auf Angriff und Flucht auszugleichen, würde es uns nicht geben. Denn das Problem mit der mangelhaften Ausstattung spitzte sich vor ca. sieben Millionen Jahren zu, als die ersten echten menschlichen Vorläufer *(Hominini)* aus den menschenaffenähnlichen Tieren entstanden und bald tatsächlich überwiegend die Erde bevölkerten. Wie hatten sie das geschafft? Nun, sie bildeten Gruppen und schlossen innerhalb dieser Gruppen Freundschaften. Somit gab es plötzlich Ansammlungen von Individuen, die sich gegenseitig halfen, stabilisierten und langjährige feste Bindungen eingingen. Mit dieser Strategie gelang es den ersten Menschen, sich vor Raubtieren zu schützen und zu verteidigen. Durch Arbeitsteilung mussten nicht alle in den Kampf ziehen, es blieben stets ein paar bei den Kindern, Alten und Schwachen. Die Bindung zwischen den Individuen vertiefte sich und galt nicht mehr elitär für Sexualpartner, wie wir es zum Beispiel von anderen Säugetieren und den Vögeln wissen: Fast alle Vogelarten haben eine sehr feste Bindung zu ihrem Sexualpartner und bleiben oft jahrelang oder sogar lebenslänglich mit einem ganz bestimmten Gefährten zusammen. Aber stabile, feste Freundschaften zu schließen, dazu sind weder andere Säugetiere, wie Raubtiere oder Huftiere, noch Vögel in der Lage, egal ob zu Gegengeschlechtlichen oder Gleichgeschlechtlichen. Wir Menschen können es und sind damit etwas ganz Besonderes.

Die Gruppe hat uns über Jahrmillionen geschützt und uns Sicherheit gegeben, sodass wir als Menschen entstehen konnten.

Keine Verbundenheit ohne Bauchgefühl

Wie Sie bereits wissen, gibt es für das Gehirn keine größere Herausforderung als soziale Komplexität. Es gibt nichts, was unvorhersehbarer oder komplexer ist als eine soziale Gruppe. Sie kann kleinstenfalls aus zwei Menschen bestehen, die gemeinsame Ziele haben und wechselseitig voneinander abhängig sind. Stellen wir uns mehrere Menschen vor, die durch eine Fußgängerzone laufen, sehen wir sie zwar alle an einem Ort, doch sie stellen keine Gruppe dar. Auch die Menschen, die in Bayern wohnen oder in Schleswig-Holstein, bilden darum noch keine Gruppe, da sie nicht die gleichen Ziele verfolgen und nicht wechselseitig voneinander abhängig sind. Menschen, die zusammen in einem Bus fahren, sind ebenfalls keine Gruppe, sondern setzen sich aus Individuen zusammen, und ja, tatsächlich, ganz hinten steckt eine Gruppe von vier Schülerinnen die Köpfe zusammen. Wenn nun aber etwas Unvorhergesehenes passieren würde und der Bus einen Unfall hat oder dreiäugige Wesen den Bus kapern, würde sich die Lage sehr schnell ändern, und alle Businsassen gemeinsam würden eine Gruppe bilden. Dann hätten nämlich alle auf einmal das gleiche Ziel und wären wechselseitig voneinander abhängig, um aus dieser bedrohlichen Situation herauszukommen. Das heißt, dass sich Gruppen sehr schnell bilden und verändern können. Sich in ihnen zurechtzufinden erfordert eine Menge Gehirnschmalz, wie wir Trockennasenprimaten es im Laufe der Zeit aufgebaut haben.

Schon allein wenn ich einen Raum betrete, in dem andere Menschen sind, laufen Millionen von Prozessen in meinem Gehirn ab, um die Lage zu sondieren. Erst recht, wenn ich jemanden anspreche oder jemand mich anspricht. Ich muss reagibel sein auf alle möglichen Anzeichen, ob in Mimik, Gestik oder Stimmlage – und ringsum gibt es auch noch Hunderte von Dingen, Erscheinungen, Stimmungen, nein, es sind Tausende.

Das alles will im Blick behalten werden, und das Gehirn schafft das ganz nebenbei, ohne dass wir Notiz davon nehmen.

Wir bleiben vielleicht mit unserer Aufmerksamkeit an den Ohrringen unserer Gesprächspartnerin hängen und denken: schön bunt. Aber das ist weniger als die Spitze des Eisbergs.

Pro Zeiteinheit können wir uns bewusst lediglich auf eine einzige bestimmte Aktion oder Gegebenheit konzentrieren. Alles andere wird unbewusst über unser Bauchgefühl geregelt. Das bedeutet, dass ich gar nicht kontrollieren kann, wie ich mich verhalte, weil es zu viele Aspekte meines Verhaltens gibt. Und ich bin himmelweit davon entfernt, alles bewusst wahrzunehmen und zu berechnen, weil viel zu viele Signale zeitgleich auf mich einströmen. Hier arbeitet das Gehirn besser als jeder Computer, denn die Rechenprozesse laufen im Hintergrund ab. Ich bekomme nur das Ergebnis: Du kannst dich entspannen, die Situation ist ungefährlich, du kannst auf den anderen zugehen, er wirkt vertrauenswürdig. Oder eben: Lieber nicht. Oder: Warte erst mal ab. Oder: Du kannst dich jetzt ein bisschen entspannen, aber noch nicht ganz. Oder: Sei vorsichtig. Lass dir nichts anmerken, aber halte dir eine Hintertür offen.

Diese Empfehlungen ergeben sich aus extrem hohen Leistungen unseres Gehirns, von denen wir normalerweise keinen blassen Schimmer haben. Das Einzige, was bei uns ankommt, ist vielleicht ein bestimmtes Bauchgefühl, das uns warnt oder vertraut sein lässt. Das ist schon kurios, erinnert man sich an den seit Jahrzehnten mancherorts geführten Disput, was nun den Vorrang habe: Kopf oder Bauch. Und was machen die beiden? Sie verbrüdern sich und kommunizieren miteinander.

Es ist bereits sehr anspruchsvoll, mit nur einem einzigen Menschen in Kontakt zu sein. Noch viel komplexer wird die Angele-

genheit, wenn wir uns in einer Gruppe befinden. Dort kann ich kaum mehr wahrnehmen, wer sich gerade wie verhält, welche Intention er oder sie haben könnte. Und wir haben noch nicht auf die Pflanzen- und Tierwelt geachtet, deren Botschaften wir noch viel weniger lesen können, weil uns dazu die Sinneswahrnehmungen fehlen. Ganz nebenbei gibt es auch noch Autos, Ampeln, das Wetter. Immerhin können wir Menschen unsere eigene Spezies ziemlich gut einschätzen dank der Hochleistung unseres Gehirns.

Mithilfe unseres Bauchgefühls und einiger Strategien, die wir in der Regel jedoch nicht bewusst anwenden, kommen wir ganz gut durch unser Leben, ohne uns ständig Regieanweisungen zuzurufen: Jetzt Coping! Achtung: Vergleich mit dem Sollselbst beenden! Vorsicht: Drohendes Kuba-Syndrom, bitte checken, wie es um den internalen Locus of Control bestellt ist! Das alles leisten Gehirn und Gefühl Hand in Hand.

Wenn wir uns so weit orientiert haben, dass wir wissen, ob wir in einer Gruppe beziehungsweise bei einem bestimmten Menschen bleiben wollen, um vielleicht ein Gespräch zu beginnen, laufen weitere Prozesse ab, in denen wir diese Verbindung prüfen. Ist sie wichtig für uns? Oder nutzt sie anderen, die wir kennen? Ziehen wir Vorteile daraus? Vielleicht spüren wir auch eine gewisse Herausforderung. Nehmen wir sie an oder entfernen wir uns? Und wenn wir sie annehmen, tun wir es vermutlich aufgrund unserer sozialen Kompetenz. Die Situation ist nicht neu für uns, wie ein schneller Abgleich im Hintergrund ergeben hat. Wir verfügen über eine Reihe von kognitiv flexiblen Strategien, um damit klarzukommen. Auch Beruhigungs- und Bindungsstrategien fließen in unsere Entscheidung mit ein.

Der Klügere lebt monogam

Kommen wir kurz auf die Nicht-Primaten unter den anderen Säugetieren zurück – auf die Raubtiere, Huftiere oder Fledermäuse zum Beispiel, die es in ihrer Evolution nicht gelernt haben, enge

Bindungen zu festen Freunden einzugehen, und deren Gruppen nicht über einzelne starke Freundschaften getragen werden. Sie kennen in ihrem Leben nur eine starke Bindung, nämlich die an ihren Sexualpartner. Nun gibt es bei den Säugetieren monogame Spezies wie die Wühlmaus; die meisten aber sind eher polygam wie Löwe oder Tiger. Gleiches gilt für Vögel, obwohl hier die meisten Arten monogam und nicht polygam leben. Wer besitzt wohl das größere Gehirn, die polygamen oder die monogamen Arten? Es sind die monogamen.

Mit einem einzigen Partner dauerhaft zusammen zu sein erfordert wesentlich mehr Gehirnmasse, als andauernd die Sexualpartner zu wechseln. Mit einem Partner zusammen zu sein bedeutet ständiges Lernen, ständiges Anpassen an die sich wechselnden Bedürfnisse des anderen und, damit einhergehend, eine verschärfte Wahrnehmung von dessen Bedürfnissen. Geht es ihm gut? Wo ist er gerade? Zeigt er Anzeichen von Krankheit?

Und bei den Primaten? Bei ihnen hat die Form der sexuellen Bindung keinen Einfluss auf die Gehirngröße. Sie besitzen ja die Fähigkeit, echte Freunde zu finden, damit wird die Bindung an den Sexualpartner weniger wichtig. Untersuchungen haben ergeben, dass ein größeres Gehirn bei Primanten, insbesondere den Menschenaffen, zu denen wir ja zählen, mit der Fähigkeit zusammenhängt, soziale Koalitionen zu bilden, sich gegenseitig berührend zu beruhigen und soziales Spiel zu initiieren, um miteinander in Kontakt zu kommen.[1] Das entspannt die Lage, das gewährleistet das Überleben. Je häufiger soziales Spiel und soziales Lernen auftreten, je größer das soziale Netzwerk, desto größer das Gehirn. Wir Menschen brauchen also so ein großes Gehirn, um all diese sozialen Prozesse verarbeiten zu können. *Wir sind keine Computer, die allein mit Daten gefüttert werden. Mit Artgenossen zusammen zu sein macht Freude, wir fühlen uns wohl in der Nähe lieber Menschen, und je stärker das Gefühl von Bindung ist, desto mehr Glücksbotenstoffe – Endorphine und Dopamin – werden freigesetzt, und na-*

türlich wird Oxytocin ausgeschüttet, das Hormon, das zu Nähe einlädt, das Stresshormon Cortisol herunterregelt, und Freundschaft wird der Weg geebnet.

Es bereitet uns Freude und Lust, mit anderen Menschen zusammen zu sein, von denen wir das Gefühl haben, dass sie uns auch wertschätzen und mögen. So hat sich die Gruppe beim Menschen als extreme Bezugsgröße auch für unser Selbstkonzept herausgestellt: Wir brauchen sie! Nicht nur, um zu überleben, sondern auch, um glücklich und gesund zu sein. Doch Gruppen sind kein Ort reiner Glückseligkeit. Sie bergen auch Gefahren.

Auf Linie

In der Regel sind wir nicht nur Teil einer Gruppe. Wir fühlen uns verschiedenen zugehörig, in der Schule, an der Universität, im Verein, im Freundeskreis, dem Volleyballteam, dem Chor. Manche Gruppen bestehen schon lange, andere sind neu. Innerhalb von ihnen können Mitglieder wechseln. Gruppen geben uns zweierlei Identität: einmal über die jeweils geltenden Normen und einmal über die Rollen, die wir darin annehmen. Wir können nämlich in jeder Gruppe eine andere Rolle innehaben, was uns oft gar nicht bewusst ist. Doch vielleicht sind Sie jetzt motiviert, ein wenig über Ihre Rollen nachzudenken.

Soziale Rollen

Rollen können Schutz geben, man fühlt sich sicher, weil man genau weiß, wie man sich zu verhalten hat. Klar definierte Rollen geben allen Mitgliedern Sicherheit, am besten, wenn sie von allen in der Gruppe akzeptiert und gewollt sind. Wir wissen aus Freilandbeobachtungen an Affengruppen, dass die Gruppenmitglieder extrem aggressiv werden, wenn sich die Gruppenstruktur und die Rollen ändern. Zum Beispiel wenn der Chef oder die Chefin alt oder krank wird und den Posten abgibt. Wird der Chefsessel frei, wollen ihn viele haben, der Kampf ist vorprogrammiert.

Ebenso wissen wir aus der Arbeitspsychologie, dass Arbeitsgruppen effektiver zusammenarbeiten, wenn die Aufgaben oder Rollen klar verteilt sind und alle dies nachvollziehen können und bestenfalls sogar unterstützen: Jeder ist sich sicher, dass eine bestimmte Rolle am besten durch einen bestimmten Menschen eingenommen wird, und alle sind zufrieden. In Arbeitsgruppen, in denen das nicht der Fall ist, jeder mehr oder weniger für alles verantwortlich sein möchte, kommt es häufig zu Sticheleien und offenen oder verdeckten Machtkämpfen. Die Arbeit bleibt dabei auf der Strecke.

Rollen können aber auch hinderlich sein, wenn sie zu eng werden, man aus ihnen herausgewachsen ist und sich dennoch irgendwie hineinzuquetschen versucht, um die Gruppe nicht zu verlieren. Tragisch ist natürlich, wenn eine jahrzehntelang bestehende Gruppe am Ende aus lauter Menschen zusammengesetzt ist, die sich in Rollen pressen, die ihnen nicht mehr passen. Aber manchmal geht es auch ganz einfach. Kaum trifft man den Freund aus Kindertagen, fängt man an herumzualbern. Wie auf Knopfdruck bricht sich da ein Verhalten Bahn, das einem in einem anderen Kontext einfach nur peinlich wäre … wir haben uns erinnert an unsere alten Rituale. Es ist sinnvoll, dass wir in verschiedenen Gruppen verschiedene Rollen innehaben, so fördern wir unsere Selbstkomplexität.

Lieber angepasst als ausgeschlossen

Jede Gruppe vertritt auch bestimmte Werte, die zumindest anfangs mit den unseren übereinstimmen. Die Gruppennorm ist von großer Bedeutung, schließlich wollen wir uns zugehörig fühlen. Wären wir gern Teil einer Gruppe, haben aber das Gefühl, dass sie nichts mit uns zu tun haben möchte, werden wir auch Normen befolgen, die wir eigentlich nicht gut finden. Die Angst, ausgeschlossen zu werden, ist größer als die Angst, die eigenen Werte zu »verraten«. Unzählige Versuche haben gezeigt, was Menschen aus Angst, ausgeschlossen zu werden, imstande sind zu tun. Von unsinnigem zu gefährlichem Verhalten – je näher jemand einer Gruppe sein möchte, desto dramatischer kann seine Selbstverleugnung sein.

In aufsehenerregenden Studien aus den 1940er-Jahren[2] sollten Teilnehmer die Länge von Linien beurteilen, die unterschiedlich lang waren: zwei sehr kurze, eine lange Linie. Dann wurde eine vierte Linie gezeigt. Die Teilnehmer sollten schätzen, ob sie zu den beiden kurzen oder der langen Linie gehört. Eine klare, vielleicht ein bisschen langweilige Angelegenheit, denn die Lösung war eindeutig: zur langen Linie. Doch die Sache wurde knifflig, vor allem, weil von den sieben angeblichen Studienteilnehmern sechs zum Team der Universität gehörten. Zwei, drei Mal wurde eine vierte Linie gezeigt, die der einzige echte Teilnehmer auch jeweils problemlos einordnete. Ebenso die sechs Eingeweihten. Nun wurde wieder eine Linie hochgehalten, eindeutig zu den kurzen gehörig, das äußerte der Teilnehmer auch. Doch die sechs »Mitspieler« waren anderer Meinung. »Lang«, entschieden sie. Was den Teilnehmer verunsicherte. Die nächsten beiden Durchgänge liefen glatt, dann war er abermals anderer Meinung als die anderen. Und nun wurde es wirklich spannend, vor allem für die Forscherinnen und Forscher: Zwei Drittel der echten Teilnehmer schlossen sich in diesen Versuchen wenigstens einmal der Mehrheit der »falschen« Teilnehmer an, obwohl sie sicher waren, dass diese nicht recht hatten, beziehungsweise, und das ist noch viel gravierender: Sie begannen an ihrer eigenen Wahrnehmung zu zweifeln. Wenn alle so denken, wenn alle das sagen, wenn alle dieser Meinung sind, muss es doch stimmen? Was denken die anderen über mich? Sie müssen mich als seltsam empfinden. Was wären die Konsequenzen? Gruppenausschluss, also das Schlimmste, wie wir nun wissen.

Und auch wenn eine Gruppe uns im Grunde egal ist und überhaupt nicht ausschlaggebend für unser Leben ist, laufen doch automatische Prozesse ab, die nur einem Ziel dienen: nicht ausgestoßen zu werden, dazuzugehören. Dabeisein ist alles!

Der eben beschriebene Versuch wurde weltweit Tausende Male wiederholt – mit dem immer gleichen Ergebnis. Als Teil einer Gruppe übernehmen Menschen die Gruppenmeinung, und zwar sogar, wenn sie keine Bindung an die Gruppe haben!

Das Gefühl der Probanden, von den anderen für verrückt, komisch, seltsam gehalten zu werden, wenn sie auf ihrer Meinung beharren, sog jeweils stärker als ihre eigene Wahrnehmung. Lieber Ja und Amen sagen. Bloß nicht als Sonderling eingestuft werden. Ja, es ist eine lange Linie, auch wenn so was von klar ersichtlich ist, dass sie kurz ist.

Sie können sich vorstellen, dass dieser zuerst als langweilig eingestufte Versuch die Probanden im Nachhinein sehr beschäftigte, zumal ihr Verrat an sich selbst ja nichts gebracht hatte, denn als sie wieder »bei Sinnen« waren, fühlten sie sich zum Teil doppelt schlecht. Zwar vollzogen sie dann die Trennung von der Truppe »komische Leute«, mit denen sie ganz bestimmt in keiner Gruppe sein wollten, die hatten ja alle einen Knick in der Optik, aber eben zu spät, erst im Nachhinein. In den Aufklärungsgesprächen nach solchen Versuchen sind die Teilnehmer oft sehr nachdenklich. Sie berichten von ihren Gefühlen, dass sie ganz genau wussten, dass es falsch war. Aber sie standen so unter Stress, dass sie es trotzdem als richtig bezeichnen mussten. »Ich konnte nicht mehr klar denken«, das hören wir öfter, und es stimmt auch. Unter Stress ist kein klarer Gedanke möglich.

Interessant für uns WissenschaftlerInnen ist nun, ob die Teilnehmer und Teilnehmerinnen, wenn sie abermals mit der Gruppe zusammentreffen, Ressentiments zeigen. Schließlich hat die Gruppe sie zu einem Verhalten getrieben, das sie eigentlich nicht an den Tag legen wollten. Wie sie sich verhalten, hängt von der Bindungsstärke ab. Ist ihnen die Gruppe wichtig, unterstützen sie weiterhin die (unsinnige) Gruppenmeinung. Nur wenn man sie »privat« fragt und keiner von den anderen anwesend ist, geben sie zu, dass sie eigentlich ganz anderer Meinung ist.

Dieser kleine Versuch mit vier Linien sagt unendlich viel aus über unsere Psyche, und man kann ihn auf viele schreckliche historische Ereignisse übertragen, in denen er sich sozusagen im Massenversuch bestätigt hat. In jüngster Vergangenheit haben wir dieses Phänomen bei der Corona-Pandemie erlebt.

Das wirklich Gefährliche an diesem Verhalten? Wenn es uns sehr wichtig ist, Mitglied einer bestimmten Gruppe zu sein, werden wir alles tun, um Mitglied zu werden oder zu bleiben. Wir werden Informationen bestätigen, von denen wir wissen, dass sie nicht stimmen. Ja, wir werden womöglich zu den lautesten Verteidigern kruder Thesen, um unsere innere Stimme zum Schweigen zu bringen. Keiner soll vermuten, wir würden zweifeln. Wir sind … auf Linie! Doch wie ist es dabei um echte Verbundenheit bestellt?

Kopflos oder Zahl

In Krisenzeiten, in denen wir uns bedroht fühlen, ist es noch wichtiger für uns, zu einer Gruppe zu gehören, sodass wir abweichende Meinungen manchmal sogar ruppig abwehren. Wie wir gesehen haben, blocken wir auch das auf uns zweifellos zukommende Ereignis unseres eigenen Todes ab, hierbei hilft uns eine noch stärkere Bindung an die Gruppe bei der Verdrängung

Leider ist es mit der Toleranz allgemein sehr schnell vorbei, wenn Menschen sich angegriffen fühlen. Aus zugewandten Nachbarn werden erbitterte Feinde, das haben wir bei Bürgerkriegen oft genug erleben müssen. Aus diesem Grund sind Gespräche in dieser gefährlichen Phase wichtig: Die Verbindung aufrechterhalten! Richtig schlimm wird es, wenn sie reißt.

Die gefährliche Abwertung anderer

Die Reaktion, Andersdenkende abzuwerten und die eigene Gruppe aufzuwerten, fällt umso stärker aus, je mehr unser eigenes Leben bedroht ist. Dabei besteht diese Tendenz schon bei sogenannten Minimalgruppen.[3] Dazu gibt es zahlreiche Versuche. Hier ein Beispiel:

Petra kommt durch Zufall in eine Gruppe von fünf Menschen (Gruppe A), die sie nicht kennt, weil sie sich beim Münzwerfen für Kopf entschieden hat. Wer Zahl wählte, wird in die ebenfalls fünfköpfige Gruppe B gebeten, in der sich auch niemand kennt. Die Versuchsleiterin erklärt, dass eine bestimmte Summe zur Verfügung stehe, die nun aufgeteilt werde, und zwar nach folgendem Prinzip: Wenn Gruppe A um Petra zwei Euro bekommt, erhält die Gruppe B dafür einen Euro. Wenn Petras Gruppe A drei Euro bekommt, erhält Gruppe B dafür vier Euro.

Nun kann Petra abwägen: Drei Euro sind besser als zwei Euro. Aber das ist ja ganz schön ungerecht, wenn die anderen vier Euro bekommen. Also entscheidet sich Petra meistens dafür, dann lieber nur zwei statt drei Euro zu nehmen. Es dauert nicht lang, bis Petras Gruppe A die Gruppe B deutlich abzuwerten und gleichzeitig die eigene Gruppe A aufzuwerten beginnt. Und das alles für einen Euro! Man kann sich die Eskalation vorstellen, wenn es um mehr geht.

Je stärker die Bedrohung für unser Leben, desto stärker binden wir uns an die Gruppe und werten die andere Gruppe ab, bis hin zur totalen Trennung. Auch hier gibt es nur eine Möglichkeit: die Brücken nicht abbrechen, in Verbindung bleiben. Idealerweise kommt es dann zu einem Erfahrungsaustausch. Es lassen sich gemeinsame Ziele formulieren, und am Ende merkt man, dass man eigentlich gar nicht so weit auseinanderliegt. Man war eben nur in einer anderen Gruppe. Und einen gemeinsamen Nenner gibt es immer: Menschen sind wir alle.

Es gibt viele berührende Geschichten aus Kriegen, in denen Menschen sich genau daran erinnerten, Gemeinsames statt Trennendes erkannten, Vorurteile abbauen und Feindschaften überbrücken konnten. Letztlich wollen wir doch alle das Gleiche: gesund und glücklich sein und im Kreise unserer Lieben und in Frieden ein gutes Leben führen, mit einem Dach über dem Kopf, genug zu essen, sinnstiftenden Aufgaben und … Liebe.

Die nachhaltige Aufwertung anderer

Kann man diese eben beschriebenen, zerstörerisch ablaufenden Programme verändern? Ja, wenn man sich bemüht, einen kühlen Kopf bewahrt und sein Verhalten kontrolliert. Doch das gelingt häufig nur sehr bewussten Menschen, und auch sie gehen den Vorurteilen, denn darum handelt es sich, immer wieder auf den Leim. Oder man lernt durch die Umstände dazu, wie es während der Flüchtlingskrise 2015 einigen erging, die nach dem Kontakt zu Asylsuchenden, die sie vorher womöglich alle über einen Kamm geschoren hatten, differenzierter zu denken begannen.

Um festgefahrene Meinungen zu lösen, braucht es eine neue Erfahrung und Kontakt und Verbindung, damit wir den anderen als Individuum erkennen. Auch hierzu gibt es viele Begebenheiten, etwa zwischen Palästinensern und Israelis, die dann überrascht feststellen: Ihr habt genau das gleiche Leid erfahren wie wir … Eine Erkenntnis, die immer sehr hilfreich ist, wenn die beiden Gruppen – manchmal sind es auch nur zwei Menschen – mit einem Mal ein gemeinsames Ziel haben und zusammen etwas schaffen: Lass uns das Fahrrad instand setzen. Bring mir Russisch bei, ich bringe dir Deutsch bei. Lass uns gemeinsam die Partitur durchgehen.

Wie wichtig diese Gemeinsamkeiten sind, wissen wir spätestens seit den 1960er-Jahren in Amerika, wo man Wohnviertel für

Schwarze und Weiße baute, um der gegenseitigen Abschottung ein Ende zu setzen. Die gute Idee führte jedoch zu hoher Gewalt. Man hatte vergessen, dass der zur Verfügung gestellte Raum zu wenig war. Es hätte gemeinsamer Ziele bedurft, über die sich die Bewohner kennenlernen hätten können. Wir gestalten die Spielplätze für die Kinder, wir initiieren ein Seniorencafé oder bieten Erste-Hilfe-Kurse für alle an, veranstalten ein Bewohner-Fest etc.

Wenn der Schein trügt

Vor einiger Zeit stand ich mit einem Bekannten an der Supermarktkasse. Wir unterhielten uns, als er plötzlich von einer fremden Frau am Arm gepackt und förmlich weggerissen wurde. »Kommen Sie schnell mit!« Es sollte sich herausstellen, dass sie ihn wegen seiner hellen Kleidung für einen Arzt gehalten hatte. Ihr Sohn hatte sich eine kleine Dekokugel in die Nase gesteckt. Bei seinem Eintreffen war das Ding zum Glück schon wieder draußen. Als mein Bekannter das Missverständnis aufklärte, wollte die besorgte Mutter nichts davon hören. Wir befanden uns also mitten in einem Feldversuch, denn in psychologischen Experimenten wird Expertentum häufig durch einen weißen Kittel dargestellt. Menschen mutmaßen: Wenn jemand einen weißen Kittel trägt – oder eine bestimmte Uniform –, verfüge er auch über die entsprechende Kompetenz. Betrüger nutzen dies weltweit mit großem Erfolg aus. Wie schnell man so einem Irrglauben auf den Leim gehen kann, zeigt auch folgende Geschichte:

Eine Freundin wollte mich besuchen und verspätete sich. Ich machte mir ein wenig Gedanken, da sie sonst sehr pünktlich ist, zumal es schneeregnete und stürmte. Schließlich rief sie völlig aufgelöst an. Folgendes war geschehen: Auf der 200 Kilometer langen Fahrt zu mir wollte sie Scheibenwasser auffüllen. An einer Tankstelle, sie hatte die Motorhaube bereits geöffnet, fragte ein sehr netter Mann, ob er ihr helfen könne. Er trug eine Tankwartuniform, und sie hielt ihn aus diesem Grund für einen Autokenner, was der erste Trugschluss war. Meine Freundin brauchte keine Hilfe, wollte ihn aber nicht brüskieren. Das war der zweite Fehler. Sie reichte ihm die Flasche mit dem zuvor gekauften Scheibenwaschwasser, woraufhin er den Öldeckel öffnete. Komisch, dachte meine Freundin. Doch sie sagte nichts, denn, dritter schwerer Fehler, der Helfer kannte sich bestimmt besser aus als sie: Erstens war er ein Mann und zweitens trug er eine »Autofachmannuniform«. Um es kurz zu machen: Diese drei Fehler kosteten sie 5000 Euro, und sie kam mit einem Leihwagen und vierstündiger Verspätung bei mir an.

Seltsame Umstände

So gelange ich nun zu dem, was man als informationalen sozialen Einfluss bezeichnet. Er kommt immer dann zum Tragen, wenn eine Situation nicht eindeutig ist und wir nicht wissen, wie wir die Umstände bewerten sollen, etwa bei einem Unwetter, einer Pandemie, einem Krieg. Ein Beispiel aus der Nachbarschaft: Plötzlich hört man in einer der Wohnungen ein seltsames Knacken, als würde gleich eine Wand einstürzen. Ein paar Leute sitzen zusammen, mehr oder weniger alarmiert. Man beobachtet den Wohnungseigentümer. Verhält er sich ruhig, sieht man keine Veranlassung, etwas zu sagen oder zu unternehmen. Die komischen Geräusche sind wohl normal, denkt man. Was fatale Folgen haben könnte, wenn der Wohnungseigentümer schwerhörig wäre. Auch zu diesem Phänomen gibt es interessante Versuche. Einen davon schildere ich im Folgenden, und auch hier wird noch einmal deutlich, wie wichtig soziale Bindung ist.[4] Der Kaiser mag nackt sein, aber wenn es keiner sehen will, sind wir nur allzu gern blind.

Drei Probanden, diesmal alle echt, sitzen in einem Raum und füllen einen Fragebogen aus. Auf einmal dringt weißer Qualm durch die Ritzen einer geschlossenen Tür. Wenn man nicht weiß, was es ist, könnte hier tatsächlich ein Feuer ausgebrochen sein.

Sitzt nur eine Person im Raum, meldet sie den Qualm einem Assistenten im Vorzimmer: »Da scheint etwas nicht zu stimmen, da ist etwas komisch.«

Sitzen drei Probanden im Raum, schauen sie sich gegenseitig an. Aha, die anderen beiden tun nichts, okay, dann mach ich auch nichts und kümmere mich weiter um den Fragebogen. Das ist informationaler Einfluss in Reinform. Keiner weiß was, man orientiert sich an den anderen, die genauso wenig wissen wie man selbst.

Angenommen, wir waren noch nie auf einer Bergwanderung und nehmen nun zum ersten Mal teil. Plötzlich schlägt das Wetter um. Wir haben keine Ahnung, was nun zu tun ist. Doch sehr wahrscheinlich haben andere aus der Gruppe alpine Erfahrung und wissen, wie man sich jetzt idealerweise verhält. Besteht die Wandergruppe jedoch aus eingefleischten Flachländern, ist das Risiko hoch, dass sie im Panikmodus etwas völlig Unsinniges macht. Erinnert ein bisschen an den Lockdown während der Pandemie, oder?

Heute wissen wir von Metaanalysen über verschiedene Studien und aus verschiedenen Ländern,[5] dass wir ohne Lockdown im Großen und Ganzen genauso dastünden. Der aber hat viele Opfer gefordert. So sehen wir im informationalen sozialen Einfluss im Verbund mit dem Kuba-Syndrom, was dabei herauskommt, wenn Experten aus zu wenigen Fachrichtungen unsicher sind, aber natürlich unbedingt das Richtige tun wollen. Das ist allzu menschlich.

Aber menschlich ist es eben auch, dass die Corona-Pandemie bei vielen sehr viel Stress hervorrief. Es gab Pleiten und Entlassungen, und die wirtschaftliche Kraft ließ bei steigender Inflation nach. Viele Gruppen sind hiervon betroffen, auch die Familie, die ja ebenfalls eine Gruppe ausmacht. Gerade finanziell weniger gut gestellte Familien sind in der Coronazeit noch ärmer geworden. Wirtschaftlicher Stress kann nicht isoliert betrachtet werden, er wirkt sich natürlich auf die Familie aus, die vielleicht vielköpfig in einer kleinen Wohnung lebt. Der Stress wird immer schlimmer, für alle. Vielleicht sind die Eltern im Homeoffice, er im Schlafzimmer, sie in der Küche. Und dazwischen wuseln die Kinder herum, die seit Wochen nicht mehr in der Schule waren. Nun, wir haben diese Bilder alle gesehen, von Schicksalen gelesen oder waren selbst Leidtragende. Wie hat sich die Familie dadurch verändert? Diese Auswirkungen sind ja nicht vorbei, wenn man beschließt, dass Maßnahmen »gelockert« werden. Wie gehen wir damit um? Wie verbinden wir die Wunden? Mehr Geld für Frauenhäuser?

Lockdown und soziale Isolation

Auch die Zahlen der WHO geben Grund zur Besorgnis. So haben die psychischen Erkrankungen durch die Corona-Pandemie weltweit enorm zugenommen. Allein das erste Corona-Jahr 2020 hat weltweit zu jeweils 25 Prozent mehr Angststörungen und Depressionen geführt.[6] Wir sprechen hier nicht von leichten Ängsten oder kurzfristiger Niedergeschlagenheit, sondern von schweren psychologisch-psychiatrischen Störungen, die mit einem enormen Leidensdruck einhergehen und dringend behandlungsbedürftig sind. Zu den Hauptgründen zählt die WHO den »nie da gewesenen Stress«, der durch die pandemiebedingte soziale Isolation verursacht wurde. Damit verbunden waren Einschränkungen beim Arbeiten, dem Suchen von Unterstützung bei Angehörigen und den Aktivitäten im persönlichen Umfeld. Trauer nach einem Todesfall und finanzielle Sorgen wurden ebenfalls als Stressoren genannt. Bei den Beschäftigten im Gesundheitswesen wiederum ist Erschöpfung ein wichtiger Auslöser für Selbstmordgedanken. Besonders junge Erwachsene waren von den Maßnahmen betroffen.[7] Bei ihnen sind depressive Erkrankungen bis zu 90 Prozent gestiegen.[8] Sie sind laut der jüngsten globalen *Burden-of-Disease*-Studie besonders von Selbstmordgedanken und selbstzerstörerischem Verhalten bedroht. Erschwerend kamen große Versorgungslücken für diejenigen hinzu, die besonders dringend Hilfe benötigten.

Über weite Strecken der Pandemie waren die Betreuungseinrichtungen für psychische und neurologische Erkrankungen von allen am stärksten beeinträchtigt.

Stellt sich die Frage, was wir als Gesellschaft bei der nächsten großen Krise besser machen können. Es geht darum, uns zu rüsten. Je stabiler unsere Basis ist, desto besser können wir mit Krisen umgehen. Wie wir im nächsten Kapitel sehen werden, bildet sich diese bereits im Mutterleib, unserer allerersten Verbindung …

Ohne Verbindung kein Leben

Jeder Mensch entsteht durch Verbindung: die Verschmelzung von Ei- und Samenzelle. Und mit Verbindung geht es weiter, wenn die chemischen Stoffe aufgenommen werden, die Leben erst ermöglichen. Am 22. Tag nach der Befruchtung beginnt das Herz des Embryos zu schlagen, was bei vielen Müttern, die dies im Ultraschall sehen, ein Schlüsselmoment der Verbindung ist. Ab dem dritten Monat wird der Geruchssinn aufgebaut, eine chemische Verbindung, die uns Orientierung gibt und sehr lange bestehen bleiben wird. Ab dem siebten Monat ist der Geruchssinn voll funktionsfähig.[1]

Kostbare Augenblicke

Bereits in der Gebärmutter können wir unsere Mutter riechen und lernen ihren Identitäts-Geruch. Es ist nachgewiesen, dass es auch Berührungserfahrungen des Ungeborenen gibt, wenn der schwangere Bauch gestreichelt wird.[2] So sind die chemischen Sinne der Nase und der Berührungssinn Lotsen für das Leben außerhalb des Mutterleibs. Man hat herausgefunden, dass Neugeborene direkt nach der Geburt Geruchspräferenzen zeigen. Sie bevorzugen Gerüche von Lebensmitteln und Gewürzen, die ihre Mutter während der Schwangerschaft häufig verzehrt hat.[3] Sie haben sie als »gut« kennengelernt, und außerhalb des Mutterleibs fängt das Lernen erst richtig an. Als Menschen kommen wir relativ unfertig zur Welt im Vergleich zu Tieren, die überraschend schnell sehr viele Fähigkeiten zeigen und oft schon kurz nach der Geburt auf eigenen Beinen stehen müssen, wovon ihr Überleben abhängt.

Nach dem Geruch und der Berührung lernt der Säugling als wichtigste Verbindung zur Mutter die emotionalen Gesichtsausdrücke kennen.[4] Da ich meine Beschreibung mit der Schwangerschaft begonnen habe, fahre ich im Bewusstsein, dass es auch viele liebevolle Väter gibt, die großen Anteil am Gedeihen ihrer Babys nehmen, dennoch mit den Müttern fort. Wie verändert sich das Gesicht der Mutter, wenn die Stimme wie klingt? Eine Verbindung wird hergestellt zwischen Gesichts- und Hörsinn. Man lernt sich immer besser kennen.

Es ist uns Menschen nicht angeboren, Emotionen zu erkennen. Als Neugeborene müssen wir erst lernen, was die Mimik ausdrückt. Eine Verzögerung in der visuellen Wahrnehmung um nur zwei Monate, zum Beispiel bei frühkindlicher Blindheit durch grauen Star, hat zur Folge, dass Gesichter nie wieder vollständig erkannt werden können. Die Gesichtserkennung ist für immer beeinträchtigt.

Prägung im Säuglingsalter

Wir sind mit einem biologischen System ausgestattet, das bei der Geburt durch Erfahrung in Gang gesetzt werden muss. Das gilt für unsere Wahrnehmung, unsere Bewegung, unser Denken, unser Gedächtnis. Alle diese Prozesse, die wir als selbstverständlich voraussetzen, müssen erst aktiviert werden. Je früher es hier zu Beeinträchtigungen kommt, desto gravierender sind die Auswirkungen. Wir sprechen auch von Priming oder Prägung. Wenn in der frühen Kindheit etwas Absurdes passiert, passt sich unser biologisches System daran an, weil es eben nicht weiß, was normal ist. Es ist ja noch im Aufbau begriffen.

Konrad Lorenz hat frisch geschlüpfte Gänse auf einen Fußball geprägt, einfach durch die Tatsache, dass der Fußball das Erste war, was sie sahen. Die jungen Gänse liefen dem Fußball hinterher in der Vermutung, er wäre ihre Mutter. Alle Lebewesen mit einem modernen Nervensystem müssen Prägungsphasen durchlaufen, um sich normal verhalten zu können. Bei Säugetieren gibt es zusätzlich die Besonderheit, dass sie eine sehr nahe Bindung zu ihrer Mutter brauchen, weil sie in der ersten Zeit gesäugt werden, also im Gegensatz zu manchen anderen Tieren total abhängig sind. Mit dem Säugen einher geht Berührung, auf die Säugetiere ebenfalls dringend angewiesen sind. Sie bewirkt, dass im Körper chemische Stoffe hergestellt werden, wie zum Beispiel Endorphine, also körpereigene Opiate, die uns glücklich machen, und Oxytocin, das sich hemmend auf die körperliche Stressantwort auswirkt.[5]

Die Drahtmutter

In den 1950er-Jahren wurden von dem amerikanischen Psychologen Harry Harlow aus heutiger Sicht grausame Experimente mit Makaken-Äffchen durchgeführt.[6] Wenige Stunden nach der Geburt wurden die kleinen Äffchen von ihrer Mutter getrennt. Sie lebten dann in einem Käfig, in dem zwei »Ersatzmütter« vorhanden waren. Beide waren aus Draht, aber eine davon wurde mit einem kuscheligen Fell überzogen. Je nach Versuchsbedingungen erhielten die Äffchen nur von der Fell- oder nur von der Drahtmutter Milch. Aber unabhängig davon, wer sie fütterte – die Äffchen verbrachten fast keine Zeit in der Nähe der Drahtmutter, sie hielten sich fast den ganzen Tag bei der Fellmutter auf und schmiegten sich an sie. Auch wenn dieser Versuch unendlich viel Leid für die kleinen Äffchen brachte, so wissen wir doch seitdem, wie wichtig Berührung für Primaten ist und dass durch reine Nahrungsgabe keine Bindung entsteht. Es gab noch eine weitere Gruppe mit

Äffchen, die ausschließlich eine Drahtmutter hatten und sich nicht bei der Stoffmutter anlehnen konnten. Wenn die Äffchen durch einen trommelnden Spielzeugbären erschreckt wurden, beruhigten sich die Äffchen, die eine Stoffmutter zur Verfügung hatten, relativ schnell. Sie klammerten sich an sie und nach einiger Zeit hatten sie den Mut, den Bären näher zu untersuchen. Die Äffchen, die jedoch nur die Drahtmutter hatten, suchten bei ihr keinen Schutz. Sie waren der Situation völlig ausgeliefert, sie schrien, schlugen sich oder schaukelten abwesend hin und her. Für eine halbwegs normale emotionale Entwicklung braucht es mehr als Nahrung, es braucht Wärme und Berührung.

Bei allen Säugetieren, die man bisher untersucht hat, kam man zum gleichen Ergebnis: Wenn die Verbundenheit fehlt, wenn sie nicht sozial integriert sind, sinkt die Überlebenswahrscheinlichkeit deutlich, egal ob es sich um Affen, Pferde, Delfine, Schafe oder Wale handelt.[7] Das kommt daher, dass auch diese Tiere langfristig kein Oxytocin und keine Endorphine ausschütten, wenn die Verbindung zu anderen fehlt. Stattdessen wird vermehrt das Stresshormon Cortisol gebildet, das vegetative Nervensystem schüttet Adrenalin und Noradrenalin aus, und im Immunsystem werden entzündungsfördernde Interleukine gebildet, wie das IL-6. Die entzündlichen Prozesse führen nicht selten zu Krebserkrankungen oder Organversagen. Halten wir fest: *Berührung und Geruch, wozu es der Nähe bedarf, sind von entscheidender Bedeutung für das gute Gedeihen von Menschen und Säugetieren.*

Wenn kleine Kinder gestresst sind und man ihnen etwas gibt, woran der Geruch der Mutter haftet, hören sie auf zu weinen, entspannen sich und werden ruhiger, auch wenn die Mutter nicht anwesend ist. Ihr Geruch ist wie eine Brücke in ein gutes Gefühl, in Sicherheit zu sein.

Frühes Lernen hat Zeitfenster

Zurück zum neugeborenen Menschen. In der sogenannten kritischen Lebensphase müssen Babys Mimik erlernen – genauso wie fast alle Verhaltensweisen, die uns Menschen ausmachen und nicht angeboren sind.

Es gibt immer ein Zeitfenster, in dem die Prägung ideal stattfinden kann. Schließt sich das Zeitfenster, ohne dass sie erfolgt ist, kann es sehr schwierig sein, das, was gelernt werden soll, später nachzuholen, und es wird nie so reibungslos ablaufen, wie wenn es zur rechten Zeit geprägt wurde.

Einige Fähigkeiten können wir nie wieder lernen, wenn sich das entsprechende Fenster geschlossen hat – Sie erinnern sich an die vernachlässigten Kinder, die nicht sprechen, nicht gehen, nicht essen konnten. Fehlt Prägung, kommt es zu gravierenden Entwicklungsverzögerungen. Fehlt die Bindung durch die Nähesinne, weil das Kind auf Abstand gehalten wird oder die Erwachsenen, die es umsorgen, Masken tragen, ist die normale Entwicklung in Gefahr.

Je älter Kinder werden, desto leichter können sie sich Geborgenheit und andere positive Gefühle auch von anderen Personen holen, Familienangehörigen, Freunden, Spielgefährten. So reduziert sich die Bedeutung der Mutter, und die Anzahl jener Menschen, mit denen wir Glücksmomente teilen können, erhöht sich. Dennoch bleiben Geruch und Berührung weiterhin extrem wichtig, letztendlich das ganze Leben lang, wenngleich sich die relative Bedeutung reduziert. Andere Dinge kommen hinzu, wie die Sprachentwicklung. Idealerweise verläuft die frühkindliche Entwicklung problemlos, Gesichter werden erkannt, Emotionen aus Gesichtern gelesen, Augenkontakt wird aufgenommen, es wird gelächelt und weggeschaut, und die kleinen Menschen lernen sich im menschlichen Kontakt zurechtzufinden, bei dem sie im ersten Lebensjahr noch glauben, dass keiner sie sieht, wenn sie sich die Augen zuhalten, weil sie selbst keinen sehen. So schnell schalten sie zumindest die optische Verbindung an und wieder aus.

Im Bauch der Mutter

Leider läuft es nicht immer ideal. Bereits im Mutterleib kann ein Kind schwer geschädigt werden, denn es ist ja mit dem Kreislauf der Mutter verbunden. Fatale Auswirkungen zeigen Drogen- oder Alkoholkonsum in der Schwangerschaft. Letzterer verursacht bei Ungeborenen mehr neurologische Schäden als Heroin und ist laut der Weltgesundheitsorganisation WHO die häufigste Ursache einer geistigen Behinderung in der westlichen Welt. Die fetale Alkohol-Spektrum-Störung, kurz FAS, ist zwar weit verbreitet, aber noch relativ unbekannt, was vielleicht daran liegt, dass Alkohol zu den erlaubten Genussmitteln zählt. Doch eine schwangere Frau, die Alkohol trinkt, riskiert auch bei geringen Mengen gravierende Entwicklungsstörungen des Kindes. Alkohol gelangt über die Plazenta unmittelbar in den Blutkreislauf des ungeborenen Kindes. Das Kind »trinkt« mit. Da Alkohol ein Zellteilungsgift ist, stört er die Entwicklung der inneren Organe, insbesondere des Gehirns und des Nervensystems. An den Folgen leidet ein Kind lebenslang.

Stress ist Gift für Ungeborene

Gleiches gilt, wenn ein Kind im Mutterleib übermäßigem Stress ausgesetzt ist. Je früher chronischer Stress »zugeführt« wird, desto dramatischer, das führt bis zu Veränderungen im Gehirn und Verhaltensauffälligkeiten der Kinder.[8] Leider sind diese Zusammenhänge noch immer nicht so breit bekannt, wie es nötig wäre, sonst wäre gesellschaftlich keine Anstrengung zu gering, werdende Mütter vor Stress zu schützen. Wenn es ganz schlecht läuft, ist das Sozialverhalten eines Kindes, das früh chronischem Stress ausgesetzt war, lebenslänglich gestört, und es kann keine intakten Beziehungen aufbauen.

Zwar gibt es für Schwangere sehr viele Schutzverordnungen, doch sie beziehen sich meist auf physische Gegebenheiten. An der Universität in Düsseldorf haben wir beispielsweise Liegeplätze für schwangere Frauen. Doch dass sie besonders vor Stress geschützt werden sollen, steht in keiner Verordnung. Stress kann auch bedeuten, nicht das Gefühl zu haben, den KollegInnen beweisen zu müssen, dass man trotz der Schwangerschaft noch leistungsfähig ist. Denn häufig werden schwangere Kolleginnen ausgegrenzt nach dem Motto: Die ist sowieso nicht mehr lang da. Herzblut-Projekte werden ihnen entzogen. So habe ich oft den Eindruck, dass schwangere Frauen die stressigste Zeit ihres Lebens meistern müssen. Jetzt kommt alles auf einmal, vielleicht eine neue Wohnung suchen, die Beziehung in der Balance halten. Und jede Menge offene Fragen: Wie geht es mit dem Studium und überhaupt beruflich und finanziell weiter? Bekommt mein Kind einen Platz in der Kita? … Und das alles mit der drohenden Aussicht, auf Hartz IV zu landen, was für Mütter ein sehr realistisches Szenario ist. Das alles finde ich sehr befremdlich, zumal die Forschung die negativen Folgen von Stress auf den Fötus eindeutig belegt hat. Ein im Mutterleib gestresstes Kind entwickelt sich vielleicht zu einem Schreikind … so wird nun die Verbindung, die von Anfang an gestört war, weiter gestört. Das ist kein guter Start ins Leben. Wir wissen so viel darüber – und tun doch so wenig dagegen. Dabei ist es unstrittig: Kinder sind unsere Zukunft. Wie also gehen wir mit unserer Zukunft um?

Stress in der Schwangerschaft wird seit Jahrzehnten untersucht, auch während des Zweiten Weltkrieges gab es dazu Studien.[9] Die Kinder gestresster Mütter, die Bombenalarm, Todesangst, Hunger, Entbehrungen etc. erfuhren, zeigten erhebliche Entwicklungsverzögerungen und waren anfälliger für die Entstehung von schweren psychischen Störungen, wie zum Beispiel Schizophrenie. Stress-Effekte auf das Ungeborene vermuten wir nun auch bei vielen sogenannten Corona-Babys, also Kindern, deren Mütter während der Pandemie schwanger waren.[10] Darauf komme ich später noch zurück.

Bei genauer Betrachtung der Maßnahmen in der Corona-Pandemie drängt sich die Frage auf, ob wir in den Anstrengungen, unsere

Körper zu retten, die Seelen vergessen haben. Und das, obwohl wir heute aus der Psychoneuroimmunologie zweifelsfrei wissen, welch hohen Stellenwert das psychische Empfinden für die physische Konstitution hat. Dieser Ansatzpunkt wurde flächendeckend vernachlässigt, die Verbindung zur Seele gekappt.

Dabei hat sie größten Einfluss auf unser Nerven- und Immunsystem, das wiederum den Körper steuert. Alles ist miteinander verbunden. Körper, Geist und Seele. Eine Trennung versetzt uns in Stress, und der kann auf Dauer tödlich enden.

Es mag Ausnahmen geben, doch im Großen und Ganzen kann man feststellen, dass die Art unserer frühen sozialen Bindungen Auskunft darüber ermöglicht, wie unser Leben als Erwachsener verlaufen wird. Dreh- und Angelpunkt ist das Vertrauen, das unseren Beziehungen den Weg ebnet. Fehlt das Vertrauen, fehlt ein gravierender Baustein für ein gutes Leben.

Vertrauen

Vertrauen ist nicht nur die Grundlage für Bindung, sondern auch die Basis für unser Leben schlechthin. Indem wir einem anderen Menschen vertrauen, sind wir nicht mehr allein. Verbundenheit gelingt nur auf Basis von Vertrauen. Wenn wir einem Menschen kein Vertrauen schenken, kann keine Offenheit entstehen, keine Leichtigkeit, keine Kreativität, kein Spaß, keine Nähe. Menschen, die anderen tendenziell vertrauen, lügen und stehlen seltener, geben anderen eher eine zweite Chance, respektieren auch die Rechte anderer, sind glücklicher, werden von anderen eher gemocht und häufiger als Freund gewählt.[11]

Vertrauen darf allerdings nicht mit Gutgläubigkeit verwechselt werden. Menschen, die zu gutgläubig sind, können schnell ausgenutzt werden, was echte Bindung verhindert. Insgesamt lohnt es sich meistens, mit Vertrauen in eine neue Bekanntschaft zu gehen.

Dabei gilt es allerdings, Vorsicht walten zu lassen beziehungsweise die Fähigkeit zu entwickeln, sich zurückzuziehen, wenn andere dieses Vertrauen offensichtlich ausnutzen.

Ein Blick in den Oxytocin-Spiegel zeigt unser Vertrauen

Wie kann Vertrauen im Labor untersucht werden? Ein typisches Experiment sieht folgendermaßen aus: Es gibt zwei Spieler, und beide erhalten zu Beginn 12 Euro. Der erste kann wählen, das Geld zu behalten, oder er kann einen Betrag an den zweiten Spieler senden, der dann vom Versuchsleiter verdreifacht wird. Gibt der erste Spieler all sein Geld, erhält der zweite Spieler also 36 Euro vom ersten Spieler. Mit seinen eigenen 12 hat er dann bereits 48 Euro. Der zweite Spieler kann nun wählen, ob und wie viel er dem ersten Spieler zurückgibt. Würde er den Betrag teilen, erhielten beide zum Ende des Spieles 24 Euro und hätten in diesem Fall ihren Gewinn verdoppelt. Um zu diesem Ergebnis zu kommen, muss allerdings der erste Spieler dem zweiten Spieler vertrauen, denn wenn der zweite Spieler den ersten ausnutzen möchte, kann es sein, dass der erste Spieler leer ausgeht. Der Betrag, den der erste Spieler einsetzt, kann also mit dem Ausmaß seines Vertrauens gleichgesetzt werden.

Das Spiel wird in der Psychologie häufig genutzt, um die Bedingungen für Vertrauen beim Menschen zu erforschen. Es hat sich gezeigt, dass Menschen mit einem hohen Oxytocin-Spiegel mehr in andere Menschen vertrauen als solche mit einem niedrigen Oxytocin-Spiegel.[12] Oxytocin wird vermehrt gebildet, wenn wir in der Nähe von geliebten Menschen sind, aber auch, wenn wir menschliche Nähe suchen. Mit einem hohen Oxytocin-Spiegel wird es einfacher sein, mit anderen in Verbindung zu treten, da das Vertrauen in andere Menschen größer ist. Das ist mal wieder von unserer Biologie großartig eingerichtet.

Vertrauen geht durch die Nase

Allerdings haben wir eben festgestellt, dass blindes Vertrauen auch schlecht sein kann. Wie können wir am besten intuitiv feststellen, ob wir vertrauen können oder nicht? Ich habe mit meiner Arbeitsgruppe dazu geforscht, ob ganz schwache Körpergerüche, die kaum wahrnehmbar sind, uns darüber informieren können, ob wir unserem Gegenüber vertrauen können.[13] Der zweite Mitspieler hat also in einem Fall ganz schwach nach Angst gerochen und im anderen Fall nach keiner bestimmten Emotion. Wir fanden heraus, dass das Vertrauen der ersten Mitspieler durch den Angstgeruch reduziert wurde. Sie investierten weniger Euros in den Mitspieler mit dem Angst-Körpergeruch. Da der Angstgeruch sehr schwach war und kaum gerochen werden konnte, vermuten wir, dass die Entscheidung, weniger Vertrauen zu investieren, durch eine Art Bauchgefühl vermittelt wurde: Der andere ist nicht offen, er ist ängstlich, ich muss daher vorsichtig sein. Dies stimmt insofern, als ängstliche Menschen von sozialen Interaktionen eher negative Ergebnisse erwarten, verschlossen und weniger authentisch sind. Man sollte sich also Zeit nehmen und das Vertrauen zu ihnen langsam und allmählich entwickeln. Unbedachtes Vertrauen könnte in diesem Fall durchaus negative Konsequenzen haben. Mithilfe der Körpergeruchswahrnehmung haben wir also die Möglichkeit, Feinabstimmungen in Kontakt mit anderen zu machen und bei Bedarf auch vorsichtig zu sein. Ich werde später noch einmal ausführlich auf das Thema Körpergerüche eingehen.

Verbundenheit, das wissen wir mittlerweile, ist der Stoff, aus dem das Glück der Menschen ist. Schauen wir uns nun im Folgenden an, wie es einsamen Menschen geht und was in Zeiten des pandemiebedingten *Social Distancing* geschah.

Der Schmerz der Ungebundenheit

Das wachsende Phänomen der Einsamkeit stellt in den Industrieländern bereits seit einiger Zeit ein Problem dar. Gerade die Bewohner von größeren Städten leben häufig in Single-Haushalten, in Deutschland sind es 41 Prozent, in Großstädten meistens mehr als 50 Prozent. In den letzten 20 Jahren hat sich in vielen Studien gezeigt, dass die Anzahl fester Freunde, auf die man sich verlassen kann, mit denen man Spaß hat und die einem in der Not zur Seite stehen, schrumpft. In den USA wird sie von vielen Befragten sogar mit null beziffert. Auch bei uns berichten Menschen von reduzierten sozialen Beziehungen, ganz anders als das noch vor 20, 30 Jahren der Fall war. Wie kann das sein, wo wir doch im Zeitalter der Kommunikation leben und uns vor Freunden zumindest in den sozialen Netzwerken oft kaum retten können?

Allein sein ist nicht einsam sein

Ich möchte an dieser Stelle kurz den Unterschied zwischen Einsamkeit und Alleinsein erläutern. Einsamkeit ist das Bedürfnis, mit anderen Menschen zusammen zu sein: Man fühlt sich einsam, weil man lieber unter anderen wäre, als allein zu sein. Aber man schafft es irgendwie nicht – bis man es eines Tages vielleicht sogar gänzlich verlernt hat. *Ich weiß nicht, wie ich Leute ansprechen soll, und außerdem bin ich hässlich, dumm, so wertlos, dass es auch gar keinen Sinn macht, mit anderen in Kontakt zu treten, die ich sowieso frustrieren würde, weil ich so langweilig bin.* Einsamkeit geht immer einher mit erheblichem Leidensdruck.

Alleinsein hingegen beschreibt eine meist kurzfristige Reduktion von Sozialkontakt, die häufig als wohltuend empfunden wird, zum Beispiel wenn jemand beruflich mit vielen Menschen zusammentrifft.

Bei der Stresserfahrung »Einsamkeit« steht das Unvermögen im Vordergrund, mit anderen Menschen in Kontakt zu treten. Man hat seine Kontakte nicht im Griff, ist hilflos. Das selbst gewählte Alleinsein ist jedoch ein erwünschter Zustand und wird nicht als leidvoll erlebt, weil es nichts mit Kontrollverlust zu tun hat: ein langer Spaziergang ohne zu reden, der Stille lauschen oder Musik hören, was für eine Wohltat! Ja, weil wir hier nicht die Verbindung verlieren, sondern sie ganz im Gegenteil bewusst suchen: mit uns selbst. Denn im hektischen Alltag ist es oft gar nicht so einfach, online mit sich selbst zu bleiben. In der Einsamkeit hingegen haben wir alle Verbindungen gekappt, sind offline, oft auch mit uns selbst, weil wir unsere Bedürfnisse nicht mehr stillen können.

Bindungsstörungen

Bevor ich näher auf das Thema Einsamkeit eingehe, noch einige Bemerkungen zu einem Alleinsein aufgrund einer klinischen Diagnose wie Asperger oder Autismus, wozu wir wie im vorherigen Kapitel noch einmal ganz an den Anfang blicken.

Starker Autismus ist meist genetischer Prägung und daher häufig bereits nach der Geburt sichtbar, wenn Säuglinge Körperkontakt vermeiden. Kennzeichnend für Autisten ist ihre mangelnde soziale Bindung. Sie nutzen kaum nonverbale Signale zur sozialen Kommunikation, wie Gesichtsausdruck und Körperhaltung, teilen ihre Freude nicht mit anderen und zeigen kein Interesse an emotionaler Bindung. Häufig sind sie auch in ihrem Sprachgebrauch eingeschränkt und vermeiden lange Gespräche. Insgesamt zeigen sie keinen Wunsch nach Bindung.

Eine etwas leichtere Form des Autismus ist die Asperger-Erkrankung. Die Störung beginnt später als beim Autismus, und der Sprachgebrauch ist recht normal. Dennoch steht wie beim Autismus das mangelnde Bedürfnis nach sozialem Kontakt im Vordergrund. Personen beider Gruppen neigen dazu, Handlungen immer wieder auszuführen, erleben Unruhe bei Veränderung und lieben Gewohnheiten. Sie sind in sich selbst geschlossen und können mit anderen nicht mitfühlen, es fehlt ihnen an Empathie, wobei mehrere Formen der Empathie vermindert sind: die Besorgnis um andere, also das emotionale Mitempfinden, und auch die Fähigkeit zur Perspektivübernahme, also die mentale Fähigkeit, die Wünsche und Ziele anderer Menschen überhaupt zu erkennen.

Nicht zu verwechseln mit Autismus oder Asperger ist die Reaktive Bindungsstörung, die sich infolge von Verwahrlosung entwickeln kann, umgangssprachlich auch Kaspar-Hauser-Syndrom genannt. Früher trat diese Störung immer wieder bei Heimkindern auf, die von ihren Bezugspersonen keine emotionale Fürsorge erhalten haben. Auch bei diesen Kindern fehlt häufig die Fähigkeit, Bindung einzugehen. Im Gegensatz zu autistischen Kindern scheinen sie jedoch stark darunter zu leiden.

Schließlich gibt es noch eine weitere Störung, bei der soziale Bindung vermieden wird: die sogenannte antisoziale Persönlichkeitsstörung, früher auch Psychopathie genannt. Psychopathen erscheinen im ersten Moment unauffällig und sind durchaus auch in Chefpositionen anzutreffen. Sie können sich gut in die Ziele und Wünsche anderer hineinversetzen und haben auch die Fähigkeit zur Perspektivübernahme. Was ihnen jedoch fehlt, ist die emotionale Anteilnahme. Sie missachten die Wünsche anderer, sie täuschen und manipulieren andere mit dem Ziel, einen persönlichen Vorteil zu erlangen, zum Beispiel hinsichtlich Geldes, Sex oder

Macht. Es ist zu vermuten, dass diese Personengruppe bereits in der Kindheit häufig bei dem Versuch, emotionale Bindungen einzugehen, frustriert wurde. Diese Menschen haben keine Kontrolle darüber gehabt, in echte Verbundenheit zu gelangen, und es irgendwann sein lassen. Da wir jedoch alle einen übergeordneten Sinn im Leben ersehnen, haben solche Menschen soziale Nähe durch Macht etc. eingetauscht. Auch durch die Vermehrung von Macht können Menschen die Illusion haben, etwas ganz Besonderes zu sein und über den Tod hinaus bekannt und eventuell gefürchtet zu bleiben.

Es gibt sehr viele Auswirkungen einer bindungslosen Kindheit. Je weniger Bindung, desto schlechter. Im schlimmsten Fall sehen wir eine prinzipielle Angst vor Bindung, Menschen, die Angst vor anderen Menschen haben, die sich durch andere Menschen bedroht fühlen. Dies kann sogar eine Vorstufe der Erkrankung Schizophrenie sein. Der Verlust von Vertrauen und Bindung entzieht einem den Boden.

Wenn das Urvertrauen nicht sehr früh und nachhaltig gestört wurde, haben wir immerhin die Chance, etwas nachzuholen durch positive Erfahrungen. *Je länger die schädigenden Einflüsse anhalten, desto mehr Spuren hinterlassen sie allerdings im Gehirn. Dennoch sind wir nicht machtlos: Unser Gehirn ist zum Glück sehr plastisch, und wir können Strategien erlernen, die es uns ermöglichen, in positiven Kontakt mit anderen Menschen zu kommen. Veränderung ist bis ins hohe Alter möglich!*

Wenn das Leben einfach nur Angst macht

Eine gewisse Ängstlichkeit, eine gewisse Traurigkeit, eine gewisse Zwanghaftigkeit gehören übrigens zur Grundausstattung Mensch und sind ganz normal, zumal sie uns auch gut durchs Leben führen. Wenn der Selbstwert jedoch sehr niedrig ist und man sehr lange sehr traurig und/oder ängstlich ist, kann das in verschiedene psychische Störungen münden. Dann ist man allerdings nicht ein bisschen ängstlich, sondern leidet an chronischer Angst. Und man ist nicht ein bisschen unsicher, sondern traut sich vielleicht nicht mehr, die Wohnung zu verlassen. Alle Lebensfreude ist fort. Man lebt, als wäre man dazu verurteilt.

Viele Menschen, die an chronischen Ängsten leiden, unterwerfen ihr Leben selbst gemachten Gesetzen und vollführen Zwangshandlungen … und das macht sie immer einsamer. Ihr Selbstwert ist im Keller, sie fühlen sich überflüssig und glauben, dass sie anderen doch nur zur Last fallen, peinlich sind. Sagt man ihnen das Gegenteil, glauben sie es nicht und sind überzeugt, man würde sie belügen. Im schlimmsten und leider realistischen Fall fühlen sie sich von Menschen angezogen, die ihnen diesen geringen Selbstwert spiegeln.

Warum das so ist, erfahren Sie im übernächsten Kapitel, wenn es darum geht, wie wir aus fremd Freund machen. *Tatsache ist, dass wir stets das Ähnliche attraktiv finden und uns im Kontakt mit anderen am sichersten fühlen, wenn uns diese in unserer Weltsicht bestätigen.* Sollten wir selbst uns als graue Maus betrachten, fühlen wir uns wohl, wenn jemand uns als graue Maus bezeichnet. Zum verrückten Huhn oder bunten Hund hochgelobt zu werden, damit könnten wir nicht umgehen. Dieses Phänomen erklärt auch, warum manche Menschen in toxischen und destruktiven Beziehungen verharren: Sie brauchen die Bestätigung ihres eigenen geringen Selbstwertes, was natürlich auf Gegenseitigkeit beruht, denn auch ein Aggressor, vor dem eine Mutter mit ihren Kindern beispielsweise ins Frauenhaus flüchtet, zeichnet sich in der Regel durch Selbstwert-Defizite aus, die leider an die Kinder weitergegeben werden. Alles ist mit allem verbunden.

Mutterseeleneinsam

Einsamkeit hat viele Ähnlichkeiten mit Stress, sie bedeutet maximalen Kontrollverlust in Bezug auf menschliche Nähe. Sie ist aber auch eine besondere Art von Stress. Herkömmlicher Stress, etwa durch Überforderung bei der Arbeit, kann im Privatleben, im Beisammensein mit Familie und Freunden, abgepuffert werden. Man spielt mit seinen Kindern, geht mit einer Nachbarin spazieren, verbringt einen netten Abend im Kreis lieber Freunde – und der Stress löst sich vielleicht nicht in Luft auf, wird aber ein bisschen leichter zu ertragen.

Dauerhafte Einsamkeit kann lebensbedrohlich sein

Diese Möglichkeit fehlt einsamen Menschen, weil sie keine oder kaum Sozialkontakte haben. So können sich bei ihnen Stresseffekte ungehindert auf die Organsysteme ausbreiten – schlimmstenfalls mit der Folge von lebensbedrohlichen Erkrankungen. Stressfolgen unter Einsamkeit sind deutlich gravierender als bei Vorhandensein eines sozialen Umfelds. Deshalb ist Einsamkeit die häufigste Voraussetzung für das Entstehen fast aller klinisch-psychologischen Störungen. In erster Linie sind hier Depressionen zu nennen, zu deren Kennzeichen Hilflosigkeit, reduzierter Selbstwert und Hoffnungslosigkeit gehören. Nach einer Weile in der Depression verliert man auch das Interesse an seinen früheren Aktivitäten und Hobbys und zieht sich immer mehr zurück. Teilhabe am sozialen Leben ist nicht mehr möglich. Auch für die Entstehung von Angststörungen ist Einsamkeit wie eben kurz angesprochen eine der Voraussetzungen. Bei der sozialen Phobie beispielsweise haben Betroffene Angst, mit anderen in Kontakt zu kommen, weil sie mutmaßen, diese würden sich über sie lustig machen, sie unentwegt negativ bewerten oder sich schämen, mit ihnen zusammen gesehen zu werden. Folglich glauben sie, die anderen wären erleichtert, wenn sie nicht da wären. Manchmal ist es dann nicht mehr weit bis zur finalen Idee: Am besten, es gibt mich gar nicht mehr, ich bin ja ohnehin nur eine Last.

Auch viele andere Lebenslasten wie Agoraphobie, also die Angst, auf großen Plätzen zu sein, Ess- und Zwangsstörungen und so gut wie alle klinisch-psychologischen Störungen gehen fast immer auf eine Phase dauerhafter sozialer Isolation und Einsamkeit zurück. Mit der Erkrankung kommt es häufig zum Verlust jeglicher Lebensqualität.

Im Mangel an vertrauten Verbindungen sehen wir eine Grundlage fast aller psychischer Störungen, die sich auch in Alkoholmissbrauch oder Drogensüchten aller Art äußern kann. Die ja keine Ursache sind, sondern ein Symptom. Sozial integrierte Menschen sind dagegen optimal geschützt vor psychischen Störungen.

Das gilt auch für Erkrankungen wie Anorexia nervosa und Bulimie, Essstörungen, an denen vor allem junge Frauen leiden. Auch sie sind auf ein verändertes Selbstbild zurückzuführen, bei denen sich die Erkrankten einsam fühlen und zurückziehen, und können lebensbedrohliche Ausmaße annehmen. Bei älteren Menschen birgt die Einsamkeit besonders hohe Gefahren. Ältere Menschen ab 75 haben ein um bis zu 60 Prozent erhöhtes Risiko, an Demenz zu erkranken, wenn sie sich einsam fühlen und kein soziales Netz haben, das sie auffangen kann.[1] Das erhöhte Risiko besteht unabhängig vom Geschlecht und dem mentalen oder allgemeinen Gesundheitsstatus. Die soziale Isolation genügt.

Einsamkeit und Schizophrenie

Nicht selten mündet Einsamkeit auch in die Schizophrenie. Vermutlich bedingt durch fehlende Bindung können Schizophrene häufig kein Vertrauen zu ihren Mitmenschen aufbauen. Sie sind höchst sensibel für soziale Anzeichen von Missachtung, ausgedrückt zum Beispiel in einer zurückhaltenden Mimik, und trauen keinem Lächeln. Neutrale Gesichtsausdrücke bewerten sie als potenzielle Bedrohung. Es entwickelt sich Angst vor anderen Menschen. Wer an Schizophrenie mit Verfolgungswahn leidet, befürchtet, dass andere Menschen oder auch Mächte ihn bedrohen könnten. Ist der Nachbar vorhin nicht verdächtig langsam am Haus vorbeigegangen? Wann wird er zuschlagen? Man weiß doch, dass er Schlimmstes beabsichtigt. Schizophrene Menschen leiden auch an Halluzinationen, meistens als kommentierende Stimmen, die darlegen, wie wertlos der Betroffene sei. Es können sich auch mehrere Stimmen über ihn unterhalten:

Hast du gesehen, wie peinlich er sich wieder verhalten hat?
Er ist die totale Zumutung, das ist einfach unerträglich!
Und so hässlich!
Ja, und er stinkt auch noch.
Man kann sich gar nicht vorstellen, dass so ein wertloser
Mensch hier noch immer frei rumläuft ...

Nun, vielleicht nicht mehr lange, denn manchmal folgen schizophrene Patienten dem Ratschlag ihrer Stimmen, der Qual ihres Lebens ein Ende zu machen. Diese sehr bedauernswerten Menschen leben ständig unter Stress, wissen es aber oft gar nicht, weil sie ihren Zustand für normal halten. Im Lauf der Zeit ziehen sie sich immer mehr in ihre eigene Welt zurück, ein bedrohliches Gefängnis.

Ich habe die Schizophrenie so ausführlich dargestellt, weil Schätzungen von bis zu zwei Prozent der Bevölkerung ausgehen, die an dieser psychischen Störung erkrankt sind; eine erschreckend hohe Zahl. Außerdem ist vielen Menschen nicht bewusst, dass auch so eine schwere Erkrankung wie die Schizophrenie durch soziale Isolation entstehen und aufrechterhalten werden kann. Die Bedrohungsszenarien verändern sich oft aufgrund aktueller Geschehnisse. Wird in den Medien von Ufos berichtet, fühlen sich die Betroffenen von Aliens bedroht oder eben von Viren, anderen Völkergruppen, Drohnen, Nuklearwaffen; und auch die Bibel dient häufig als Albtraumfutter. Die Erkrankung, bei der Menschen die Verbindung zu anderen Menschen und ihrer realen Umwelt vollständig verlieren, verläuft in Phasen. Es kann durchaus normale Phasen geben, und medikamentös gut eingestellte Patienten können über weite Strecken relativ entspannt leben. Doch wenn ein an Schizophrenie erkrankter Mensch in Stress gerät, besteht die Gefahr, dass er wieder in eine schwierige Phase gerät. Und wie gesagt: Einsamkeit ist Stress pur. Für die mentale Gesundheit ist Verbundenheit essenziell, mit Menschen zusammen zu sein, mit Freunden reden zu können.

Einsamkeit und körperliche Leiden

So stellen wir fest, dass Einsamkeit und soziale Isolation am Beginn fast aller klinisch-psychologischen Störungen stehen. Und dabei bleibt es natürlich nicht, denn Seele und Körper sind miteinander verbunden. Wie bereits erwähnt, wissen wir heute anhand von Millionen Einzeldaten aus unzähligen Studien, dass Einsamkeit auch zu körperlichen Erkrankungen führt. Die Wahrscheinlichkeit, in einem Siebenjahreszeitraum an Einsamkeit zu sterben, ist um knapp 50 Prozent erhöht. Einsame Menschen bekommen typische Stresserkrankungen, Herzinfarkt, Bluthochdruck, Schlaganfall, aber auch Stoffwechselstörungen wie Diabetes. *Das Sterberisiko bei sozialer Isolation ist entweder höher oder mindestens genauso hoch wie das Sterberisiko bei chronischem Rauchen, bei Alkoholikern oder bei Menschen mit starkem Übergewicht.*

Einsamkeit im Labor

Vielleicht fragen Sie sich an dieser Stelle, wie wir Psychologen zu unseren Erkenntnissen gelangen. Auf den nächsten Seiten lade ich Sie zu einem Besuch in meinem psychologischen Labor und in die Labore vieler anderer Kollegen und Kolleginnen weltweit ein.

Unsere Aufgabe ist die Grundlagenforschung. Wir wollen herausfinden, wie der Mensch im Allgemeinen »tickt«, und aufgrund unserer Ergebnisse entwickeln die PraktikerInnen wie PsychotherapeutInnen dann Lösungsansätze für die »EndverbraucherInnen«, PatientInnen und Ratsuchende im Allgemeinen. Oft suchen Menschen in der Therapie auch eine Art Abkürzung. Sie merken, dass es irgendwo hakt und dass der Grund vielleicht sogar bei ihnen selbst liegt. Das ist ein guter erster Schritt. Denn üblicher ist ein Abwehrverhalten, indem andere verantwortlich für das eigene Leid gemacht und die Ursachen eben nicht bei sich selbst gesucht werden, wo sie durchaus gelegentlich liegen können. Eine psychologische Intervention kann fast immer dabei helfen, wieder mehr Lebensqualität herzustellen. Meiner Meinung nach hat sich hierbei am besten die kognitive Verhaltenstherapie bewährt, mit der Betroffene neue Denkmuster, neue Gefühle und neues Verhalten lernen können, mit denen sie wieder in Verbindung kommen.

Erkenntnisgewinn durch Einsamkeit

Aber kehren wir zu unseren Forschungen zurück: Eine Möglichkeit, Einsamkeit zu untersuchen, besteht in Befragungen. So wurden ihre chronischen Effekte in großen Studien über Jahre gezeigt. Kurzfristige Effekte von Einsamkeit hingegen untersuchen wir im Labor. Wir dürfen und wollen ja niemanden langfristig einsam machen, das würde sich schon aus ethischen Gründen vollständig verbieten. Doch auch bei kurzfristigen Untersuchungen sind nicht wenige Probanden nachhaltig beeindruckt von so manchen bislang unentdeckten Facetten ihrer Persönlichkeit und verblüfft von Erkenntnissen über sich selbst. Das ist leicht vorstellbar, denkt man an berühmte Experimente wie das *Milgram Experiment*, bei dem die Studienteilnehmer fälschlicherweise glaubten, sie würden anderen Menschen Stromstöße verpassen. Die Mehrzahl der Probanden tat es tatsächlich – und wurde im Nachhinein bei Bedarf noch länger begleitet, denn das muss man ja erst mal verarbeiten …

Meine Versuche sind nicht so spektakulär, wenngleich es eine meiner Studien 2009 in die *Tagesschau* schaffte, als ich nachwies, dass wir Angst riechen können. Weltweit wurde seinerzeit darüber berichtet. Mir war natürlich bewusst, dass die Entdeckung eine Sensation darstellte; mit Anfragen aus aller Welt, die mich monatelang beschäftigten, hatte ich jedoch nicht gerechnet. Über die erstaunlichen Fähigkeiten unserer Nase habe ich ein Buch geschrieben, wenn Sie es lesen möchten, folgen Sie einfach der Fährte »Alles Geruchssache«.

Gute Verbindung fördert wissenschaftliche Erkenntnisse
Ohne Probanden, die sich freundlicherweise und für eine geringe Aufwandsentschädigung zur Verfügung stellen, würden wir in vielen Bereichen noch im Dunkeln tappen. Als ich selbst noch studierte, wurden Probanden oft sehr abfällig behandelt. Hier der große Professor, dort der kleine Versuchsteilnehmer, keine Ahnung von Tuten und Blasen, und oft erfuhr er gar nicht, wozu er befragt wurde, denn der Sinn der Maßnahmen wurde ja verschleiert. Mir war und ist es immer sehr wichtig, in guter Verbindung zu den Probanden zu sein, und das gebe ich auch an meine Studierenden weiter. Wenn ein Vertrauensverhältnis besteht, erzählen einem die Probanden auch von Beobachtungen, die ihnen vielleicht ein bisschen peinlich sind. *Wissen Sie, im Grunde meines Herzens habe ich mich darüber gefreut, dass er auf die Schnauze gefallen ist, auch wenn ich im Fragebogen angekreuzt habe, dass ich Mitleid mit ihm hatte. Ich kann nämlich keine Leute ausstehen, die so tun als ob.*

In der Psychologie sind solche Innenansichten sehr wichtig!

In meinen Arbeitsgruppen heißen die Versuchspersonen nicht Probanden, sondern Forschungskooperationspartner. Ich achte sehr auf einen guten Umgang meiner Mitarbeiter und Mitarbeiterinnen mit ihnen und lege Wert auf vollständige Aufklärung über die Hintergründe, ob es sich also um eine Doktorarbeit handelt oder um eine Abschlussarbeit, welches Ziel dahintersteckt und warum wir uns in der Forschung dafür interessieren. Meiner Erfahrung nach sind die Teilnehmer dann viel engagierter, strengen sich mehr an und sind mit ganzem Herzen dabei. Manchmal täuschen wir jedoch etwas vor und die Forschungskooperationspartner erfahren die wahren Hintergründe erst im Nachhinein: Sie dachten, wir würden uns dafür interessieren, welche der gezeigten Bilder ihnen am besten gefallen. In Wirklichkeit hat uns interessiert, wie sie sich in der Wartesituation mit den anderen verhalten haben. Nachfolgend ein Beispiel für eine sogenannte Coverstory, die Vorspiegelung falscher Tatsachen. Es geht darum, die Teilnehmer erst einmal in ein Gefühl der Einsamkeit zu versetzen. Erst dann können wir ja Einsamkeit erforschen, sie muss vorhanden sein, also künstlich erzeugt werden. Doch wenn die Teilnehmer sie dann spüren, empfinden sie sie alles andere als künstlich.

Künstlich hergestellte Einsamkeit

Menschen mit einem normalen, sehr unauffälligen Persönlichkeitsprofil werden gebeten, an einem Persönlichkeitstest teilzunehmen. Dazu füllen sie Fragebogen möglichst wahrheitsgemäß aus. Im Anschluss erzählt man ihnen eine Coverstory und teilt sie in zwei Gruppen ein. Den Mitgliedern von Gruppe A wird gesagt: Anhand des Testergebnisses haben wir gesehen, dass Sie ein Mensch sind, der auch in Zukunft sozial sehr integriert sein wird. Insofern brauchen Sie sich über Ihre Zukunft keine Sorgen zu machen.

Gruppe B wird mitgeteilt: Sie mögen jetzt vielleicht noch ein paar Kontakte haben. Wir sehen jedoch deutlich, dass das in zehn oder zwanzig Jahren ganz anders sein wird. Laut Ihrem Persönlichkeitsprofil wird es Ihnen langfristig wohl nicht möglich sein, sozial gut integriert zu leben. Ihre bestehenden Verbindungen werden zerbrechen, und in Zukunft werden Sie keine neuen Verbindungen aufnehmen können. Eine Form von sozialer Isolation ist in Ihrem Fall sehr wahrscheinlich.

Gemein? Ja, aber nur kurzzeitig und für einen guten Zweck bringen wir unsere Forschungskooperationspartner in ein akutes Gefühl von Einsamkeit, das wir für den darauf folgenden Versuch benötigen.

Eine andere Möglichkeit, kurzfristige Einsamkeit zu erzeugen, sieht so aus, dass einige Forschungskooperationspartner in einem Raum sitzen und sich kennenlernen. Jeder von ihnen trägt ein Namensschild. Nach einer Weile werden sie in Einzelkabinen gebeten, wo sie hören, dass es bei dem folgenden Versuch darum gehe, Gruppenprozesse zu untersuchen. Dafür würden gleich große Gruppen gebildet, und ideal wäre es, wenn in diesen Gruppen Menschen zusammenarbeiten würden, die sich gut verstehen. »Mit wem würden Sie denn gern in einer Gruppe sein?«

In der Coverstory wird dem Teilnehmer dann entweder zurückgemeldet, dass es ihm leider nicht möglich sei, in seiner Idealgruppe zu arbeiten, da sie

a) schon voll besetzt sei, was allerdings, man vertraut es dem Teilnehmer an, alle anderen sehr bedauert hätten, die gern mit ihm in einer Gruppe gewesen wären,

b) niemand von den anderen Teilnehmern ihn in der Gruppe haben wollte. Deshalb müsse der Teilnehmer allein in einem Raum arbeiten.

Gewiss ahnen Sie, wer von beiden sich nun einsam fühlt! Vermutlich haben Sie selbst auch schon die Erfahrung gemacht, wie schmerzlich Zurückweisung ist. Selbst wenn man gar nicht zu einer bestimmten Gruppe gehören möchte, es tut weh, wenn die Gruppe einen ausschließt. Es ist immer ein besseres Gefühl, über eine Teilnahme aktiv selbst zu entscheiden, als vor vollendete Tatsachen gestellt zu werden, was kurioserweise eine vorher als weniger attraktiv erscheinende Gruppe auf einmal hochattraktiv erscheinen lässt, nur weil sie uns nicht will. Wir Menschen sind schon seltsame Wesen!

Wer ist am Ball?

Ende der 1990er-Jahre begannen Einsamkeits-Forscher mit den ersten Versuchen zur sozialen Abweisung beziehungsweise Zurückweisung, seinerzeit mit einem einfachen Ballspiel. Von drei Probanden war nur einer echt, die anderen beiden waren Gehilfen der Versuchsleiterin. Nach einer Weile fairen Ballwechsels bekam der Proband den Ball nicht mehr. Obwohl es sich dabei nur um eine Bagatelle handelte, führte es zu einer ganz erheblichen Minderung des Wohlseins und Fragen wie: Warum werde ich ausgeschlossen? Was habe ich denen getan? Ich verstehe das nicht!

Aber wir im Labor verstehen das natürlich, wir wollen schlichtweg die richtigen Bedingungen schaffen, um kurzfristige Einsamkeit zu erforschen. Idealerweise sind unsere Versuche leicht nachvollziehbar, damit KollegInnen auf der ganzen Welt die von uns herausgefundenen Effekte hoffentlich bestätigen können. Oder eben nicht. Das ist das Tolle an meiner Wissenschaft, die nicht auf Zahlen beruht, sondern auf Gefühlen. Aber dennoch spielen Zahlen natürlich eine wichtige Rolle, das fängt schon dabei an, dass man sich vorab überlegt, wie oft ein Versuch wiederholt werden sollte, damit man ein aussagekräftiges, ein »signifikantes« Ergebnis erhält. Das wiederum hängt von der Art der Fragestellung ab. Wenn man zum Beispiel die Brustgröße von Frauen und Männern untersuchen möchte, würde man nach zehn Messungen zehn Mal festgestellt haben, dass Frauen vorne liegen. Vergleicht man hingegen die räumliche und sprachliche Intelligenz von Frauen und Männern, wobei die Abweichungen in einigen Gebieten extrem minimal sind, braucht man sehr viele Teilnehmer in einer Studie, um zu aussagekräftigen Ergebnissen zu gelangen. Es ist natürlich ein schönes Gefühl, wenn die eigenen Versuche international »nachgespielt« werden und die KollegIinnen zu ähnlichen oder den gleichen Ergebnissen kommen. Erst dann gilt ein Test als »stabil«, denn wenn ein und dieselbe Forschungsgruppe ihn hundert Mal wiederholt … was sagt das schon aus?!

Aus Probanden und Forschern wird ein Team

Am Ende eines Versuches klären wir unsere Forschungskooperationspartner, die nicht selten glaubten, zu etwas ganz anderem befragt worden zu sein, über den wahren Hintergrund auf: Ihre Mitspieler waren nicht echt. Es stimmt nicht, dass keiner in einer Gruppe mit Ihnen zu tun haben wollte. Wir wollten etwas anderes herausfinden, nämlich kurzfristige Effekte von Einsamkeit. Wir erklären detailliert, warum uns das wichtig ist: weil Einsamkeit langfristig etwas sehr Schlimmes ist und wir sie besser verstehen und in der Folge verhindern wollen, dass Menschen dieses psychische Leid mit all den daraus resultierenden körperlichen Erkrankungen bekommen.

Wenn die Teilnehmer auf diese Weise aufgeklärt werden, sind auch diejenigen, die sich zunächst ein bisschen veräppelt fühlten, am Ende Feuer und Flamme und freuen sich, an einer guten Sache mitgewirkt zu haben. Jetzt sitzen wir wieder alle in einem Boot, wir sind miteinander verbunden, wir sind ein Team. *Es ist mir persönlich stets sehr wichtig, alle Forschungskooperationspartner mit einem guten Gefühl nach Hause zu schicken. Sie haben im Übrigen jederzeit die Möglichkeit, ihre Daten zurückzuziehen, was zu meiner großen Freude bei meinen Untersuchungen noch nie geschehen ist.* Ganz im Gegenteil hören meine MitarbeiterInnen und ich nach der Aufdeckung einer Coverstory Kommentare wie: »Das ist ja spannend! Das macht richtig Sinn, es freut mich, dass ich ein bisschen mithelfen kann.«

Einsamkeit schmerzt

Das eben beschriebene Ballspiel wurde in späteren Jahren am Computer simuliert. Man zeigte den Probanden zwei Leute, die Ball spielen, und sagte ihnen, das würde live stattfinden, die Spieler säßen in Nebenräumen, und sie würden nun auch über den Computer verbunden werden und mitspielen können. Bevor es losging, wurden die Köpfe der Probanden unter einem Magnetresonanztomografen platziert, um einen Blick in ihre Gehirne werfen zu können. Dabei stellte man fest, dass sozialer Ausschluss in denselben Gehirnzentren verarbeitet wird wie körperlicher Schmerz.[2] Solche Versuche wurden weltweit unzählige Male wiederholt, und immer wieder hat sich bestätigt: Einsamkeit tut weh.

Wie ich im Kapitel über Stress bereits erläutert habe, ist Schmerz ein sehr wichtiger Stressor, und so beginnt ein Teufelskreis, da wir unter akuter Einsamkeit die gleichen Effekte wie unter akutem Stress erleben.[3] Dazu gehört ein schlechteres Abschneiden bei Intelligenz- und Gedächtnistests und auch in Tests zum schlussfolgernden Denken, denn Menschen, die ängstlich oder gestresst sind, haben nur einen eingeschränkten Zugriff auf ihre mentalen Fähigkeiten. Situationen, bei denen eine Reflexion mit dem eigenen Selbst ausgelöst wird, zum Beispiel die Beobachtung der eigenen Person im Spiegel, sind für Einsame bedrohlich. Sie vermeiden also, mit Gedanken an ihr Selbstkonzept, ihrem Idealselbst, in Kontakt zu kommen. Der Vergleich könnte schließlich nur negativ ausfallen.

Bereits Effekte von kurzfristiger Erfahrung von Einsamkeit oder sozialem Ausschluss führen dazu, dass wir nur verringerten Gebrauch von unseren Kontrollmöglichkeiten machen können. Wir kontrollieren ja häufig unser Verhalten, um vielleicht eine kurzfristige Belohnung auszusetzen, um langfristig einen Erfolg zu erreichen. Wir lassen eine Mahlzeit ausfallen, um unser Gewicht zu halten, lernen ein Jahr lang diszipliniert, um das Abitur nachzuholen, verkneifen uns einen Urlaub, um mit der eingesparten Summe ein Klavier zu kaufen. Mit diesem *Delay of Gratification*, also dem Belohnungsaufschub, verzichtet man kurzfristig auf positive Ereignisse. Bei einsamen oder auch nur kurzfristig ausgeschlossenen Menschen ist die Fähigkeit zum Belohnungsaufschub reduziert. Es ist ihnen egal, was in Zukunft passiert, auch wenn sie sich damit langfristig schaden, zum Beispiel durch ungesundes Essen, Alkohol- oder Drogenkonsum. Die Kontrollmöglichkeiten, die uns normalerweise schützen, sind reduziert, Fatalismus kann sich breitmachen. Man hat das Leben nicht mehr im Griff. Sie geben dir den Ball nicht, sie wollen nicht mit dir in einer Gruppe sein – alles Idioten oder keiner liebt mich, du bist abgeschnitten. Endstation Depression.

Der Schmerz, den wir in der Einsamkeit verspüren, ist eigentlich eine kluge Einrichtung bei kurzfristiger sozialer Isolation. Denn er dient als Motivation, den Schmerz zu beenden und zu initiieren, was wir brauchen: Verbindung zu anderen Menschen!

Hat sich der Schmerz festgefahren, ist er vielleicht schon zu einer echten Depression und sozialen Isolation geworden, kommen wir ohne Hilfe nicht mehr heraus.

Social Distancing

Hier ihr, dort wir. Von einer Spaltung der Gesellschaft ist schon lange die Rede, doch seit Corona hat sie eine neue Dimension erhalten. Wir haben angefangen, nicht mehr vor allem in arm und reich zu unterteilen, sondern in geimpft und ungeimpft. Ich möchte als Psychologin keine Stellung dazu nehmen, ob die Corona-Impfungen wirklich sinnvoll und flächendeckend über alle Menschen ab fünf Jahren notwendig sind. Hier sind andere Wissenschaftler die Experten. Doch was ich als Psychologin mit Sicherheit weiß, ist, dass eine Trennung der Gesellschaft in zwei klar unterscheidbare Gruppen zur Verhärtung von Vorurteilen und einem Anstieg von Aggression und vielleicht sogar Terrorismus führt.

Bewusste Spaltung von Ungeimpften und Geimpften

Wir wissen aus den Minimalgruppen-Experimenten, dass schon eine unbedeutende Gruppenzugehörigkeit eine Aufwertung der eigenen Gruppe und eine Abwertung der anderen nach sich zieht.

Aus der Terror-Management-Theorie wissen wir, dass unter tödlicher Bedrohung der Stellenwert unseres eigenen Weltbildes steigt und zum Beispiel die Überzeugung an Bedeutung gewinnt, dass die moderne Medizin für all unser Leid Lösungsmöglichkeiten bietet. Und wir wissen, dass unter tödlicher Bedrohung, wie zum Beispiel bei Auftreten eines lebensgefährlichen Virus, die Abwertung anderer Sichtweisen zunimmt, zum Beispiel, dass unsere Weltsicht nicht hinterfragt werden darf und Abweichler hohe Strafen bekommen sollten.

All dies ist passiert: Ungeimpfte wurden als allein verantwortlich für die Corona-Toten dargestellt und aus der Gesellschaft ausgegrenzt. Im Winter 2021/2022 durften sie daher keine Gaststätten mehr besuchen und im Einzelhandel ausschließlich Medikamente und Lebensmittel einkaufen. Was, wenn die Winterschuhe kaputtgingen, was, wenn die Unterwäsche oder die Socken löchrig wurden? Private Feiern zwischen Geimpften waren bis zu einer bestimmten Personengrenze erlaubt, befand sich jedoch nur ein Ungeimpfter dabei, durften sich nur noch zwei Haushalte treffen. Mit Party war es vorbei.

Wir halten also fest: Die Abwertung der jeweils anderen nahm zu, es häuften sich auch öffentliche Beschimpfungen, in diesem Fall der Ungeimpften, und die Kontaktmöglichkeiten sanken. Geimpfte und Ungeimpfte kamen nicht mehr zueinander, sie durften nicht zusammen shoppen, zusammen einen Kaffee trinken gehen und auch privat durften sie sich in Gruppen nicht mehr treffen.

Das kann gravierende Konsequenzen haben, denn Kontakt ist bekanntlich die wichtigste Maßnahme, um Vorurteile abzubauen, kein Kontakt das beste Mittel, um Vorurteile und Gewalt aufzubauen. So ist es nicht unwahrscheinlich, dass ein Land bei unbedachten spaltenden Maßnahmen an die Schwelle zu gesellschaftlichen Unruhen und Terrorismus gerät.

Gemäß einer viel beachteten Theorie zum Terrorismus[4] steht am Anfang von terroristischen Handlungen das Gefühl, die eigenen

Lebensbedingungen würden von der Gesellschaft ungerechterweise verschlechtert. Es kann mit Sicherheit davon ausgegangen werden, dass viele Ungeimpfte es als unfair empfanden, nicht mehr einkaufen zu gehen und sich nicht mehr mit mehreren Freunden treffen zu dürfen.

Im nächsten Schritt ist es wichtig, Handlungsoptionen gegen die empfundene Ungerechtigkeit zu haben. Dies wäre vor allem durch private und öffentliche Diskussionen zum Pro und Kontra des Impfens möglich gewesen. Leider war dies privat kaum und öffentlich gar nicht möglich. Äußerten Menschen auch nur ansatzweise Kritik an der Impfung, wurden sie ausgegrenzt, als Idioten oder Schlimmeres beschimpft. Als Psychologin hätte ich mir in dieser Phase unbedingt einen offenen Diskurs in der Gesellschaft gewünscht, bei dem jeder seine Meinung kundtun darf und alle Argumente sorgfältig abgewogen werden. Wenn keine Handlungsoptionen bestehen, es also unterbunden wird, die eigene Meinung privat oder öffentlich zu begründen, geht es weiter in die nächste Entwicklungsstufe hin zu Unruhen und Terrorismus. Es kommt zur Überbetonung der Gruppenunterschiede, die jeweils anderen werden als alleiniger Sündenbock für gesellschaftliche Nachteile verantwortlich gemacht. Von hier aus ist es nur noch ein winziger Schritt bis zur Anwendung von Gewalt und der Bildung terroristischer Gruppen. Und doch sind wir miteinander verbunden, Geimpfte und Ungeimpfte … im *Social Distancing*. Der Lockdown traf uns alle, wenn auch unterschiedlich lang. In Melbourne, Australien, dauerte er 246 Tage.

Die dramatischen Auswirkungen von körperlicher und räumlicher Distanz

Weltweit untersuchen Wissenschaftler und Wissenschaftlerinnen derzeit die Auswirkungen, und es sieht so aus, als hätte *Social Distancing* Folgen, wie ich sie eben im Falle von Einsamkeit geschildert habe. Wir haben es beim Lockdown ja mit keinem freiwillig gewählten, kurzfristigen Alleinsein zu tun, sondern mit einer von uns selbst nicht kontrollierbaren Maßnahme zur sozialen Isolation. Und die hat ihre Spuren hinterlassen: In Kombination mit dem Anstieg wirtschaftlicher Probleme und der Verschlechterung der Lebensbedingungen hat sie dazu geführt, dass sich während der Pandemie Suizidgedanken von fünf auf zehn Prozent verdoppelt haben.[5] Befragt wurden 300 000 Personen über insgesamt 54 Studien hinweg. Die Selbstmordgedanken sind häufig gepaart mit depressivem und Einsamkeits-Erleben. Weltweit verzeichnen wir in 204 Ländern 53 Millionen mehr Fälle von schwerer klinischer Depression – eine Steigerung um knapp 30 Prozent im Vergleich zu vor der Pandemie. Ferner gibt es weltweit 76 Millionen Menschen mit einer neu hinzugekommenen Angststörung, eine Steigerung um 26 Prozent. Alle genannten Zahlen stammen aus dem Jahr 2021.[6] Es gibt Studien, die sogar von einem Anstieg bei den Depressionen um bis zu 90 Prozent sprechen.[7]

Je länger das *Social Distancing* anhält, desto stärker manifestieren sich die zuvor beschriebenen Gedächtnisprobleme.[8] Der Stoffwechsel im Gehirn im sensorischen, also im für die Wahrnehmung zuständigen, und im emotionalen Kortex wie dem Mandelkern verringert sich.[9] Mentale Prozesse sind stets mit dem Stoffwechsel verbunden. Das heißt, wenn ich längerfristig in mentale Prozesse involviert bin, die sich destruktiv auf mich auswirken, zeigt sich das auch in den entsprechenden Gehirnarealen.

Kinder und Senioren als Leidtragende

Die eben genannten Studien beziehen sich alle auf Erwachsene. Über in der Pandemie geborene Kinder können wir wissenschaftlich fundiert ebenso einige erschütternde Aussagen treffen. Immerhin blicken wir nun auf über zwei Jahre Pandemie zurück. In dieser Zeit sehen wir bei den Neugeborenen erhebliche Verzögerungen in der motorischen und kognitiven Entwicklung und später dann in der Sprachentwicklung.[10] Kinder, die in der Pandemiezeit geboren wurden, zeigen ein reduziertes Vokabular. Wir vermuten, dass die Eltern aufgrund der verschlechterten Stimmung insgesamt mit diesen Kindern weniger sprachen. Aber es gab natürlich auch geringere Peer-Interaktion, da die Kinder isoliert in den Haushalten bleiben mussten. Peer-Interaktionen sind für eine normale Sprachentwicklung sehr wichtig. Gegebenenfalls waren diese Kinder außerdem noch im Mutterleib über die Plazenta dem Stress der Mütter ausgesetzt, die womöglich vor der Pandemie Todesangst hatten.

Und auch die sehr alten Menschen haben enorm gelitten, wie wir am Pflegereport 2021 sehen:[11] Die Einsamkeit unter Heimbewohnern stieg laut Aussage des Pflegepersonals um 70 bis 80 Prozent! Hinzu kamen eine insgesamt schlechte Stimmung, Traurigkeit, Lustlosigkeit und Antriebslosigkeit. Die geistige Fitness, Gedächtnisleistung und Konzentration der Heimbewohner nahmen um ca. 60 Prozent ab. Etwa 40 Prozent der Bewohner erkannten im Laufe der Pandemie ihre Angehörigen nicht mehr. 60 Prozent zeigten zusätzliche Einschränkungen in ihrer Beweglichkeit, weil sie durch die Isolation kaum noch Gelegenheit hatten, aufzustehen, zu gehen oder Treppen zu steigen.

Die Charité Berlin erklärt in ihrem Ergebnisreport zum Versorgungssetting in Pflegeheimen während der Corona-Pandemie[12], dass die Pflegekräfte neben dem starken Anstieg von Trauer und Depressionen ein Versterben durch Einsamkeit beobachteten. Was für ein schreckliches Lebensende! Wir alle werden einmal alt. Würden wir dann ein verlängertes Leben um den Preis haben wollen, dass wir es in totaler Isolation verbringen? Ohne unsere vertrauten Menschen, ohne Berührungen, und das, wo wir doch vielleicht nicht mehr gut sehen und hören und deshalb auf Körperkontakt angewiesen sind. Berührung ist für alle Menschen enorm wichtig, am wichtigsten für kleine Kinder, alte Menschen und natürlich Liebespartner. Aber wer soll uns vorschreiben, dass wir unsere Kinder, unseren Partner nicht mehr berühren dürfen.

Nun, es wurde uns vorgeschrieben während des Lockdowns. Zahlreiche Paare, die getrennt leben, vielleicht einer im Heim, konnten sich zum Teil monatelang nicht berühren. Ich nenne das grausam, zumal es bei dementen Patienten zu häufig erheblichen Verschlechterungen ihres Erinnerungsvermögens geführt hat. Manche erkannten ihre Partner nach längerer Abwesenheit nicht mehr. Was für ein Leid für beide! Isolationshaft gehört übrigens zur sogenannten »weißen« Folter, da sie keine direkt sichtbaren körperlichen Schäden hervorruft. Sie wurde unter anderem zu Beginn der 2000er-Jahre von der CIA im Kampf gegen den Terror angewandt.

Ich persönliche finde die Beobachtungen zu den psychischen Folgen der Corona-Isolation auch aus dem Grund schrecklich und unfassbar, weil die oben genannten Auswirkungen absehbar waren. Sie sind die logische Folge von in der Wissenschaft bekannten Fakten. Menschen sind soziale Wesen. Wir brauchen Verbindung, sonst gehen wir ein wie Topfpflanzen ohne Licht und Wasser.

Ein neues Ausmaß von Einsamkeit

Leider wurden die wenigen Wissenschaftler und Wissenschaftlerinnen, die den Mut hatten, auf die Gefahren hinzuweisen, nicht ernst genommen. Stattdessen wurde lieber Modellrechnungen vertraut. Ich will nicht sagen, dass diese nicht auch wichtig wären. Aber wir dürfen in solchen Krisen nicht nur auf ein Pferd setzen. Wir müssen unsere Möglichkeiten so breit wie möglich ausschöpfen. Das ist meines Erachtens in den zurückliegenden Jahren nicht geschehen, und so sind sehr viele auf der Strecke geblieben – auch finanzielle Not, Konkurs, häusliche Gewalt und Krankheit kann in die Depression führen. Das ist vielen Politikern bewusst, auch Karl Lauterbach, der sich vor seiner Zeit als Gesundheitsminister sehr für die Schaffung eines Einsamkeitsministeriums nach englischem Vorbild eingesetzt hat. Man kann also nicht sagen, dass das Problem neu gewesen wäre.

Neu werden hingegen die großen Herausforderungen sein, die noch auf uns zukommen können, denn wir wissen nicht, welche auch gravierenden Effekte langfristig auftreten können, besonders bei kleinen Kindern. Wie werden sie sich entwickeln? Kann die pandemiebedingte Bremse gelöst werden? Sie erinnern sich, dass es für alle unsere Fertigkeiten gewisse Zeitfenster gibt, in denen sie idealerweise erlernt werden, ganz wie es das Sprichwort sagt: Was Hänschen nicht lernt, lernt Hans nimmermehr. Das sehen wir besonders in der Psychologie. Ein Knacks im Urvertrauen zeigt lebenslange Auswirkungen in der Statik der Persönlichkeit, wenngleich wir heute auch wissen, dass das Gehirn sich lebenslang verändern kann. Wir können uns tatsächlich bis zu unserem letzten Atemzug entwickeln, nachreifen, um vielleicht doch noch glücklich zu werden. Ich möchte Sie einfach ermutigen: Geben Sie nicht auf!

Viren lieben Einsamkeit

Ich habe bereits angesprochen, dass Stress einerseits und Glück andererseits unterschiedliche Effekte auf Regulationsprozesse innerhalb des Immunsystems haben, weil das Nerven- und Immunsystem eng miteinander verwoben sind. Beide Systeme sind in einem fortwährenden Austausch von Informationen. Wenn wir uns einsam fühlen, verändert sich die Genexpression im Immunsystem, da das Immunsystem ja Informationen aus dem Nervensystem erhält.[13] Wenn ich einsam bin und keine Sozialkontakte habe, weil ich mich beispielsweise im Lockdown befinde, ist mein ganzer Organismus einsam. Wie reagiert nun das Immunsystem darauf? Es verstärkt entzündungshemmende und antibakterielle Prozesse.

Biochemische Vorgänge, die die sogenannten T-Helfer-2-Zellen unterstützen, werden verstärkt angestoßen. Es handelt sich hierbei um den Subtyp einer T-Zelle, die dabei hilft, entzündungshemmende Prozesse in Gang zu setzen. Weiterhin wird die Antikörperproduktion der B-Zellen verstärkt aktiviert; so wird der Körper besser vor Bakterien geschützt. Beides war einmal wichtig in der Evolution, denn wenn Menschen in früheren Zeiten allein unterwegs waren und sich Verletzungen zuzogen, die bakterielle Infektionen nach sich ziehen können, wurden sie auf diese Weise sicher geschützt.

Das Immunsystem weiß somit durch seine gute Verbindung mit dem Nervensystem: Unser Mensch hat im Moment keinen Kontakt zu anderen. Deshalb brauchen wir unseren Virenschutz nicht hochzufahren und sparen uns diese Energie für das, was jetzt wichtig ist: eine drohende Entzündung in Schach zu halten. Somit wird die Aktivität der antiviralen T-Helfer-1-Zellen herunterreguliert, die immer dann zur Hochform auflaufen, wenn wir intensiv mit anderen Menschen zusammen sind und dementsprechend der Virenschutz wichtig wird. Aber den brauchen wir ja nicht in Fällen, wenn wir mutterseelenallein in der Wüste in einen Kaktus getreten sind. So hat sich unser Immunsystem in den letzten paar Millionen Jahren wunderbar an die Umwelt angepasst. Es ist nicht immer gleich, es verändert sich mit unserem mentalen Zustand. Sozial isolierte Menschen kommen nicht mit anderen Menschen in Kontakt, da kann die energetisch aufwendige Unterstützung antiviraler Prozesse herunterreguliert werden.

Was bedeutet das nun? Dass einsame Menschen einen geringeren Schutz vor Viren haben! Dieser Effekt ist in vielen internationalen Studien immer wieder bestätigt worden. Auf unsere aktuelle Situation übertragen heißt das:

Wenn wir Menschen in die soziale Isolation schicken, muss uns bewusst sein, welche Folgen das haben kann, zu denen eben auch gehört, dass ihr Immunsystem massiv geschwächt wird. Treffen Menschen nach langer Isolation auf andere Menschen, ist die Gefahr, an einer Virusübertragung zu erkranken, erhöht! Wie sieht die

Lösung aus? Für mich gibt es nur eine Antwort: gemeinsam statt einsam!

Zumal sich in einer Untersuchung des Leibniz-Instituts für Wirtschaftsforschung in Halle gezeigt hat, dass der Lockdown, auch das war absehbar, langfristig zu egoistischem Verhalten führt. Wie zu erwarten, hat sich das prosoziale Verhalten reduziert und das egoistische verstärkt. Unter Einsamkeit haben wir es ja mit Isolation und Stress zu tun, also dem Gegenteil von Wohlsein und Glück, und wir wissen, dass prosoziales Verhalten mit Glück und Zufriedenheit einhergeht und unter Stress und Einsamkeit eher egoistische Verhaltensweisen gezeigt werden.

Warum werden solche seit Langem bekannten Zusammenhänge nicht kommuniziert? Weil die Verbindung fehlt. Das ist der Nachteil unseres sozialen Gehirns: Es ist durch soziale Kontakte entstanden. Entzieht man dem Menschen diese Kontakte, so bricht er zusammen. Aber das haben wir ja jetzt hoffentlich verstanden und können es in Zukunft ändern!

Kluge Wissenschaftler lieben Vielsamkeit

Das Spannende für mich an der Wissenschaft war von Anfang an die Interdisziplinarität, die ich täglich vor Augen habe, weil psychische immer auch körperliche Prozesse beeinflussen. Aus diesem Grund habe ich mich für die ungewöhnliche Kombination von Biologischer Psychologie und Sozialpsychologie entschieden. Die Biologische Psychologie erforscht das Wechselspiel von Körper und Seele, ein Thema, das ich seit jeher faszinierend finde. Die Sozialpsychologie erforscht das Erleben und Verhalten von Menschen im sozialen Kontext. Sehr bald habe ich in meiner wissenschaftlichen Laufbahn erkannt, dass psychisches Glück und Leid nur unter Beachtung sozialer Verbindungen umfassend untersucht werden können.

Auch in der Wissenschaft kommt es auf Verbindung an

Meine Professur ist in Deutschland in dieser Kombination einzigartig und hat für mich nie an Faszination eingebüßt. Die Welt besteht nicht aus klar abgrenzbaren Bereichen. Alles ist miteinander verbunden und steht in Wechselwirkung zueinander. Leider ist diese Erkenntnis nicht so weit verbreitet, wie man erwarten könnte und wie auch unser Umgang mit der Pandemie gezeigt hat, während der mehr getrennt denn verbunden wurde.

So hat es für mich stets zu meinem Verständnis von Forschung und Lehre gehört, mich auch mit meinen Nachbardisziplinen zu befassen. Für meine Promotion habe ich beispielsweise Zellbiologie und Toxikologie studiert. Im Rahmen der Zellbiologie wiederum habe ich mich mit Immunologie auseinandergesetzt und dies als Bereicherung erlebt, um die Psyche noch besser verstehen zu können. Bis heute finde ich die Bereiche der Wissenschaft am interessantesten, in denen interdisziplinär zusammengearbeitet wird.

In meiner Geruchsforschung betrifft das zum Beispiel Psychologen, die mit Medizinern und Biologen zusammenarbeiten, die bei Menschen und Tieren biologische Prozesse auf der Zellebene aufdecken wollen. Chemiker wiederum geben uns Aufschluss darüber, welche Moleküle welche Eigenschaften haben und wie sie am besten von der Nase verarbeitet werden können.

Ich bin überzeugt, dass Wissenschaft am ehesten Fortschritte machen kann, wenn sie sich interdisziplinär öffnet. Und ich denke, das ist dringend nötig im Hinblick auf künftige epidemische oder pandemische Notlagen, in denen es ja maßgeblich auch um das Verhalten von Menschen geht. Gewiss sind Virologen und Modellierer wichtig, doch die Verbindung zum Menschen darf nicht verloren gehen.

Gemeinsam mit Soziologen und Psychologen und natürlich Medizinern kann überlegt werden, wie man einer breiten Bevölkerung notwendige Maßnahmen nahebringt, ohne sie in Angst und Schrecken zu versetzen. Und wann es Zeit ist, Maßnahmen zurückzunehmen, wenn sich herausstellt, dass die negativen Auswirkungen die positiven übertreffen. Und auch Philosophinnen und Theologen sollten gehört werden, denn letztlich geht es hier um Leben und Tod.

Viele meiner interdisziplinär arbeitenden Kollegen und Kolleginnen erleben große Erkenntnisfortschritte durch Verbundenheit und Miteinander, die wir nie erzielt hätten, wenn jeder für sich in seinem eigenen Feld ausschließlich mit seinem eigenen Team vor sich hin gearbeitet hätte.

Wir haben nun gesehen, wie schmerzlich – und letztlich krank machend – Einsamkeit ist und welche gravierenden, auch langfristigen Folgen mit dem *Social Distancing* einhergehen. Schauen wir nun, wie sich die Gräben überbrücken lassen.

Vom Fremden zum Vertrauten

Welche Aspekte führen dazu, dass Unbekannte zu Bekannten und schließlich zu guten Bekannten und Freunden werden? Wir finden jemanden sympathisch, möchten ihn oder sie näher kennenlernen, mögen ihn immer lieber, fühlen uns wohl in seiner Nähe … Beginnen wir mit einer Äußerlichkeit, die dennoch eine große Rolle spielt: Für wie attraktiv halten wir jemanden? Denn ob wir einen Menschen als anziehend erachten, was letztlich vieles einbezieht, sein Aussehen und sein Wesen, hat im ersten Moment der Begegnung vor allem mit körperlicher Attraktivität zu tun. Das bedeutet nicht, dass wir uns in ihn verlieben müssten. Mit körperlicher Attraktivität ist in diesem Kontext Sympathie gemeint, die, wenn wir jemanden noch nicht kennen, von seiner äußeren Erscheinung geprägt wird. Anders ist es, wenn wir jemanden bei einer Handlung beobachten, die uns positiv beeindruckt. Dann ist die körperliche Attraktivität zweitrangig.

Um den nächsten Schritt für eine kurze, längere oder gar lebenslängliche gemeinsame Zukunft mit diesem Unbekannten zu tun, dem wir noch neutral oder mit ein wenig Sympathie begegnen, rücken wir ihm sozusagen auf den Pelz. Dann nämlich beurteilen wir seine Attraktivität aufgrund der chemischen Information, die wir erhalten. Sie ist es letztlich, die darüber bestimmt, ob wir den Kontakt fortsetzen werden und wie intensiv. Doch bleiben wir erst einmal bei den Äußerlichkeiten. Es wird Sie wohl kaum verwundern, dass wir Menschen, die wir als gut aussehend beurteilen, in der Regel anziehender finden. Doch was heißt das nun, welche Vor-Bilder gibt es hier? Denn wenn es ein allgemeingültiges Raster für Attraktivität gäbe – was wäre dann mit all jenen Menschen, die hier durchfallen? Müssten sie für immer allein bleiben? Ein Blick in die Runde zeigt uns, dass jeder Topf seinen Deckel findet, sowohl in Freundschaft als auch in Beziehung. Lüften wir das Geheimnis im Sprichwort, steigt der soziale Duft der Ähnlichkeit auf. Wir finden nicht irgendeinen Deckel, sondern *unseren*. Den genau passenden. Und wodurch kennzeichnet der sich? Er passt, denn er ist uns ähnlich.

Der Mere-Exposure-Effekt

Was kompliziert klingt, kann abermals auf eine gängige Redensart heruntergebrochen werden: Was der Bauer nicht kennt, isst er nicht. Zum Beispiel chinesisch in den 1960er-Jahren. Oder Pizza, was seinerzeit auch exotisch war. Heute essen wir es alle, weil wir es kennen, es ist uns vertraut und in großen Städten an allen Ecken zu finden. Der *Mere-Exposure-Effekt* beschreibt die sich wiederholende, bewusste oder unbewusste Wahrnehmung einer zu Beginn als neutral eingestuften Sache oder Person, die sich ins Positive verändert. Aus der exotischen Pizza wird ein vom deutschen Speiseplan nicht mehr wegzudenkendes Gericht. Oder Hühnchen süß-sauer, chinesisch fing es nämlich an.

Ein gern gesehenes Paar: Vertrautheit und Attraktivität

Der *Mere-Exposure-Effekt* wurde ursprünglich im Zusammenhang mit der Präsentation von chinesischen Schriftzeichen bei Europäern oder Amerikanern entdeckt, also Menschen aus einer Kultur, denen diese nicht geläufig waren. Man fand heraus, dass die einzelnen Schriftzeichen umso angenehmer und positiver beurteilt wurden, je häufiger sie den Probanden gezeigt wurden. Diesen Versuch kann man mit allen möglichen Arten von Objekten wiederholen, auch mit Musikstilen, Möbeln, Kleidung, egal, worum es sich handelt. Je häufiger wir mit etwas konfrontiert sind, desto angenehmer finden wir es, vorausgesetzt, unser erster Eindruck war kein eindeutig negativer, dann funktioniert es nicht.

Angenommen, Sie verlassen jeden Tag um die gleiche Zeit Ihre Wohnung und begegnen auf dem Weg zur Arbeit jeden Tag derselben Frau mit Hut. Zu Beginn ist sie Ihnen egal. Doch nach einer Weile wird sie Ihnen immer vertrauter … und zudem schätzen Sie sie auch immer attraktiver ein. Genauso wie die seltsame Musik aus dem Zimmer Ihrer Tochter. Anfangs hielten Sie sie für neutrales Hintergrundgeplätscher, nach einer Weile wippen sie im Takt mit. Vielleicht haben Sie dieses Phänomen auch schon einmal im Kino erlebt: Zu Beginn eines Filmes ist die Hauptdarstellerin noch fremd, und Sie denken vielleicht: ein Durchschnittsgesicht. Doch im Lauf des Films wird sie Ihnen immer vertrauter, und Sie finden sie auch immer schöner, sodass Sie am nächsten Tag, ohne zu lügen, schwärmen: eine sehr attraktive Schauspielerin!

Dazu gibt es einen interessanten Versuch:[1] Eine Studentin nimmt mehrmals an einer Vorlesungsreihe mit 30 bis 40 Studierenden teil, also einer überschaubaren Menge. Ohne ein Wort zu sagen, setzt sie sich in die erste Reihe, sodass alle sie sehen können. An einer anderen Vorlesungsreihe nimmt sie nur ein- bis zweimal teil. An einer dritten Vorlesungsreihe nimmt sie über das gesamte Semester teil. Stets sitzt sie vorne, doch sie beteiligt sich nicht aktiv, sie schweigt und nimmt mit niemandem Kontakt auf.

Nach dem Semester werden den anderen Studierenden Bilder von verschiedenen Personen gezeigt, darunter auch eins von der schweigenden Zuhörerin. Die Studierenden sollen die Attraktivität der Personen beurteilen. Das Ergebnis: Je öfter die Studierenden die schweigende Frau gesehen hatten, desto attraktiver beurteilten sie sie. Diejenigen, die sie noch nie gesehen hatten, gaben ihr die wenigsten Attraktivitätspunkte. Dieses Ergebnis wurde auch mit vielen ähnlichen Untersuchungen belegt. Stets zeigte sich, dass der Effekt der Vertrautheit ausschlaggebend ist auch bei der Entstehung von Attraktivität, ja sogar bei der Bildung von Freundschaften.

Ich auch!

Ein weiterer Pluspunkt, wenn es darum geht, ob wir jemanden attraktiv finden, mit ihm bekannt, ja vielleicht sogar befreundet sein möchten, ist der Ähnlichkeitsaspekt. Inwieweit decken sich unsere Ansichten, individuelle Ähnlichkeiten in Bezug auf Weltsicht, politische Einstellung, Hobbys und so weiter. Das ist enorm wichtig, denn durch Ähnlichkeit bestätigt mir mein Gegenüber mein eigenes Selbstkonzept. Und so was hat man natürlich gern! Ach, Sie gehen auch zweimal wöchentlich schwimmen? Ja, ich finde diese Autorin auch total spannend. Ja, wenn man den Verzehr von Fleischprodukten reduziert, fühlt man sich viel besser. Nein, diese Partei könnte ich auch niemals wählen. Ich auch, heißt der Zugangscode zuerst zu Bauchgefühl und Kopf und vielleicht auch irgendwann zum Herzen eines anderen Menschen.

Auch wenn wir meinen, sehr bewusst und kritisch durchs Leben zu gehen, wird sich bei einer Überprüfung unserer Freundschaften mit hoher Wahrscheinlichkeit zeigen, dass uns mit dem anderen von Anfang an Ähnlichkeiten verbanden, was auch daran liegt, dass man sich oft über gemeinsame Interessen kennenlernt. Doch auch »Wildfremde«, die sich zufällig begegnen, suchen und finden Ähnlichkeiten – oder ihre Wege trennen sich in der Regel wieder. Das liegt daran, dass wir unbewusst ständig auf der Jagd nach einer Selbstwert-Erhöhung sind, die wir durch die Bestätigung »Ich auch« bekommen. Sie sagt uns: Du liegst richtig! Wenn ein anderer ähnlich über Menschen spricht wie wir, die Welt ähnlich sieht, dann unterstützt das unser Wertesystem. Es zeigt uns: Wir sind richtig, wir sind ein wertvoller Mensch. Was wir für richtig halten, halten auch andere für richtig. Was unserem Gegenüber natürlich genauso ergeht, und so bestätigt man sich gegenseitig und fühlt sich wohl und vertraut miteinander. Das ist die Voraussetzung für eine nähere Bekanntschaft und im weiteren Verlauf vielleicht sogar Freundschaft.

Die subjektive Realität

Man teilt eine Realität, die ja immer subjektiv ist, aber durch die Erfahrung, dass ein anderer sie genauso wahrnimmt, scheint sie fast ein bisschen objektiv zu werden, wenngleich das nicht möglich ist. Psychologisch betrachtet gibt es keine objektive Realität, da wir keine objektiven, physikalischen, sondern nur subjektive, biologische Wahrnehmungssysteme haben. Unser Gehirn ist mit Auge, Nase, Ohr in stetigem wechselseitigem Austausch. Dabei wird jeweils das wahrgenommen, was aufgrund unserer Erfahrung am meisten Sinn macht beziehungsweise was biologisch gesehen wichtig erscheint. Aus der Wahrnehmungspsychologie wissen wir, dass die Wahrnehmung von Längen, von Farben, von Helligkeit, die Größe von Objekten, von Bewegung immer abhängig vom jeweiligen Kontext ist. Unser Gehirn ist mit den Sinneszellen der Augen verbunden, nimmt diese Informationen auf und leitet dann angepasste Informationen an unseren Verstand weiter, die aufgrund unserer Erfahrung möglichst sinnvoll erscheinen. Ob ein Objekt eher groß oder klein ist, ob es sich gerade bewegt und wie schnell – all das berechnet das Gehirn und wird nicht vom Auge vorgegeben.

Ein Beispiel aus dem Gehör: Wir sind auf einer Party und unterhalten uns mit einem der anderen Gäste. Im Hintergrund hören wir viele andere reden, hören ihnen aber nicht zu, das würde unser Gehirn ja extrem überlasten. Also werden alle anderen Gespräche im Hintergrund nur als Rauschen wahrgenommen. Wird aber von einem der anderen Partygäste unser Name genannt, und sei es noch so leise, horchen wir auf. Reden die über mich? Unser Ohr sendet die Eingangsinformation an das Gehirn. Das Gehirn hat zunächst entschieden: Achte darauf, was dein aktueller Gesprächspartner sagt, das ist jetzt am wichtigsten, alle anderen Informationen blende ich als unwichtig aus. Als aber unser Name fällt, entscheidet das Gehirn, dass diese Information wichtig sein kann, und leitet sie gezielt an den Verstand weiter. Nun kann bewusst abgewogen werden: Wer redet über mich? Gut oder schlecht? Muss ich eventuell meine Bewertung dieser Person als vertrauenswürdig neu anpassen? Ist sie Freund oder Feind?

Auch unsere Geruchswahrnehmung ist immer subjektiv. Daher erscheinen manche Gerüche dem einen als angenehm, dem anderen als stinkbombenartig, und der Dritte kann gar nichts riechen. Das liegt daran, dass wir jeweils zu etwa einem Drittel ganz unterschiedliche Sinneszellen für Gerüche haben. Die Subjektivität der Wahrnehmung hat sich über Millionen von Jahren entwickelt. Sie ist zum Überleben von deutlichem Vorteil gegenüber einer starren Orientierung an der physio-chemischen Umwelt.

Jeder nimmt seine eigene Welt wahr. Und selbst wenn wir alle einen Baum betrachten oder eine Kücheneinrichtung, sehen wir doch alle auch etwas anderes, was das Resultat unserer Vergangenheit ist. Niemals können wir uns einen wirklich komplexen Eindruck verschaffen, wir nehmen stets nur Ausschnitte wahr und selektieren dabei aufgrund unserer bisher gemachten Erfahrungen. Wie schön ist es da, wenn wir auf einen Menschen treffen, der ähnlich wie wir selektiert! Jetzt sind wir schon zu zweit.

Gemeinsamkeiten schaffen Wohlgefühle

Das Empfinden von Gleichheit kann sich auf alles beziehen. Ob Geschlecht, soziale Werte, Kommunikationsstile, Interessen – es ist einfach großartig, jemanden zu kennen, der durch Übereinstimmung unsere Einzigartigkeit bestätigt. Das hat auch etwas damit zu tun, dass es unserem Bedürfnis dient, dem Leben einen Sinn zu geben. Der andere zeigt mir, dass meine Art zu leben eine gute ist. Sie ist sinnvoll. Ganz anders, wenn wir an jemanden geraten, der eine konträre Einstellung vertritt. Er hält eine andere Partei als wir für die richtige, schwört auf andere Diätkonzepte, fährt das falsche Auto, kurz, hat aus unserer Sicht einfach komische Ansichten, nein, mit dem können wir nichts anfangen. Man kann natürlich trotzdem freundlich miteinander umgehen, aber eine Busenfreundschaft wird nicht daraus.

Achten Sie einmal darauf. Vielleicht stellen Sie auch fest, dass Sie sich bei Gemeinsamkeiten wohler fühlen, als wenn Ihnen Ihr Gegenüber ständig die Rote Karte zeigt: Nein, das ist bei mir ganz anders. Nein, da bin ich anderer Meinung als Sie. Manche Menschen betreiben den Widerspruch geradezu inflationär. Ich vermute, dass sie oft einen niedrigen Selbstwert haben. Durch die Betonung von Ungleichheiten bereiten sie unbewusst vor, dass keine Bindung entstehen kann. Hinterher können sie argumentieren: Ach, gut, dass wir uns nicht häufiger sehen, wir sind ja auch sehr unterschiedlich. Wenn jemand hingegen offen in einen Kontakt geht und Gleichheiten betont, hinterher aber abgelehnt wird, muss der Selbstwert doppelt gut geschützt werden.

Und dann gibt es da noch Menschen, die trennen sich nicht von den Meinungen ihrer Artgenossen, sondern von der Aussicht auf Erfolg, indem sie sich selbst Steine in den Weg legen.

Self-Handicapping

Beim *Self-Handicapping* handelt es sich um eine sogenannte externale Attribution von Misserfolg. Es ist eine selbstwertdienliche Attribution, bei der Misserfolg mit äußeren, externen Umständen erklärt wird. Beim Self-Handicapping werden die Umstände so vorbereitet, dass Misserfolg auf die Umstände zurückgeführt werden kann. Männer haben es etwas leichter, weil bei ihnen sowieso häufiger Misserfolg auf externale, äußere Ursachen zurückgeführt wird.

Zu *Self-Handicapping* neigen überwiegend Frauen, die sozusagen Angst bekommen vor ihrer eigenen Courage, vor ihrem eigenen Können. Bei manchen mag das an der Sorge liegen, als unweiblich zu gelten, wenn sie zu kompetent auftreten. Heute noch ist es weit verbreitet, erfolgreiche Frauen als »eiskalt« oder mindestens »kühl« zu beschreiben. Seltsamerweise gelingt es unserer Gesellschaft nicht, die Leistungen von Frauen und Männern fair zu bewerten und auch zu honorieren. Noch immer liegen die Durchschnittslöhne von Frauen 18 Prozent unter denen von Männern. Da brauchte es eigentlich kein weibliches *Self-Handicapping* mehr.

Frauen sind nett und fleißig, Männer erfolgreich und schlau?

Das Vorurteil, dass Frauen Leistung meist aufgrund ihres Fleißes und nicht aufgrund von Können erbringen, gibt es in allen Bereichen. Sogar in der Wissenschaft. Bei Neuberufungen von Professoren und Professorinnen höre ich häufig: Eine Frau, die berufen wird, ist fleißig. Ein Professor ist kompetent. Der hat von Haus aus was auf dem Kasten, was die Professorin sich erst mit Fleiß erwerben muss.

Angenommen, eine Frau ist hoch engagiert in der Politik oder in ihrem Job. Dann geht es um eine Beförderung, und wer erhält sie? Oft ist es ein längst nicht so gut qualifizierter Kollege, der sich aber vielleicht besser verkaufen kann als sie und natürlich über die richtigen Seilschaften verfügt, die ihn zum Gipfel hieven. Diese werden gern abends bei einem Bier gepflegt, also zu einer Zeit, in der Frauen zu Hause bei ihren Kindern sind, damit ihre Partner sich aufmachen können zu den Seilschaften.

Wir sehen, dass Menschen, die unbewusst mit Wertverlust rechnen, mit Self-Handicapping klug vorbauen, indem sie sich so verhalten, dass sie den Misserfolg gleich selbst vorbereiten. Man könnte sagen, dann haben sie ihn immerhin in der Hand, was weniger Kontrollverlust bedeutet. Da ist eine Studentin, die zwei Tage vor der Prüfung nur eines tun sollte: lernen. Nur noch ein Kapitel Stoff fehlt ihr, von dem zudem gemunkelt wird, dass der Professor darauf hohen Wert legt. Doch was tut sie? Sie streicht die Wohnung. Das hatte sie ihren WG-Mitbewohnern schon lange versprochen, und die kann sie schließlich nicht ewig hinhalten. Sie entscheidet sich für das Streichen und gegen das Lernen. Unbewusst schützt sie dabei ihren Selbstwert. Wenn sie bei der Prüfung durchfällt, wird es nicht an ihrem Können liegen, sondern an den Umständen. Sie musste schließlich endlich streichen. Hätte sie weitergelernt und wäre trotzdem durchgefallen, hätte sie sich die Frage stellen müssen, ob das Fach vielleicht gar nicht zu ihren Fähigkeiten passt.

Durch Tausende von Studien zieht sich das Vorurteil, dass Frauen der Erfolg nicht in den Schoß fällt. Höchstens aus dem Schoß, falls man Mutterschaft als Erfolg betrachten möchte. Frauen, die erfolgreich sind, müssen sehr fleißig sein. Bei Männern genügt Intelligenz. Deshalb muss die Frau, die scheitert, sich auch nicht wundern. So ist es eben. Wer will sich schon gegen ein Naturgesetz aufbäumen?

Vor einiger Zeit hat man Versuche mit Vorschulkindern gemacht.[2] Es wurde ihnen eine Geschichte vorgelesen von einem Menschen, der sehr, sehr schlau ist, und eine andere von einem Menschen, der sehr, sehr nett ist. Anschließend wurden sie gefragt, welches Geschlecht wohl der Mensch in der Geschichte hatte. Im Alter von fünf Jahren hatten Jungen und Mädchen keine bestimmte Vorstellung vom Geschlecht der Menschen, sie vermuteten jeweils zur Hälfte, dass es sich um einen Mann oder eine Frau handelte. Ab dem Alter von sechs Jahren und deutlicher noch mit sieben Jahren vermuteten Jungs und Mädchen überwiegend, dass der schlaue Mensch wohl ein Mann sein muss und der nette Mensch eine Frau.

Woran liegt das? Gewiss nicht nur an Schulbüchern, in denen die Rollen bis heute festgeschrieben sind, auch wenn in Textaufgaben nicht mehr so platt wie zu meiner Schulzeit vorgegangen wird, als die Frauen Kartoffeln und die Männer Geld zählten. Als Schulkinder bewegen sich die kleinen Menschen in einem größeren gesellschaftlichen Kontext, und es geht um Leistung. Und die Lehrer und Lehrerinnen? Auch die engagiertesten unter ihnen zeigen in puncto Gleichbehandlung Rollenverhalten und geben Vorurteile weiter. Die Autoren mancher Studien waren zuweilen regelrecht geschockt von den Ergebnissen.

In einem weiteren Versuch hat man Vorschulkindern zwei Spiele zur Auswahl gegeben.[2] Bei einem, so wurde erklärt, müsse man sich besonders anstrengen, um zu gewinnen, und beim anderen besonders intelligent sein. Im Alter von fünf Jahren wählten Jungen und Mädchen etwa zur Hälfte das eine oder andere Spiel. Ein wenig später sah das Ergebnis anders aus: Im Alter von sechs Jahren bereits bevorzugten Mädchen das Spiel, bei dem es um Fleiß ging, und Jungen dasjenige, bei dem es auf Intelligenz ankam.

Was lernen wir daraus? Frauen erreichen etwas, weil sie fleißig sind, und haben Misserfolge, weil sie dumm sind. Männer erreichen etwas, weil sie intelligent sind. Deshalb haben sie auch keine Misserfolge und wenn, muss es wohl an den misslichen Umständen liegen.

Warum es keine gute Idee ist, dem Selbstwertverlust vorzubeugen

Kommen wir zurück zum Selbstwert-Schutz: Angenommen, morgen steht ein Termin zu einem Einstellungsgespräch an. Es ist nicht irgendein Job, es handelt sich um den Traumjob schlechthin. Zehn Jahre Ausbildung, zehn Jahre Fleiß … und jetzt alles auf eine Karte. Klug wäre es, sich detailliert auf das Gespräch und alle

Eventualitäten vorzubereiten. Den Personalchef zu googeln. Im Netzwerk herumzufragen. Das Unternehmen zu studieren. Stattdessen verbummelt man den Tag. Wie unklug. Oder klug? Denn wenn es nun nicht klappt, dann habe ich ja eine Entschuldigung: Ich hätte mich einfach besser auf den Termin vorbereiten müssen, dann hätte ich den Job bestimmt bekommen!

So tut es nicht so weh. Man hat doch nicht alles auf eine Karte gesetzt, sondern noch ein bisschen was zurückgehalten. Ja, das kann klug sein, doch wenn wir die Vorbedingungen betrachten, die zu diesem Verhalten geführt haben, ist es einfach nur traurig. Es wird etwas akzeptiert, das nicht haltbar ist, zumindest wenn es um die Intelligenz von Frauen und Männern geht.

Vielleicht haben Sie auch schon einmal eine Situation erlebt, in der Sie sich einem Gegenüber total offenbart haben in Ihrem Wunsch, etwas Bestimmtes zu erreichen. Ihr Gegenüber hatte die Macht, darüber zu entscheiden, ob Sie die Stelle bekommen, die Wohnung, das Projekt, den Auftrag – was auch immer es war. Sie haben alles gegeben. Sie waren optimal vorbereitet. Sie haben sich weit aus dem Fenster gelehnt. Und dann sind Sie bildlich gesprochen abgestürzt, und Ihr Herzblut strömte über das Trottoir. Das hat wehgetan, richtig? Sie waren in Ihren Grundfesten erschüttert. Es dauerte, bis die Wunden verheilten, vielleicht spüren Sie die Narben noch heute, wenn Sie an diesen Menschen denken, der Sie ablehnte. Ja, genauso fühlte es sich an, als wären Sie als ganzer Mensch zurückgewiesen worden. Sie haben sich mit etwas identifiziert, Sie wollten den Auftrag für ein Projekt, unbedingt, unbedingt, unbedingt, und ein anderer hat entschieden, dass Sie es nicht können. Das ist so ziemlich das Schlimmste, was einem Menschen passieren kann.

Und wie beugen viele von uns einem solchen Selbstwertverlust vor? Sie bereiten den potenziellen Misserfolg und stellen danach fest:

… Es hat halt nicht sollen sein, und ein bisschen bin ich ja auch selbst schuld, weil ich in total verknitterten Klamotten aufgetaucht bin, aber ich hatte echt keine Zeit mehr, mir was Besseres anzuziehen.

… Es hat halt nicht sollen sein, und am Ende ist die Familie sowieso wichtiger.

Blut ist dicker als Wasser?

Stimmt es, dass Familienbande die engsten sind? Oder glauben wir das nur, weil es uns in der Waschmittelwerbung suggeriert wird? Nur, weil man einen Familiennamen teilt, muss man sich ja nicht wohl miteinander fühlen. Man glaubt, man müsste es? Oder man wünscht es sich … Das Thema Familie ist bei vielen sehr konfliktbesetzt, auch wenn landläufig davon ausgegangen wird, dass sich niemand nähersteht als Familienmitglieder. Was ist wirklich dran an dieser Aussage? Nicht gefühlt, sondern biologisch. Hier kommt der Geruch ins Spiel, und zwar ungewaschen: Wir können nicht nur unsere Kinder, sondern sogar unsere Verwandtschaft am Geruch erkennen. Eltern erkennen den Geruch ihrer Kinder, Kinder erkennen den Geruch ihrer Eltern, Geschwister erkennen sich gegenseitig am Geruch, und fremde Menschen können durch Geruchsproben herausfinden, welche T-Shirts von den Mitgliedern einer Familie getragen wurden.

Aus der Evolutionsbiologie wissen wir, dass Verwandtschaft gerade beim Hilfeverhalten eine große Rolle spielt. Je enger die Verwandtschaft, desto stärker die Hilfeleistung. Dies gilt übrigens auch bei anderen Säugetieren, ja sogar bei Insekten, selbst wenn diese mit dem Risiko einhergeht, dass die Helfenden zu Schaden kommen. Genauso ist es bei uns Menschen. Wir gehen diese Risiken ein und helfen bereitwilliger Artgenossen, die einen ähnlichen Genpool wie wir haben. Wir möchten, dass unsere Gruppe überlebt. Und unsere Freunde? Ja, sie auch, denn auch sie können wir gut riechen, sehr gut sogar! Am Anfang einer Bekanntschaft mit Aussicht auf mehr steht immer die Sympathie und die Ähnlichkeit, wie Sie bereits wissen. *Es ist nicht so wichtig, gemeinsam großartige seltene Erfahrungen zu machen, sondern eher, dass wir uns wiederholt begegnen und Zeit miteinander verbringen. Dann führen die kleinen Momente der Verbundenheit zu Vertrautheit, guter Bekanntschaft, Freundschaft.*

2014 starteten einige Studien,[3] um herauszufinden, ob sich Freunde genetisch ähnlicher sind als Nicht-Freunde, was zu erwarten war, berücksichtigt man die sozialpsychologischen Erkenntnisse über Gleichheit und Vertrautheit. Knapp 2000 Personen nahmen an der Studie teil, die tatsächlich bestätigte, dass sich Freunde genetisch ähnlicher sind als Nicht-Freunde. Wir wählen also solche Menschen zu unseren Freunden, die ähnliche Gene wie wir haben!

Immer der Nase nach

In einem anderen Versuch gab man den Probanden T-Shirts von Freunden und Nicht-Freunden.[4] Sie sollten äußern, welche T-Shirts geruchlich eher zusammengehören. Sie entschieden sich überwiegend für die T-Shirts von Freunden. In einem weiteren Schritt werteten die Forscher und Forscherinnen durch chemische Analysen die Geruchsprofile der T-Shirts aus. Es zeigte sich, dass in denjenigen von Freunden tatsächlich jeweils ähnliche Moleküle vorhanden waren. Der Individualgeruch von Freunden ist also ähnlicher als der von Nicht-Freunden!

Wie wählen wir unsere Freunde vielleicht sogar ausschließlich aus? Mit der Nase! Diese ist seit Jahrmillionen entscheidend an unseren sozialen Bezügen beteiligt. In einem ersten Schritt mögen wir also Menschen, die wir für attraktiv halten, mit denen wir häufig in Kontakt kommen und die uns ähnlich sind. Aber wenn wir diesen Menschen körperlich näherkommen, und Freunde umarmen sich häufig, haben keine Scheu vor körperlicher Nähe, dann muss auch der Geruch passen. Enge Freunde erriechen sich. Über Chemokommunikation erfahren wir auch, wie es anderen Menschen geht, was die Grundlage für Empathie ist.

Empathie

Es gibt verschiedene Formen von Empathie.[5] Die ursprünglichste Form ist die emotionale Ansteckung, das heißt, dass sich Emotionen von einem auf den anderen übertragen. Dieses Phänomen kennen wir auch bei allen Tierarten, ob Säugetiere oder Fische. Bei Insekten, die ihren Stress in erster Linie chemisch auf Artgenossen übertragen, hat man folgenden Versuch gemacht: In einem Glas befindet sich eine Fliege, die geärgert wird, indem man das Glas schüttelt. Dann öffnet man das Glas, die Fliege sucht das Weite. Und andere Fliegen auch, die partout nicht in dieses Glas wollen, weil sie mutmaßen, dass darin etwas Gefährliches lauert. Sie nehmen den Stress der geschüttelten Fliege per Geruch wahr und machen einen großen Bogen darum.

Unterschiedliche Formen von Empathie

Genauso verhält es sich auch mit allen anderen Grund- oder Basis-Gefühlen, ob negativ oder positiv. Sie sind übertragbar, und zwar über Geruchsmoleküle, das ist eine Urform der Empathie. Wir kennen diese Übertragung auch über Mimik, wenn wir die Stimmung eines anderen Menschen im mikromuskulären Bereich spiegeln, oft ohne es zu merken, weil die Muskelaktionen so niederschwellig sind, dass sie nur über Elektroden wahrgenommen werden können. Auch das eingangs bereits beschriebene ansteckende Gähnen und Spiegeln von Bewegungen gehören dazu.

Eine weitere, höhere Form von Empathie ist die emotionale Besorgnis. Auch sie kann bei verschiedenen Tierarten beobachtet werden, die jedoch jünger in der Evolution sind, zum Beispiel verschiedenen Affenarten. Sie nehmen wahr, dass es einem Artgenossen nicht gut geht, und umarmen ihn, teilen also nicht nur seine Emotion, sondern versuchen, ihn durch Körperkontakt zu beruhigen und zu schützen. Zur emotionalen Besorgnis um andere gehört auch die Wahl der prosozialen Spielmarke bei Kapuzineräffchen mit der sie gut bekannten Affen Nahrung verschafften.

Die Perspektivübernahme als höchste Form der Empathie ist bei Menschenaffen und beim Menschen sehr, sehr hoch ausgeprägt. Wir finden sie aber auch bei Elefanten oder Walen und Delfinen – bei all jenen Tieren, die Selbst von Nicht-Selbst unterscheiden können. Mit der Trennung von Ich und Du kommt das Verständnis dafür, dass andere unter ähnlichem Leidensdruck von ähnlichen Lösungsmöglichkeiten wie wir selbst profitieren. Es wird also nicht nur mitempfunden und geschützt, sondern auch nach Auswegen gesucht, damit es dem anderen wieder besser geht. Bei Affen hat man beobachtet, dass sie einen gefangenen Artgenossen zu befreien versuchen und Hindernisse aus dem Weg räumen. Sie helfen sogar fremden Menschen. Wenn sie sehen, dass diese ein gewünschtes Objekt nicht erreichen können, reichen sie es an.

Unser Bild von Familie unterliegt dem Zeitgeist

Es gibt wie erwähnt Studien, die darauf hinweisen, dass man Familienmitgliedern eher hilft als Nicht-Familienmitgliedern. Auch in Notzeiten unterstützt man sich innerhalb der Familie eher als außerhalb, bei uns Menschen ebenso wie im Tierreich. Wir Menschenaffen aber sind zudem mit einem Talent zur Freundschaft ausgestattet. Ein dauerhafter Sozialpartner muss nicht unbedingt auch Sexualpartner sein. Denn als es in der Evolution möglich wurde, langfristige Verbindungen mit Mitgliedern einer Gruppe zu schließen, mit denen man nicht verwandt ist, hat die Entwicklung des Gehirns noch einmal einen großen Schub erhalten. Freundschaft riecht ja nicht nach Familie. Das Gehirn muss sich noch mehr anstrengen und unter vielen verschiedenen Gruppenmitgliedern jene herausfinden, die sich für eine Freundschaft eignen.

Das Besondere an uns Menschen ist also, dass wir sehr enge und stabile Freundschaften bilden können, die eine genauso große Bindungsstärke haben wie die Familie. Kein Wunder, wir sind unseren Freunden ja genetisch ähnlicher als Fremden. Doch viele wundert es trotzdem, da sie ganz automatisch die Familie über alles stellen. Ich denke, dass wir hier dennoch genauer hinschauen sollten. Denn was Familie ist, was sie darf und soll, das entscheiden Gesetze. Und je nachdem, wie sich diese verändern, ändert sich auch das Bild von Familie in der Öffentlichkeit. Dies kann man sehr gut beim Thema Gleichberechtigung von Mann und Frau verfolgen. Wir schmunzeln vielleicht, wenn wir die starren Rollenklischees der 1950er- und 1960er-Jahre vor Augen haben, einer Epoche, die gerade in Film und Literatur in Mode ist. Doch das war der damals herrschende Zeitgeist.

Auf welchen Gesetzen beruhte er? Ein paar Beispiele: Bis Ende der 1950er-Jahre galt das Letztentscheidungsrecht des Ehemannes in allen Eheangelegenheiten. Beruf, Führerschein, Kindererziehung, eigenes Geld und Konto – das Gesetz regelte alles zugunsten des Mannes. Bis 1958 konnte der Mann, wenn es ihm beliebte, den Anstellungsvertrag seiner Frau, die nicht als geschäftsfähig angesehen wurde, nach eigenem Ermessen und ohne deren Zustimmung fristlos kündigen. In Bayern mussten Lehrerinnen darüber hinaus zölibatär leben wie Priester – heirateten sie, hatten sie ihren Beruf aufzugeben. Das Geld der Frau war automatisch das Geld des Mannes, und er konnte nicht nur über das Einkommen seiner Frau verfügen, sondern auch über das Geld, das sie mit in die Ehe brachte. Beachtet man, dass die Ehefrau gar nicht befugt war, ein eigenes Konto zu eröffnen, ist das womöglich eine kluge Entscheidung, sonst hätte sie ihre ererbten Millionen in dicke Wollstrümpfe stopfen müssen, und die wären bei einem Einbruch geklaut worden. Typisch Frau, da muss ein Mann doch aufpassen.

Noch bei meiner Geburt 1962 durfte eine Ehefrau laut Gesetz nur dann erwerbstätig sein, wenn dies mit ihren Pflichten in Ehe und Familie vereinbar war. Ehemänner konnten ein Veto gegen die Berufstätigkeit ihrer Frauen einlegen. Erst nach 1969 wurde eine verheiratete Frau in der Bundesrepublik Deutschland als geschäftsfähig eingestuft. Bis 1976 waren Frauen bei der Eheschließung verpflichtet, den Namen ihres Gatten zu übernehmen. In dieser Zeit war ich gerade in der Pubertät. Doch erst als ich 34 Jahre alt war, galt die Vergewaltigung in der Ehe als Straftat und wurde nicht mehr als Kavaliersdelikt betrachtet, wie wir es uns heute zum Glück nicht mehr vorstellen können. Weil die Gesetze geändert wurden. Ebenso bei Lesben und Schwulen. Sie dürfen in der Bundesrepublik Deutschland seit 2012 eine eheähnliche Beziehung und seit 2018 eine echte Ehe eingehen. Mit der Gesetzgebung hat sich die Anerkennung homosexueller Lebensgemeinschaften deutlich vermehrt und gefestigt. Das gleiche Phänomen können wir auch in den Vereinigten Staaten beobachten, wo sich die Lebensbedingungen der afroamerikanischen Bevölkerung in Abhängigkeit zu den jeweiligen Gesetzen verändert haben.

Lockdown für Freundschaft

Die politischen gesetzlichen Normen haben stets großen Einfluss auf das Verhalten Einzelner. Während der Pandemie gab es von verschiedenen Politikern und Politikerinnen parteiübergreifend eine massive Überbetonung der Familie gegenüber wichtigen festen Freundschaften, die sich im Leben gebildet haben. So war es den Bürgern und Bürgerinnen zwar gestattet, mit der Familie zusammen zu sein, nicht aber mit ihren besten Freunden. Nach Schleswig-Holstein durften eine Zeit lang nur Menschen einreisen, die in Schleswig-Holstein Familienangehörige hatten, langjährige Freunde durften nicht besucht werden. Schließlich steht die Familie gesetzlich unter einem besonderen Schutz – anders als Freundschaft. Und dies wurde von den Politikern und Politikerinnen in

Nord und Süd, Ost und West deutlich betont. Vielleicht finden Sie das ganz normal und richtig so, doch man kann auch einmal überlegen, warum es normal und richtig sein soll, vor allem in einer Zeit, in der wir in so vielen verschiedenen Familienmodellen leben – Stichwort Patchwork. Die traditionelle Ehe mit zwei Kindern, idealerweise Mädchen und Junge, die Frau am Herd, der Mann an den Hebeln, wird nur noch von wenigen gelebt. Dennoch werden diese Rollenklischees nicht bloß in der Werbung hochgehalten und grenzen Menschen aus, die nicht Teil einer glücklichen Familie sind, in der an Weihnachten alle mit roten Wangen zusammensitzen und Omi Schnapspralinen schenken.

Hohen Druck erleben auch Singles, wenn ihnen vorgehalten wird, dass es wahres Glück nur innerhalb einer Beziehung geben könne. So geraten Menschen, denen es gut geht, die einen bunten warmherzigen Freundeskreis haben, vielleicht einen sie erfüllenden, sinnstiftenden Beruf, Menschen, denen nichts fehlt, in eine künstliche Mangelsituation, weil sie gesellschaftlich so definiert wurde.

Das Glück von Wahlverwandtschaften

Laut Statistischem Bundesamt wird 2040 in fast jedem zweiten Haushalt in Deutschland nur eine Person leben. Sind das dann die gesetzlich verankerten Unglücklichen oder kann man bis dahin noch an der Definition drehen? Im aktuellen Koalitionsvertrag ist die Rede von einer Reform des Familienrechts, Stichwort: Verantwortungsgemeinschaften. Gemeint sind damit Verbindungen, in denen Menschen in einem über eine reine Geschäftsbeziehung hinausgehenden tatsächlichen und persönlichen Näheverhältnis stehen. Sie teilen sozusagen nicht das Bett miteinander, sondern den Tisch. Kurz: Freunde.

Historisch betrachtet hatten Menschen, und vor ihnen die Affen, immer Gruppen, auf die sie sich bezogen. Es gab keine elitären Beziehungen in den kleinen Gesellschaften, den dörflichen Gemeinschaften. Man war miteinander verbunden und aufeinander angewiesen. Wenn Not herrschte, halfen alle mit. Durch die Unterstützung verschiedener Gruppen – die Zunft, die Kirchengemeinde, die Nachbarschaft – konnten Probleme aus verschiedenen Perspektiven beleuchtet werden.

Vereinzelung ist ein modernes Gefühl, entstanden durch die Verstädterung der Gesellschaft. Sie setzt die Menschen stark unter Druck, alles allein wuppen zu müssen, was dann sowieso nicht klappt, da wir gestresst nur eingeschränkt handlungsfähig sind und kreative flexible Lösungsmöglichkeiten unwahrscheinlich werden. Zum Einzelkämpfer sind wir schlichtweg nicht geboren, wir sind soziale Wesen. Umso besser, dass wir uns heute miteinander anfreunden können, sehr frei sogar, auch Frauen und Männer, ohne dass da etwas gemunkelt wird. Wahlverwandtschaft hieß es bei Goethe, und für nicht wenige Menschen ist dies die wahre Familie.

Deshalb ist es ein unverhältnismäßiger Eingriff, Menschen vorschreiben zu wollen, von wem sie sich in großer seelischer Not, in die die Corona-Maßnahmen und der Lockdown viele Bürger und Bürgerinnen brachten, Beistand holen dürfen. Warum skypen und zoomen keine Lösung ist, erkläre ich später.

Ich begrüße es sehr, wenn Freundschaften in Gesellschaft und Rechtsprechung eine Aufwertung erfahren. Unser Menschsein konnte sich erst mit der Fähigkeit entwickeln, Freundschaften zu schließen. Zu Bindungen an Sexualpartner sind viele Tiere fähig, nicht aber zur (flexiblen) Bindung an Freunde. Das ist es, was uns Menschen auszeichnet.

Warum sollen zwei beste Freundinnen keine solche Verantwortungsgemeinschaft eingehen, sich nicht gegenseitig unkompliziert als Erbinnen einsetzen können und ohne Papierkram bei wichtigen Entscheidungen zum Beispiel im Krankenhaus ein Mitspracherecht haben? Das ist nur ein Beispiel von vielen. In der Folge könnte sich langfristig auch gesellschaftlich etwas ändern.

Das ist bitter nötig, auch wenn so viele Menschen so gern an die Familie als heilen Ort glauben wollen. Es ist ein Märchen. Ja, es gibt heile Familien. Aber Familie ist nicht per se ein Ort des Wohlbefindens, des Schutzes, der Liebe, der Geborgenheit und des Vertrauens. Familie ist nicht freiwillig wie Freundschaft. Unsere Familie suchen wir uns nicht aus, unsere Freunde sehr wohl. Und natürlich sind Freunde in Notzeiten genauso wichtig wie Familie. Am besten, man freut sich an beidem. Dann ist man wahrlich ein Glückskind!

Wir haben besprochen, wie wir vom Fremden zum Vertrauten kommen und welche Rolle vor allem die Nase in unseren zwischenmenschlichen Beziehungen spielt. Auf der Suche nach den Menschen, die zu mir passen, ist sie ein untrüglicher Kompass. Was genau sie alles in uns bewirkt, möchte ich Ihnen im Folgenden näherbringen.

Die Nase lügt nicht

Wie lang oder kurz sie auch sein mag, da täuschte sich Pinocchio: Die Nase irrt nie. Sie führt uns auf die Fährte zu Menschen, die uns guttun. Ich habe eben von einer Studie mit 2000 Teilnehmern berichtet, in der herausgefunden wurde, dass Freunde sich genetisch ähnlicher sind.[1] Um welche Gene handelt es sich da? Nun, es sind Gene, die verantwortlich für unsere Geruchssinneszellen sind, also für die Ausstattung der Rezeptoren auf den Geruchssinneszellen. Diese Rezeptoren sind verantwortlich dafür, welche Geruchsmoleküle jemand besonders gut wahrnehmen und welche Geruchsmoleküle er schlechter wahrnehmen kann.

Dazu muss man wissen, dass jeder von uns diesbezüglich über eine unterschiedliche Ausstattung verfügt. Das bedeutet, dass jeder von uns die geruchliche Welt anders wahrnimmt. Es gibt keinen objektiven, es gibt nicht *den einen* Rosengeruch. Für jeden Menschen riecht eine Rose ein bisschen anders. Der Rosengeruch an sich besteht vielleicht aus 300 unterschiedlichen Molekülen. Und jeder Mensch nimmt von diesen 300 eines oder mehrere besonders gut wahr. Wir erleben die Welt idiosynkratisch, das heißt: jeder auf seine ganz private Weise. Aber es gibt auch Überschneidungen. In ihnen siedelt sich Freundschaft bevorzugt an. Wenn Sie sich nun fragen, wie Ihre liebsten Freunde riechen, und keine Antwort finden, ist das völlig in Ordnung. Denn die Art von Riechen, um die es hier geht, nehmen wir bewusst nicht wahr. Jetzt sind wir im Bereich der chemosensorischen Kommunikation.

Die chemosensorische Kommunikation

Jeder von uns verströmt ständig Moleküle. Sie verdampfen mit der Zeit, wie man es von Wasser kennt. Man braucht es gar nicht zu kochen, ein wenig Wasser in einem Glas hat sich nach einer Weile verflüchtigt, in Luft aufgelöst. Es ist nicht weg, es hat seinen Aggregatszustand in gasförmig gewechselt. Genauso ist es mit den Molekülen, die wir durch unsere Körperflüssigkeiten freisetzen. Auch sie werden gasförmig und von anderen Menschen beim Atmen aufgenommen. Als Erstes gelangen die Moleküle an die Riechzellen, die einzigen Nervenzellen, die in direktem Kontakt mit der Umwelt stehen, dann werden sie in verschiedenen Gehirnarealen weiterverarbeitet.

Jeder von uns gibt über seine Moleküle sehr viel von sich preis.[2] Zum Beispiel, was und wann wir gegessen haben, wie alt wir sind, wie es um unseren Hormonstatus bestellt ist, ob wir hungrig sind und gesund oder einen schwachen Infekt haben, und natürlich, ob wir weiblich oder männlich sind. Und: in welcher emotionalen Verfassung wir gerade sind. Gut gelaunt, niedergeschlagen, wütend, ängstlich, ob wir uns vor etwas ekeln oder total im Stress sind. Das alles verraten die Moleküle, die wir, ohne sie kontrollieren zu können, ständig in die Luft entlassen und die von anderen Menschen mit ihrer Atemluft nicht nur aufgenommen, sondern auch »gelesen« werden. Und das Ganze, ohne dass wir eine Ahnung davon haben!

Geruch beeinflusst das Verhalten

Je schwächer ausgeprägt ein Zustand ist, desto weniger können wir ihn bewusst wahrnehmen. Es ist, als würden wir an nur einem Hauch von einem Gewürz riechen oder an einer großen Portion. Die meisten menschlichen Moleküle sind niedrig konzentriert, doch unserem Gehirn genügt das. Es verarbeitet die Eindrücke, die wiederum Einfluss auf unsere Motorik, unser Hormonsystem und unser Nervensystem haben. Kurz: Was wir geruchlich wahrnehmen, beeinflusst unser Verhalten.

Wir sagen nicht: Ich gehe lieber auf Abstand zu XY, weil der komisch riecht. Wir finden andere Gründe, weil diese unsichtbaren Moleküle nicht in unser Weltbild passen. Sie lassen sich nicht gern dingfest machen, sind flüchtige Gesellen. In meinem Labor an der Universität Düsseldorf entkommen sie uns nicht, dort gibt es einen Olfaktometer, ein Gerät, das Gerüche kontrollierbar macht. Es ist sehr aufwendig, Geruch zu erforschen, und auch erst seit einiger Zeit fundiert möglich, denn Gerüche sind ja schwer zu kontrollieren. Besonders wichtig wird diese Kontrolle, wenn wir Reaktionen des Gehirns messen wollen, weil das Gehirn sehr sensitiv auf alle, auch extrem schwache Veränderungen der Umwelt reagiert.

Gerüche: eine Herausforderung für die Wissenschaft

Olfaktometer sind sehr teuer, deshalb habe ich mir für meine Promotion selbst eines gebaut. Heute forsche ich mit Olfaktometern, die mir die Deutsche Forschungsgemeinschaft und die Universität Düsseldorf zur Verfügung gestellt haben. Das Olfaktometer ermöglicht eine sehr präzise Geruchsdarbietung für zeitlich hochsensitive Antwortphänomene. Die bioelektrische Aktivität des Gehirns, das, was man gemeinhin Gehirnströme nennt, verändert sich innerhalb von Millisekunden, also dem Tausendstel einer Sekunde. Um diese Veränderungen mit dem Riechen in Zusammenhang bringen zu können, müssen wir Gerüche im Millisekundenbereich ansteuern können. Typischerweise präsentieren wir Gerüche meist etwa für 200 Millisekunden, also den fünften Teil einer Sekunde. Die Gerüche müssen beim Anschalten am Olfaktometer sofort da und beim Abschalten sofort wieder weg sein. Es ist unbedingt erforderlich, dass sie nicht zeitgleich mit einem Luftschub vorgegeben werden, sonst wissen wir hinterher nicht, ob das Gehirn nun auf den Geruch oder auf den veränderten Luftstrom reagiert hat. Deswegen wird über eine Unterdrucktechnik sowohl während der Geruchsdarbietung als auch innerhalb der Pause zwischen den Gerüchen ein konstanter Luftstrom dargeboten. Von dem Olfaktometer wird dann der Geruch über ein Schlauchsystem direkt zur Nase des Teilnehmenden geleitet. Der Luftstrom ist auf Körpertemperatur erwärmt und leicht feucht; die Probanden empfinden ihn als angenehm.

Auf einer Wellenlänge

Auch wenn wir unsere chemosensorischen Wahrnehmungen im Alltag nicht sichtbar machen können, wir spüren sie mit unserem Bauchgefühl. Dort sitzt die finale Auswertungszentrale der durch Nase und Gehirn erfassten Daten. Wir wissen nicht genau, warum wir lieber auf Abstand zu XY gehen, wir tun es »aus dem Bauch heraus«. Sehr häufig merken wir gar nicht, was wir alles aus dem Bauch heraus tun. Aber meistens haben wir ein so ähnliches Bauchgefühl wie unsere Freunde, stimmt's? Wir finden dieselben Leute komisch und dieselben Leute sympathisch, wir sind auf einer Wellenlänge, wohl bedingt durch ähnlich ausgestattete Geruchssinneszellen. Wie bereits dargelegt, ähneln sich Freunde und verhalten sich in einer Gruppe auch ähnlicher als Nicht-Freunde, zeigen ähnliche soziale Fertigkeiten in ähnlichen sozialen Kontexten. Daraus lässt sich schließen, dass der Geruch uns bei der Menschwerdung und bei der Ausbildung des Gehirns geholfen hat. Körpergerüche leiten uns vermutlich zu unseren Freunden, die unsere Sichtweise auf die soziale Welt teilen, die uns ähnlich sind.

Freundschaften sind, wie wir gesehen haben, der wichtigste Faktor zum Aufbau stabiler Gruppen. Auch haben wir festgestellt, dass das Gehirn so groß geworden ist, damit wir die komplexe soziale Welt verstehen, vorhersagen und uns in ihr verhalten können. Die chemische Wahrnehmung hat uns entscheidend dabei geholfen, uns in der sozialen Welt zurechtzufinden. Nur wenn wir in der Lage sind, das Wichtigste automatisch herauszufiltern, können wir adäquat reagieren. Und dabei hilft uns der Geruch, die Geruchssinneszellen, die uns warnen: Vorsicht, dein Gegenüber ist aggressiv. Sofort wird reagiert: Mehr Nervenzellen werden aktiviert, der Herzschlag wird verstärkt, motorische Rückzugsysteme werden vorbereitet, und der Blick schärft sich, um die über die Nase aufgenommenen Warnhinweise mit der Gesichtswahrnehmung abzugleichen. *In der Nase sitzen also unsere ersten und wichtigen Wächter nicht nur in Bezug auf Viren, sondern auch auf die Emotionen anderer, die uns in Gefahr bringen können. Hochsensitiv reagieren die Geruchssinneszellen auf feinste Aggressionssignale, die wir bewusst nicht wahrnehmen, aber die Brust wird eng, der Puls steigt, und im Magen breitet sich ein flaues Gefühl aus.*

Lügendetektor in der Nase

Man kann sich darauf trainieren, seine Bauchgefühle besser wahrzunehmen, denn oft übergehen wir sie. Gewiss schweben wir in den meisten Fällen nicht in der Gefahr einer körperlichen Attacke. Doch jemand könnte uns belügen, ausnutzen, betrügen wollen, uns psychisch Schaden zufügen. Wir merken es nicht, weil wir mit etwas anderem beschäftigt sind oder es einfach nicht wahrhaben wollen … weil ich doch so gern in den Klub aufgenommen werden möchte. Der Vorsitzende ist ein bekannter Mann, er spricht nett mit mir, ich weiß gar nicht, warum ich nicht richtig warm mit ihm werde. Vermutlich schüchtert mich seine Bekanntheit ein? Ich kann nichts Falsches an seinem Verhalten feststellen, auch seine Mimik ist zugewandt, er lächelt oft.

Gute Schauspieler beherrschen eine fast perfekte Täuschung. Wen sie niemals täuschen können, ist die Nase. Nicht selten stellen betrogene Menschen später fest: Eigentlich habe ich von Anfang an ein komisches Gefühl gehabt. Aber ich habe nicht darauf gehört. Und so hat sich später herausgestellt, dass der nette Vorsitzende nur einen Handlager für niedrige Tätigkeiten suchte. Das Interesse an der Person war geheuchelt, es ging auch nie um Augenhöhe, sondern darum, einen Deppen zu finden und ihn so lang wie möglich in diesem Status zu halten. Wäre es nach der Nase gegangen – sie hätte da nicht mitgespielt!

Wir können unsere Stimme verstellen, Lügen erzählen, ja Profis können sogar falsch echt lächeln. Doch unseren Geruch können wir nicht verändern. Und der wird wahrgenommen – wenn wir ihm vertrauen. Es gibt kein untrüglicheres Zeichen für die sozialen Gegebenheiten als chemosensorische Informationen! Auch beim Essen, was lebensrettend sein kann. Denn Ekelgerüche anderer Personen verarbeitet unser Gehirn hochsensitiv. Wir werden vorsichtiger bei der Nahrungsauswahl. Ekel schützt uns vor verderblicher ungesunder Nahrung und im Extremfall vor einem Giftanschlag. Die Nase sollte immer frei sein. Wenn sie in Ketten gelegt wird, leidet der ganze Mensch.

Nase hinter schwedischen Gardinen

Wie geht es nun der Nase hinter schwedischen Gardinen? Merkt sie das überhaupt? Merken wir es? Leider ja. In der Vorbereitung auf dieses Buch habe ich unzählige Studien gelesen, und manchmal war mir dabei recht elend zumute. Denn man kann ja nicht sagen, dass wir es nicht gewusst hätten. Wir haben es gewusst und sind doch sehenden Auges und mit verstopfter Nase in die soziale Isolation, in Einsamkeit, Depression und soziale Spaltung gerannt. Was passiert, wenn die Geruchsrezeptoren in der Nase keine

Informationen mehr bekommen oder zu wenige, weil sie durch eine Maske daran gehindert werden? Und spielt es eine Rolle, um was für eine Maske es sich handelt?

Ja, Maske ist nicht gleich Maske. Ich beginne mit der FFP2-Maske, die, so sagen Umfragen, auch nach Ende der Pandemie gern noch von der Hälfte der Befragten getragen werden möchte.

Sinn und Unsinn der FFP2-Maske

Laut Aussage von bekannten Vereinigungen wie der Deutschen Gesellschaft für Krankenhaushygiene sind FFP2-Masken nicht für den alltäglichen Einsatz geeignet.[3] Der für einen Schutz unabdingbare Dichtsitz ist zum einen bei 90 Prozent der Modelle, die in der Pandemie ausgegeben wurden, grundsätzlich nicht gewährleistet und erfordert darüber hinaus für jede Person ein individuell auf das Gesicht zugeschnittene Masken-Passform. Daher sollten mindestens fünf unterschiedlich große Masken angeboten werden. Schließlich muss der Dichtsitz einer Maske unter Aufsicht trainiert werden. Was sehen wir aber? Menschen, die von morgens bis abends mit einer FFP2-Maske herumlaufen, häufig tage-, wenn nicht wochenlang mit derselben. Eine Freundin, sie wohnt auf einem Dorf, erzählte mir vom benachbarten Bauern, der schon mal in seine Maske schnäuze, ehe er sie aufsetze. Sparsamkeit ist eine Zier … Wer hält sich an die korrekte Handhabung? In Kliniken gibt es dazu Einweisungen. Beim professionellen Einsatz greift man nicht zu irgendeiner Maske, sondern erhält vom Arbeitgeber ein auf die Form des Gesichtes angepasstes Modell mit einer »Anleitung an der Maske«, wie sie auf- und abzusetzen ist. FFP2-Masken wurden ursprünglich ausschließlich im Arbeitsumfeld eingesetzt. Daher stammen Regelungen zur Anwendung aus dem Arbeitsschutz. Die Bundesanstalt für Arbeitsschutz und Arbeitsmedizin und die Deutsche Gesetzliche Unfallversicherung geben zu bedenken, dass diese Masken maximal 75 Minuten durchgehend getragen werden dürfen. Danach muss eine 30-minütige Tragepause eingelegt werden.[4] Der erhöhte Atemwiderstand beim Ein- und Ausatmen führt zu einer erhöhten Atemarbeit und folglich Beanspruchung der Atmungsorgane sowie des Herz-Kreislauf-Systems. Die Angaben zur maximalen Tragedauer beziehen sich auf eine mittlere Arbeitsschwere und auf vollständig gesunde Personen. Für alte Menschen oder solche mit Erkrankungen des Herz-Kreislauf-Systems wurden in der Arbeitsmedizin keine Regelungen erlassen. Die Deutsche Gesellschaft für Krankenhaushygiene warnt daher vor der Anwendung von FFP2-Masken bei Menschen mit Atemwegserkrankungen und bei Älteren.[3]

In einer Apotheke verlangte ein maskierter Mann vor mir einen Nachschub an FFP2-Masken, die ihm kommentarlos ausgehändigt wurden. Woraufhin er die Apothekerin zu meinem Erstaunen fragte, warum diese ihn nicht aufkläre. »Wenn ich einen harmlosen Hustensaft kaufe, erzählen Sie mir einen Roman. Zur Maske fällt Ihnen nichts ein? Wenngleich es dazu deutlich mehr zu sagen gäbe?«

Ich war sehr neugierig auf den Fortgang. Leider entwickelte sich kein Gespräch. Die sichtlich gestresste Apothekerin hatte, wie sie sagte, »keine Zeit für so was«.

»Wie bitte?«, fragte der Kunde.

»Dazu haben wir keine Zeit«, wiederholte die Apothekerin.

»Ich verstehe Sie nicht«, insistierte der Kunde, und ich war mir nicht sicher, ob er schlecht hörte oder nicht verstand. Beides kommt ja häufig vor. Wie dem auch sei, das Nichtverstehen trägt allgemein zur Gereiztheit bei.

Der normale Einsatz von FFP2-Masken soll vor hochgefährlichen Stoffen schützen. Vor Chemokommunikation? Vor anderen Menschen? Vor für uns essenziell wichtigen Sozialinformationen?

Neulich saß ich im Zug von München nach Hamburg. In Bayern war die FFP2-Maske ja durchgehend flächendeckend Pflicht. Während ich also auf der gesamten Fahrt durch Bayern zu meiner

FFP2-Maske verdonnert war, und wenn die Reise im Schneckentempo zehn Stunden dauern würde, tauschte die Schaffnerin ihre FFP2-Maske nach einer Weile gegen eine OP-Maske. Die Glückliche! Ihre Gesichtsbedeckung, die sich durch nichts von meiner unterschied, fiel unter den Arbeitsschutz. Meine nicht. Was tun, um gesetzestreu zu bleiben? Alle 75 Minuten aussteigen? Beine vertreten? Mal durchschnaufen unter der OP-Maske? Warum nicht? Eine ganz neue Art des Reisens. Man steigt irgendwo aus, wo man noch nie gewesen ist, trifft andere Leute, die man sonst nicht getroffen hätte, und erfährt zum Beispiel, und das ist jetzt kein Witz, dass Masketragen super ist, weil man sich da ganz ungeniert die ungeliebte Labialfalte von der Nase zum Mund beim Schönheitschirurgen »machen lassen kann«. Keiner sieht die Schwellung, Maske sei Dank.

Die Arbeitsschutzvorgaben sind nicht aus Jux und Tollerei entstanden, man möchte Menschen vor Krankheit schützen, indem sie unter anderem allerhöchstens 75 Minuten eine FFP2-Maske tragen dürfen. Den Arbeitsschutz kümmert weniger die durch die Mund-Nase-Bedeckung eingeschränkte Chemokommunikation als die eingeschränkte Sauerstoffzufuhr und deren Auswirkung auf die Lungenfunktion.

Ich bin keine Arbeitsmedizinerin, doch dass es nicht gesund ist, ständig seine eigene verbrauchte Luft einzuatmen, halte ich für äußerst wahrscheinlich. Daneben sind wir auf ein gut funktionierendes Immunsystem angewiesen, und alles, was geschmeidig laufen soll, braucht Training. Use it or lose it. Ein abgeschottetes Immunsystem aber wird nachlässig – erinnern Sie sich an die T-Zellen?

Laut Meinung der Deutschen Gesellschaft für Krankenhaushygiene und der Bundesanstalt für Arbeitsschutz und Arbeitsmedizin erhöht eine FFP2-Maske den Atemwiderstand und macht das Atmen so schwer, dass sie von älteren Leuten und Kindern nicht getragen werden sollte. Nur gesunde Menschen sollten sie tragen, aber das mit Einschränkungen. Alles andere berge Risiken für die Gesundheit. Ging es nicht genau darum, diese Risiken zu minimieren?

Viele Menschen sind mittlerweile maskenmüde, vor allem diejenigen, die die beschriebenen gesundheitlichen Einschränkungen am eigenen Leib zu spüren bekommen haben. Akne unter der Maske mag noch zu verkraften sein, doch das feuchte, bakterielle Klima darunter führt auch zu Infekten.

»Wie bitte?«

»Akne, feucht-bakteriell, Infekte.«

»Wie bitte?«

Verstehen Sie mich bitte nicht falsch. Ich bin nicht strikt gegen Masken. Ich bin gegen den inflationären Einsatz, wo er mehr schadet als hilft. Denn ich bin Anwältin der Nase. Ich mag es nicht, wenn sie eingesperrt wird, denn ich weiß, dass das nicht bei ihr haltmacht, sondern weitergeht ins Hirn, ins Herz, aufs Gemüt.

Unter einer Maske, abhängig von ihrer Art und wie fest sie sitzt, sinkt die Geruchswahrnehmung erheblich.[5] Unsere Riechleistung ist stark vermindert, und wir können unsere geruchliche Umwelt nicht mehr ausreichend wahrnehmen. Durch das Tragen von FFP2- oder ähnlichen Masken sind wir quasi in den Zustand einer geruchsblinden Person versetzt. So nennt man Menschen, die durch einen Unfall oder eine Tumorerkrankung die Fähigkeit eingebüßt haben, Gerüche wahrzunehmen. Mit einer OP-Maske können wir zwar starke Gerüche noch wahrnehmen, die schwachen jedoch entfleuchen. Kurz: Wir alle empfangen viel zu wenig Signale von anderen Menschen.

Das Fehlen von Emotionserkennung und seine Folgen

Masken reduzieren nicht nur unsere Fähigkeit, über Gerüche intuitiv auf andere Menschen zu reagieren, sondern sie schränken auch massiv die Möglichkeit ein, andere durch ihre Mimik unbewusst zu erkennen, ein Bauchgefühl zu ihnen zu entwickeln – und das ist bei FFP2- und OP-Masken gleichermaßen der Fall. Über mehrere Studien wurde eindeutig festgestellt, dass Masken die Emotionserkennung reduzieren.[6] Wir können Emotionen ja nicht nur einordnen, wenn sie sehr deutlich ausgedrückt werden, sondern uns bereits als Andeutung begegnen. Ein schwaches Lächeln, ein Grübchen blitzt auf, eine Nase rümpft sich, ein Mundwinkel zuckt. Das alles bedeutet ungemein viel in der menschlichen Kommunikation. Ein Satz erhält seine Bedeutung durch die ihn begleitende Gestik und Mimik. Sie erklärt, wie etwas wirklich gemeint ist. Nicht nur, wenn wir eine ironische Bemerkung machen. Oder wollen wir uns als Nachrichtensprecher oder -sprecherinnen begegnen, die Sachinformationen verlautbaren lassen? Vieles von dem, was wir sagen, kommentieren wir durch die Art und Weise, wie wir es sagen, mit welcher Mimik, mit welchen Gesten, in welchem Tonfall.

»Wie bitte?«

»In welchem Tonfall.«

Wie irritierend es sein kann, wenn minimale Mikrobewegungen in der Mimik fehlen, sehen wir an Parkinson-Patienten im Frühstadium. Ihre wenn auch nur minimal starre Gesichtsmimik verunsichert, man fühlt sich unwohl, weiß nicht, wie man das einordnen soll – »mit dem stimmt doch was nicht«. Vertrauensaufbau wird schwierig. Was natürlich für die Betroffenen eine zusätzliche Belastung darstellt. *Wenn wir aber Emotionen nicht mehr richtig erkennen können, reduziert sich dadurch auch unser Vertrauen, unser Bindungsgefühl zu anderen Menschen.*[7] *Es ist ein bisschen so, als würde um uns herum in einer Fremdsprache gesprochen. Wir wissen nicht mehr, was gespielt wird, und in der Folge schrumpft auch unsere Empathiefähigkeit.*[8] Das alles könnte den neuen Egoismus erklären, der der Gesellschaft unter der Corona-Pandemie bescheinigt wird.

Ich möchte jedoch nicht verschweigen, dass es auch Menschen gibt, die gern Maske tragen, ja die Maske erleichtert sie, weil sie sich damit sicherer im Umgang mit anderen fühlen. Hier haben wir es oft mit Menschen zu tun, die an hohen sozialen Ängsten leiden. Erste Studien deuten an, dass es für sie mit Maske viel einfacher ist, mit anderen in Kontakt zu treten, weil sie ja ein bisschen *undercover*, zumindest halb verdeckt, sind. Bei Menschen, bei denen die soziale Angst noch gering ausgeprägt ist, kann das Masketragen dazu führen, dass sich ihre soziale Angst verfestigt nach dem Motto: Ich traue mich nur noch in menschliche Bezüge, wenn ich eine Maske trage. Es kann spekuliert werden, wie viele von uns sich freiwillig für das fortgesetzte Masketragen entscheiden werden. Nicht nur aus Angst vor Viren, sondern auch weil die Maske sie vor sozialen Ängsten schützt. Denn irgendwann ist die schönheitskorrigierte Labialfalte auch mal verheilt.

Gesichtserkennung wird uns nicht in die Wiege gelegt

Kommen wir nun von den Erwachsenen zu den Kindern. Bei ihnen muss sich die Gesichtserkennung erst entwickeln. Bis Kinder diese Fähigkeit leisten können wie Erwachsene, vergehen viele Jahre. Erst mit ca. 14 Jahren ist dieser Prozess abgeschlossen. An Kindern, die durch grauen Star erblindet zur Welt gekommen sind und im Alter von zwei Monaten operiert wurden, sodass sie sehen konnten, zeigt sich, wie gravierend eine Einbuße bei der Gesichtserkennung im Säuglingsalter ist.[9] Denn die vormals blinden Kinder konnten auch viele Jahre später, trotz nur zweimonatiger Blindheit, Gesichter nur beeinträchtigt erkennen. Bei der Erkennung unbelebter Objekte hatten sie keine Schwierigkeiten. Wir sehen also, wie enorm wichtig der Aufbau der Gesichtserkennung gerade im sehr frühen Alter ist. Und wenn ein Säugling von Menschen umgeben ist, die Maske tragen, ist er im Lernprozess seiner Gesichtserkennung behindert.[10] Und das kann Folgen haben, zum Beispiel Unsicherheiten im sozialen Kontakt, weil feine Nuancen im Gesichtsausdruck nicht erkannt werden können. Die Empathie-Fähigkeit kann dadurch eingeschränkt sein. Diese Unsicherheiten können sozialen Rückzug und Einsamkeit nach sich ziehen. Da Neugeborene mit der Entschlüsselung von Mimik auch Bindung und Sicherheit lernen, können sie, wenn ihre Eltern häufig Maske tragen, später bindungsunsicher werden. Im Kontakt mit dem emotionalen Gesichtsausdruck der Eltern lernen sie auch zu kommunizieren, in passenden Situationen einen eigenen Gesichtsausdruck zu bilden. Neugeborene haben weniger soziale Signale zur Verfügung: Geruch, Berührung, den Tonfall und die Mimik. Gesprochenes verstehen sie nicht. Direkt nach der Geburt zeigen sie im Vergleich mit allen anderen visuellen Objekten eine Vorliebe für Gesichter. Es gibt also ein dringendes biologisches Bedürfnis zum Kontakt mit lebendigen menschlichen Gesichtern.

Auch Schulkindern tun Masken nicht gut.[11] Beim Wiedererkennen von Gesichtern mit Maske sind sie gegenüber Erwachsenen stärker beeinträchtigt. Insbesondere die holistische Gesichtswahrnehmung nimmt bei Kindern stark ab, wenn das Gegenüber eine Maske trägt. Dies ist die Fähigkeit, das Gesicht als Ganzes und Individuelles wahrzunehmen und sich dabei nicht nur auf Einzelheiten zu konzentrieren. Es ist zu vermuten, dass die verminderte Fähigkeit zur Gesichtserkennung bei Kindern den Aufbau von sozialen Kontakten und Bindung zu Mitschülern und Lehrern erschwert.

Demaskiert!

Was steckt nun hinter der Verhärtung der Maskenfront, wie wir sie alle erlebt haben? Fast jeder hat so seine Erfahrungen gemacht, und ich selbst habe einiges auf meinen zahlreichen Bahnreisen erlebt. Stellvertretend für viele hier eine Privatstudie:

Ein Mann aß ein Brot und wurde von einem Mitfahrenden ohne Einleitung angebrüllt, er solle SOFORT seine Maske aufsetzen. »Das mache ich, wenn ich fertig gegessen habe«, entgegnete er freundlich. Was dann folgte, hätte eigentlich in eine psychologische Studie gehört, nun, sie fand im ICE statt. Es waren eine Menge Probanden vorhanden, die all das bestätigten, was ich Ihnen, meine lieben Leserinnen und Leser, auf den vorhergehenden Seiten geschildert habe. Es gab Gruppenbildungen mit gegenseitigen Abwertungen, um das eigene Selbstbild nicht infrage zu stellen. Es wurden Weltbilder aufgefahren, die natürlich vor den anderen geschützt werden mussten. *Wer die Maske abnimmt, gehört zu denen, die sind schlecht. Wer einen anderen nicht in Ruhe essen lässt, gehört zu denen, die sind schlecht.*

Vor allem musste das eigene Selbst vor dem Tod bewahrt werden, denn durch das Abnehmen der Maske wurde es ernst mit der Todesbedrohung. Motto: »Wenn die verantwortlichen Politiker das Maskentragen anordnen, dann ja nur, weil es gegen die Infektion und damit gegen den möglichen Tod hilft. Jemand, der sich nicht daran hält, muss also automatisch die anderen in Todesgefahr bringen.« Die Maske kann theoretisch die Ansteckungsgefahr reduzieren, je nachdem wie angemessen sie getragen wird, allerdings setzt der Gedanke an den Tod auch die uns bekannten psychischen Prozesse in Gang. Der Gedanke an den Tod musste dringend verdrängt werden durch noch stärkere Identifikation mit der gewählten Gruppe. Die anderen griffen schließlich die eigenen Werte an. Sie seien schuld, wenn »hier alles den Bach runtergeht, Triage und so«.

Ich staunte. So einfach konnte ein so spannender Versuch initiiert werden. Jemand brauchte bloß ein Käsebrot auszupacken, und es ging los! Natürlich war es während der gesamten Pandemie erlaubt, im Zug etwas zu essen oder zu trinken. Leider war es den Menschen im Zug nicht mehr möglich, Vor- und Nachteile abzuwägen. Sie verhielten sich wie gegnerische Gruppen mit einem hohen Ausmaß an aggressivem Potenzial auf beiden Seiten. Da blieb die gute Laune vieler Reisenden auf der Strecke. Dabei wissen wir doch mittlerweile im Großen und Ganzen, welche Maßnahmen wirklich hilfreich sind.

Maßnahmen im Visier

Ende Juni 2022 wurde endlich das mehrfach verschobene und dringend erwartete, von der Bundesregierung in Auftrag gegebenen Gutachten veröffentlicht (Evaluation der Rechtsgrundlagen und Maßnahmen der Pandemiepolitik).

Als sehr positiv bewerte ich in diesem Gutachten, dass angemerkt wird, dass zu einer wirksamen Risikokommunikation eine Diskussion kontroverser Meinungen gehören sollte, dass die Kommunikation der Risiken nicht allein auf Angstinduktion aufbauen sollte und dass wissenschaftliche Unsicherheiten klar angesprochen werden sollten.

Zur Isolation im Lockdown heißt es wörtlich: »Insgesamt ist ein Zusammenhang zwischen der Höhe der Inzidenz und der Maßnahmenstärke (hier auf den Lockdown bezogen) nicht erkennbar.« (S. 80, 1. Absatz). Das ist eine sehr klare Aussage. Es gilt hier also kaum auswertbare positive Effekte einer Vielzahl von gravierend negativen Effekten auf psychische und körperliche Gesundheit gegenüberzustellen. Eine Auflistung von physischen und psychischen Konsequenzen der Schulschließungen für Kinder und Eltern findet sich ebenfalls im Bericht (S. 95/96). Zum Ausschluss von Ungeimpften (2-G-Regel) spezifiziert der Bericht, dass mindestens 1000 Ungeimpfte vom gesellschaftlichen Leben ausgeschlossen werden müssen, um eine einzige Infektion zu verhindern (S. 87, vierter Absatz). Leider haben die Sachverständigen es versäumt, hier auch die negativen, spaltenden Effekte der 2-G-Regeln auf die Gesellschaft zu betonen.

Schließlich wird unter Bezug auf die Deutsche Gesellschaft für Krankenhaushygiene die Wirkung des Tragens von Masken infrage gestellt: »Eine schlecht sitzende Maske hat auch keinen, ggf. sogar einen negativen Effekt. Dies ist auch der Fall für medizinische Masken« (S. 100, vorletzter Absatz).

Ich bin gespannt, wie sich diese Erkenntnisse auf zukünftige Bahnfahrten auswirken werden. Und ich hoffe, dass wir uns wieder mehr füreinander öffnen. Man kann gerade auch im Zug Menschen kennenlernen, die im Laufe der Zeit zu Freunden werden.

Das hohe Gut der Freundschaft

Wie viele Freunde brauchen wir, damit wir ein tragfähiges soziales Netz spannen können? Idealerweise haben wir ein enges Netzwerk, das typischerweise aus drei bis fünf Personen besteht – unsere engsten Freunde, die wir auch nachts anrufen würden.[1] Das sind die Menschen, die für uns alles stehen und liegen lassen – und wir für sie. Freunde, denen wir Dinge anvertrauen, die uns am Herzen liegen, und Situationen erzählen, die uns zu schaffen machen, weil wir vielleicht unmoralisch gehandelt haben.

Der zweite Kreis umfasst etwa zehn bis 20 Menschen – das sind sehr gute Freunde, mit denen wir gern und häufig etwas unternehmen. Wenn diesen Freunden etwas zustoßen würde, erlebten wir puren Stress. Mit den Menschen des ersten und zweiten Kreises verbringen wir etwa 60 Prozent unserer sozialen Freizeit. Der dritte Kreis kann etwa 50 Personen ausmachen und besteht aus guten Bekannten, die wir seltener, aber trotzdem gerne treffen, um gemeinsam Spaß zu haben oder um Informationen auszutauschen.

Der letzte Freundschaftskreis zählt 150 bis 200 Personen. Es sind Bekannte, die wir selten treffen, denen wir aber immer noch mehr vertrauen als Fremden. Irgendwann endet die menschliche Kapazität für Kontakte. Die Anzahl entfernter Bekannter, denen wir keinen besonderen Vertrauensvorschuss mehr gewähren, kann noch etwa 500 betragen. Und die Anzahl von Menschen, die wir zwar kennen, zu denen wir aber keine Beziehung mehr haben, reicht bis etwa 1500. Danach können wir uns keine Namen mehr merken und Gesichter nicht mehr zuordnen.

Das kleine große Wunder tiefer Verbundenheit

Freundschaft lässt sich nicht erzwingen, und unter Leistungsdruck oder Zeitmangel werden wir keine Freunde finden. Freundschaft will Weile haben. So lernt man sich auch immer besser kennen. Man unternimmt Dinge gemeinsam, lacht miteinander, vertraut sich kleine Geheimnisse an, begleitet einander durchs Leben. Eine Freundschaft festigt sich mit der Zeit. Tatsächlich wissen wir, dass Zeit eine der wichtigsten Ressourcen ist, die in Freundschaften eingebracht wird. Wir verbringen ca. 1,5 Stunden am Tag mit Freunden aus dem inneren Kreis, ob virtuell, per Telefon oder im echten Kontakt. Mit den Bekannten aus dem letzten Kreis verbringen wir im Durchschnitt am Tag nur 30 Sekunden.[1]

Und wenn wir uns einmal vergegenwärtigen, was Freundschaft bedeutet, kann man fast von einem kleinen Wunder sprechen. Zwei Menschen wollen aus freien Stücken gern miteinander sein. Sie sind kein Paar, nicht familiär gebunden, einfach so fühlen sie sich zueinander hingezogen, genießen die Stunden miteinander, inspirieren sich, teilen Sorgen, schenken sich Mut und Zuversicht und gehen erfüllt und innerlich gewärmt wieder auseinander. In Zeiten wie diesen, in denen viele Menschen das Gefühl haben, von morgens bis abends Pflichten erfüllen zu müssen, ist das schon etwas Besonderes.

Oft fühlen sich Menschen gerade ihren Jugendfreunden sehr verbunden. Das liegt daran, dass Freundschaften, die mit emotionalem Erleben einhergehen, sich tiefer in uns verwurzeln. Man hat gemeinsam so bedeutende emotionale Erfahrungen gemacht, dass man sich auf ewig miteinander verbunden fühlt. Starke Erlebnisse, die uns berühren, egal ob negativ oder positiv, verankern wir stärker im Gedächtnis. Diese Erlebnisse verändern auch das Gehirn, es kommt zur Bildung und Verbindung von Nervenzellen. Je emotionaler die Ereignisse sind, desto stärker sind sie im Gedächtnis mit den Menschen gekoppelt, die sie miterlebt haben, die uns in einer vielleicht schwierigen Zeit geholfen haben. Solche Episoden verbinden uns natürlich viel stärker miteinander als lange Phasen, in denen Bekanntschaften angenehm dahinplätschern und dann vielleicht irgendwann im Sande verlaufen.

Die zwei Ebenen echter Freundschaft

Zu einer echten Freundschaft gehören immer zwei Ebenen: zum einen das Gefühl, miteinander verbunden zu sein. Dies ist die emotionale Ebene, sie hat etwas mit der empfundenen Wärme und Nähe zu tun, mit dem Wunsch, sich auch körperlich näher zu kommen, einander zu berühren, zu umarmen und sich riechen zu mögen. Auch das gemeinsame Singen, Lachen oder Tanzen gehört zu dieser Ebene. Ist die emotionale Ebene angesprochen, werden körpereigne Opioide gebildet, und wir sind glücklich.

Die andere Ebene ist eher kognitiv, mental: Hier finden wir die Elemente der Empathie wieder; Vertrauen zueinander zu haben, altruistisch und mit Freude zu geben, sich zu freuen, wenn der oder die andere sich freut. Vertrauen bedeutet aber auch, über Dinge sprechen zu können, die sehr privat sind und die wir Außenstehenden nicht anvertrauen würden. Zu dieser Ebene gehört auch die Fähigkeit zur Perspektivübernahme. Wie fühlt sich meine Freundin gerade und warum? Wie können wir gemeinsam unsere gute Stimmung aufrechterhalten beziehungsweise wie kommen wir gemeinsam aus einer blöden Stimmung am besten heraus? Die Fähigkeit zur Perspektivübernahme schließt weitere Fähigkeiten mit ein, wie schlussfolgerndes Denken und die Fähigkeit zum Belohnungsaufschub.

Je ausgeprägter diese mentalen Fähigkeiten sind, desto größer ist das soziale Netzwerk und desto größer sind bestimmte Teile des unteren mittleren Frontalhirns – eines Teils des Gehirns, der sich in der Evolution besonders spät erst bei den Menschenaffen und Menschen entwickelt hat und für die Regulation des emotionalen Erlebens und Verhaltens zuständig ist. Ein Verlust dieses Gehirnbereiches führt zur Auflösung unserer Persönlichkeit. Wir haben solche neurologischen Patienten schon als wandelnde Computer kennengelernt, sie haben die Fähigkeit verloren, Menschen und Dingen eine persönliche Bedeutung zuzuordnen.

Unterscheiden sich Freundschaften von Frauen und Männern?

Ja![2] Während für Frauen in einer Freundschaft das Gespräch am wichtigsten ist, ziehen Männer es vor, gemeinsam etwas zu unternehmen. Gemeinsam den Abend verbringen, wandern gehen, fischen, Sport machen. Fragt man Menschen nach dem wichtigsten Ereignis in ihrem Leben, erzählen Frauen in der Regel von ihrer Hochzeit, der Geburt der Kinder, dem Tod eines wichtigen Beziehungspartners. Männer antworten nicht selten: als wir Weltmeister wurden. Entscheidende Gruppen für Frauen, mit denen sie auch ihre Rollen und Normen definieren, sind häufig diejenigen, in denen auch ihre engen Freunde zu finden sind. Wichtige Gruppen für Männer hingegen sind meist größer, wie eben Fußballvereine, politische Parteien und so weiter. Starke Gewinne oder Verluste dieser Gruppen werden von Männern vermutlich genauso emotional erlebt wie von Frauen persönliche Ereignisse.

Das Phänomen der »besten Freundin« gibt es fast ausschließlich bei Frauen. Sie kennen häufig eine bestimmte Person, bei der sie sehr große emotionale Nähe empfinden und der sie sehr persönliche Dinge erzählen, nicht selten besteht die Nähe seit der Pubertät.

In dieser wichtigen Zeit bilden sich die frontalen Hirnbereiche aus, die für unsere Persönlichkeitsentwicklung besonders wichtig sind. Freundinnen, die ihre Pubertät miteinander teilen, knüpfen dabei oft ein Band fürs Leben, sind sich gegenseitig Zeitzeugen ihres Lebens.

Sich in einem sozialen Netzwerk aufgehoben zu fühlen ist der wichtigste Glücks- und Gesundheitsfaktor. Menschen, die sich mit anderen Menschen verbunden fühlen, haben ein effektiveres Immunsystem.[3] *Krankheiten werden auf zellulärer Ebene sofort abgewehrt.*

Fehlende Bindung hat wiederum Auswirkungen auf die Effektivität unseres Immunsystems, aber nicht im förderlichen Sinne: entzündungsfördernde Prozesse werden durch die verstärkte Produktion bestimmter Interleukine eingeleitet, und die direkte Abwehr schädlicher Stoffe durch sogenannte Killerzellen im Immunsystem wird heruntergefahren. Sie kennen bereits die Auswirkungen: chronische Entzündungsprozesse, Muskel- und Knochenabbau, Arthritis und Herzinsuffizienz, früher Tod. Freundschaft ist gut fürs Herz, in doppelter Hinsicht, nein in vielfacher: für jeden Einzelnen und alle miteinander.

Im Gegensatz zu Verliebtheit ist einseitige Freundschaft nicht möglich. Wir können sehr wohl in jemanden verliebt sein, dem wir egal sind, doch wir können nicht mit jemandem befreundet sein, dem wir egal sind und umgekehrt. Das zeigt noch einmal das hohe Gut der Freundschaft. Es ist nachvollziehbar, dass wir mehr davon haben wollen, und im Internet können wir Freundschaften mit einem Klick schließen. Aber sind sie echt?

Freunde im Netz

Wie ich eben dargelegt habe, ist die Anzahl an Menschen, die wir »verwalten« können, begrenzt. Deshalb fühlen sich immer mehr Nutzer der sozialen Netzwerke überfordert vom Bedienen ihrer großen »Freundeskreise«. Diese Freundschaften arten schnell in

Stress aus und haben nichts gemein mit der oben beschriebenen traditionellen Freundschaft. Auch Studien meiner Arbeitsgruppe in Düsseldorf zeigen, dass Wohlbefinden und Stressreduktion nur durch echte, analoge oder Offline-Freunde beeinflusst werden, nicht jedoch durch virtuelle oder Online-Freunde. Im Gegenteil, das Ausmaß an Wohlbefinden sinkt, wenn die Zahl der Online-Freunde zu stark ansteigt.

Laut aktuellen Studien verstärkte die Pandemie den Gebrauch sozialer Medien drastisch. Besonders Menschen, die sich während der Pandemie einsam fühlten, nutzten diese Möglichkeit zum Teil exzessiv als einzige Chance, aus der Einsamkeit herauszukommen.[4] Wenn allerdings die einzigen Kontakte online stattfinden und die echten vollständig ersetzen, verstärkt dies mit der Zeit diffuse Ängste, wie zum Beispiel wieder mit anderen Menschen in echten Kontakt zu treten, und dies verstärkt wiederum die Einsamkeit. Ein Teufelskreis, in dem sich die Einsamkeit selbst verstärkt.

Virtuelle Treffen als Ersatz

Viele Menschen haben während der Pandemie begonnen, sich virtuell zu treffen, auch ausführlich zu telefonieren, und oft wurden diese Gespräche anders erlebt als vor der Pandemie. Man hörte einander wirklich zu, sprach lang miteinander, und vielen wurde hier bewusst, dass ihnen etwas fehlte, zum Beispiel sich zu berühren und – ja, sich zu riechen, auch wenn uns das nicht bewusst ist. Aber das ist, was gemeint war, wenn wir festgestellt haben: Du fehlst mir. Die chemosensorische Wahrnehmung hat gefehlt – mit all ihren positiven Effekten auf unser Leben, die am Telefon oder über Skype nicht ausgelöst werden.

Gewiss kann das Internet auch eine Brücke für einen ersten Eindruck sein. Doch der bezieht sich auf Attraktivität. Jeder von uns hat schon einmal die Erfahrung gemacht, dass ein Mensch, den er per Telefon oder auch Skype kennengelernt hat, bei einer persönlichen Begegnung einen ganz anderen Eindruck hinterließ. Ja, weil wir unseren ersten Eindruck ohne chemosensorische Signale gebildet hatten. Aber sie sind es, die einem anderen in unserem System grünes Licht geben oder die Rote Karte zeigen.

Im beruflichen Kontext waren die Möglichkeiten via Internet eine große Erleichterung, um die Arbeitswelt am Laufen zu halten. Am Laufen gehalten aber wird sie von Menschen, und es brauchen nur mehrere an einer Sitzung teilzunehmen, und schon erweist sich das Internet als wenig geeignet. Es gruselt mich, wenn ich lese, wie zahlreiche Firmen mit dem Gedanken spielen, Meetings auch in Zukunft prinzipiell online durchzuführen. Wie viele Bürokosten man sich sparen könnte, wenn die Mitarbeiter im Homeoffice arbeiteten! Nichts gegen Informationsaustausch via Internet. Doch wann immer es um Vertrauen geht, um Kreativität und Miteinander, kann es nur eine Notlösung sein. Und ist nicht jede Geschäfts- auch eine Vertrauensbeziehung?

In einer aktuellen groß angelegten Studie mit mehreren Hundert Teilnehmern aus fünf Ländern in drei Erdteilen wurde untersucht, wie sich virtuelle Meetings auf die Ideenfindung und Strategieentwicklung in Wirtschaft und Wissenschaft auswirken. Dabei zeigte sich eindeutig, dass die Bildung von neuen kreativen Ideen bei Online-Meetings im Vergleich zu Real-life-Meetings stark absank.[5]

Soll in Gruppen Kreativität entwickelt werden, braucht es echte menschliche Nähe und kein Eingrenzen des mentalen Fokus auf kleine Bildschirmkästchen. Es muss die gesamte Bandbreite an zwischenmenschlicher Information herangezogen werden.

Ohne körperliche Anwesenheit können wir keine subtilen sozialen Signale mehr austauschen. In Online-Meetings können wir uns zwar zulächeln, doch wer weiß schon, wem das Lächeln gilt beziehungsweise welches Fenster auf dem Bildschirm jetzt gerade groß gezogen wird, meistens ist es das des Sprechenden. Viele der Kommentare, die in der realen Welt letztlich über die Ergebnisse bestimmen würden, werden nicht gesprochen, sondern sind in Gesichtern ablesbar. Von Gerüchen einmal ganz zu schweigen.

In Online-Meetings können wir keine Koalitionen bilden, es gibt weniger Witzchen, kurz: Das Menscheln fehlt, sogar jenen, die sich oft über endlose Sitzungen als Zeitverschwendung beklagten. Irgendwie haben sie das Team trotzdem zusammengeschweißt, und wenn man nur mit den Augen gerollt hat, weil Mitarbeiter X zum vierten Mal zusammenfasste, was bereits gesagt worden war. Aber dann hat er frischen Kaffee aufgesetzt und sogar ein paar süße Teilchen organisiert, und man hat sich zugelächelt, und jeder hatte die Kontrolle darüber, wen er anlächelt. All das fehlt jetzt. Man hat uns von einer subjektiv emotionalen auf eine rein funktionale Ebene geschoben, auf der man idealerweise nur sinnvolle Argumente austauscht und sich kurz fasst.

Emotionalität und Begeisterung verblassen online

Meine internetbasierten Vorlesungen haben leider auch an Emotionalität verloren. Es ist eine völlig andere Situation, ob ich vorne auf dem Podium stehe und meine Studierenden »spüre«, als wenn ich zu Hause im Arbeitszimmer auf den Bildschirm schaue. Diese Erfahrung teile ich mit anderen, die von Berufs wegen mit Publikum zu tun haben. In einer Präsenzveranstaltung integriert man die Reaktionen des Publikums in den eigenen Vortrag. Sehe ich fragende Gesichter, erkläre ich detaillierter. Nehme ich eine allgemeine Geistesabwesenheit wahr, mache ich vielleicht einen Scherz, der die Studierenden zurückholt. Die wiederum auch viel aktiver mitmachen und Fragen stellen – und dann führt eine Vorlesung manchmal in eine andere Richtung als beabsichtigt. Es darf lebendig und spontan sein. Vor dem flachen Bildschirm sitzend brauche ich sehr viel Energie, um meinen Vortrag nicht abflachen zu lassen. Es fehlt das direkte Feedback der Studierenden, die Vorlesung ist vermutlich geradliniger, aber auch weniger unterhaltsam. Und das wäre wichtig, denn wir lernen am besten, wenn wir uns für etwas begeistern, wenn unsere Herzen offen sind.

Die Deutsche Gesellschaft für Psychologie hat zahlreiche Studien zur Effektivität von Präsenz- und internetbasiertem Unterricht an Universitäten ausgewertet.[6] Die Lernleistung im Präsenzunterricht schnitt immer besser ab, egal ob Vorlesung oder Praktikum, vermutlich, weil die Dozenten und Dozentinnen hier auf den Einzelnen eingehen, das Tempo individuell steuern können und es weniger Ablenkung gibt. An den Universitäten haben viele Studierende zuerst sehr darunter gelitten, zu Hause bleiben zu müssen, vor allem die Erstsemester, die sich auf den Beginn ihres Studiums freuten – immerhin ein neuer Lebensabschnitt. Neue Menschen, neue Freunde, neue Erfahrungen, neues Wissen und nicht zu vergessen: die Partys! Doch nach einer Weile ist die Enttäuschung in Bequemlichkeit übergegangen. Ist ja viel angenehmer, zu Hause bleiben zu können. Zumal man sich die Vorlesung dann anschauen kann, wann man will, es wird ja alles aufgezeichnet. Man muss nicht pünktlich sein, und es ist egal, welche Klamotten man trägt. So verlor die Uni als Lebensmittelpunkt an Bedeutung.

Use it or lose it

Dass noch viel mehr auf der Strecke blieb, merkten viele erst nach einer Weile, als die Effekte der Einsamkeit und Isolation immer sichtbarer wurden, sich soziale Ängste verstärkten. Auf einmal befindet man sich in einem Teufelskreis: *Die eigenen sozialen Fertigkeiten werden reduziert, die soziale Urteilskraft schrumpft, und es wird immer anstrengender, die Verbindung zu halten oder überhaupt in Kontakt zu kommen. Das kennen wir alle: Wenn wir eine lange Pause machen, ob es Sport oder das Spielen eines Instruments betrifft, wird der Wiedereinstieg mit der Zeit immer schwieriger.*

Berücksichtigt man, dass junge Menschen häufiger unter sozialen Ängsten leiden, wird verständlich, warum es so vielen schwerfällt, an die Uni zurückzukehren, wenn wieder Präsenzunterricht angeboten wird. Schlimmstenfalls sehen wir eine soziale Isolation, die sich im Lauf der Zeit manifestieren kann zu ernstlichen psychischen und physischen Erkrankungen.

Für unser Lebensglück und unsere Gesundheit ist der soziale Erfolg von enormer Bedeutung. Wir brauchen das Gefühl, wertvolle und wichtige Menschen zu sein. Unser Bauchgefühl kann sehr wohl unterscheiden, was nur so dahingesagt und was authentisch ist. Im Kontakt mit anderen Menschen haben wir die Chance, diese Bedürfnisse zu befriedigen und selbst zu einer kohärenten Persönlichkeit heranzureifen. Das Miteinander, die Verbindung mit anderen Menschen, ist eine soziale Schule. Wer hier »studiert«, hat beste Chancen auf ein Leben in Selbstverwirklichung und weiterer sozialer Verbundenheit.

Beschäftigt man sich mit den sozialen Herausforderungen der Zukunft – Stichwort Einsamkeit –, dann kann Freundschaft gar nicht hoch genug bewertet werden. Die Folgen ihres Mangels, die Folgen sozialer Isolation belasten das Gesundheitssystem enorm und verursachen hohe Kosten, ganz abgesehen von den Tonnen an Traurigkeit, die Menschen mit sich herumschleppen und die sie auf Dauer krank machen.

Aber darüber wird selten gesprochen, denn keine Freunde zu haben ist häufig auch mit Scham besetzt. Umso wichtiger ist es, diese Zusammenhänge zu erkennen. Und Freundschaft als das wertzuschätzen, was sie auch ist: ein Stück Liebe.

Liebe!

Wenn wir Liebe sagen, denken, fühlen, entstehen Bilder von Zweisamkeit, wenngleich der Begriff heute so inflationär verwendet wird, dass er eigentlich längst verwässert sein müsste. Was man nicht alles lieben kann, sogar sein Auto, sein Smartphone, Schuhe und Sofas. Kurioserweise sind Freundschaften von der Liebe oft ausgeklammert. Es kommt sehr selten vor, dass Freunde einander sagen: Ich liebe dich. Obwohl es so ist. Leichter fällt ein »Ich hab dich lieb«.

Es ist jedoch in unseren Breiten nicht üblich, zu einem Freund »Ich liebe dich« zu sagen. Vor allem Männer haben manchmal Skrupel, ihre Gefühle für einen Freund zu zeigen. Man könnte sie für homosexuell halten, und so verbergen sie ihre Zuneigung gern hinter ruppigen Gesten. Doch Freundschaft ist auch eine Form von Liebe. Manchmal wird aus Freundschaft eine Beziehung, nicht der schlechteste Beginn. Idealerweise sind Paare auch gute, wenn nicht sogar ziemlich beste Freunde. Doch wie kommt es eigentlich, dass wir uns in jemanden verlieben? Wie wichtig ist die Optik? Mit welchen äußerlichen Merkmalen punkten wir beim anderen Geschlecht?

Wer ist der/die Schönste im Land?

Bis vor einiger Zeit dachte man, Frauen würden von Natur aus markante Männer bevorzugen: ausgeprägtes Kinn, breite Schultern. Männer hingegen würden sich zu Frauen mit großen Augen und Brüsten hingezogen fühlen. Das klang evolutionsbiologisch logisch, denn die männlichen Männer signalisieren einen hohen Testosteron- und die weiblichen Frauen einen hohen Östrogenspiegel. Und darauf kommt es schließlich an, um dem Nachwuchs die besten Chancen zu ermöglichen. Für Frauen bedeutete dies angeblich: starke Männer, die Schutz boten. Für Männer: gesunde Frauen mit einem »gebärfreudigen« Becken. Aber diese herkömmliche Theorie ist seit einer groß angelegten Studie über verschiedene Kulturen hinweg widerlegt.[1] Denn wenn der evolutionäre Erklärungsansatz stimmen würde, müsste er sich durch die ganze Geschichte der Menschheit ziehen und durch alle Epochen und Kulturen. Es stellte sich jedoch heraus, dass sich die Merkmale veränderten, die als attraktiv galten. Nun, das wissen wir selbst in überschaubarem Maße auch. Frauen, die früher als schlank galten, werden heute durchaus als moppelig empfunden, und wenn sie Kleidung präsentieren, nennt man sie Curvy Models.

Wir wissen, dass sich Schönheitsideale ändern. Doch in der eben genannten Studie fragten die Wissenschaftler nach den Wurzeln der Anziehung von Menschen, die in vielen unterschiedlichen Wirtschaftsformen lebten, von Ackerbau und Viehzucht bis zur modernen privaten Marktwirtschaft. Außerdem schwankte der Urbanisierungsgrad, also die Verstädterung, sehr stark, von sehr kleinen dörflichen Gemeinden bis hin zu Riesenstädten wie Shanghai. Nun könnte man meinen, dass der männliche Mann und die weibliche Frau gerade in ursprünglichen Kulturen eine Blütezeit erleben würden. Von wegen! Diese Vorlieben entstehen erst in urbanisierten westlichen Gesellschaften. Je einfacher die Gemeinschaften leben – in kleinen Dörfern mit Ackerbau und Viehzucht –, umso weniger ausgeprägt sind die äußerlichen Unterschiede von attraktiven Männern und Frauen. Fruchtbarkeitssymbole, zum Beispiel ein Aussehen, das auf einen hohen Testosteron- beziehungsweise Östrogenspiegel hinweist, spielen nicht die Rolle, die man vermutet hatte. Stattdessen gelten in ursprünglichen Gesellschaften androgyne Menschen als schön, und zwar bei beiden Geschlechtern. Für Frauen war also ursprünglich der androgyne Mann am attraktivsten, jener, der männliche und weibliche Attribute vereint. Und für die Männer waren Frauen am attraktivsten, deren Optik weibliche und männliche Eigenschaften miteinander verband. Gebärfreudiges Becken ade. Somit haben wir es bei der derzeitigen Bevorzugung von sehr männlichen und sehr weiblichen Frauen nicht mit einem evolutionsbiologischen Phänomen zu tun, sondern mit einem Artefakt, einem Kunstprodukt unserer modernen Gesellschaften.

Geschlechtsrollen engen uns ein

Aus der Androgynitätsforschung in den 1970er- und 1980er-Jahren[2], als dieses Thema sehr angesagt war, wissen wir, dass androgyne Menschen glücklicher und gesünder sind als sehr weibliche Frauen oder sehr männliche Männer. Das mentale Wohlbefinden, beziehungsweise die mentale Gesundheit, steigt bei androgynen Menschen an, je stärker sie sowohl weibliche als auch männliche Anteile zulassen, je ausgeprägter sie sich selbst sowohl mit weiblichen als auch mit männlichen Attributen beschreiben.[3]

Geschlechtsrollen bedeuteten immer eine Einschränkung. Sie hindern uns daran, unterschiedliche Erfahrungen zu machen. Eine künstlerisch interessierte Frau, zum Beispiel eine Bildhauerin, wird ihre Passion nur ausleben können, wenn ihr die Gesellschaft keine Steine in den Weg legt. Oder sie ist psychisch sehr stark und räumt sie weg. Doch diese Fähigkeit haben nur wenige, im Großen und

Ganzen bleiben wir gern mit unserer Gruppe verbunden und somit auch mit ihren Werten und Vorstellungen.

Je weniger man sich von einer Rolle einengen lässt, desto größer ist der Raum, der erkundet und erlebt werden kann, was beiden Geschlechtern Vorteile bietet. So können Frauen sich auch handwerklich und in Naturwissenschaften verwirklichen, wozu ihnen früher jegliche Begabung abgesprochen wurde. Sie können Programmiererin und Astronautin werden, Bundeskanzlerin sowieso. Und sie können sich gegen ihre »Hauptrolle« entscheiden: die Mutterschaft. Männer in androgynen Geschlechtsrollen haben die Freiheit, auch soziale Berufe zu wählen, ohne mit Ressentiments rechnen zu müssen, und können sich zum Beispiel verwirklichen als Erzieher oder Kranken- und Altenpfleger. Sie können emotionale Nähe suchen und Gefühle zeigen. Für viele Menschen sind diese breit gestreuten Möglichkeiten eine Erleichterung. Denn Rollen, wenngleich sie uns Sicherheit geben, uns also mit der vorherrschenden gesellschaftlichen Meinung verbinden, kappen auf der anderen Seite die Verbindung zu unseren individuellen Talenten, Fähigkeiten und Bedürfnissen.

Zufriedene Menschen sind attraktiver

Menschen, die sich wenig darum kümmern, welche Geschlechtsrollen die jeweilige Gesellschaft gerade vorgibt, haben höhere Chancen zu einer größeren Selbstkomplexität. Sie können eigene Anteile ausleben, erleben hierbei Selbstwirksamkeit und Zufriedenheit. Sie machen Erfahrungen, die sie für sich wichtig finden, bei denen sie glücklich werden. Sie beschneiden sich nicht aufgrund von externen Vorgaben in ihrer eigenen Entwicklung und verengen ihr Leben nicht auf bestimmte Aspekte, von denen sie meinen, sie müssten sie erfüllen, um zu werden, wer sie nicht sein wollen. Der Preis dafür, das Sollselbst zu erreichen, ist hoch. Die ständige Zerreißprobe zwischen der Realität und dem Sollselbst führt zu ängstlichen, unsicheren und unglücklichen Menschen.

Androgyne Menschen sind zweifelsfrei zufriedener, ja auch glücklicher und gesünder als jene, die sich sehr stark mit geschlechtsspezifischen Rollenbildern identifizieren. Das kann auch ein Grund dafür sein, dass androgyne Menschen in ursprünglichen Gesellschaften als attraktiv empfunden werden. Denn was uns anzieht, ist ja nicht nur das Äußere. Zufriedene Menschen strahlen etwas anderes aus als unzufriedene.

Stereotype als Kategorisierungshilfe

Aber weshalb sind die Rollenvorgaben in unseren modernen Gesellschaften nun wieder sehr, sehr eng geworden? Wider besseres Wissen, wie wir eben gesehen haben. Warum haben sich unsere Attraktivitätsideale verändert hin zum männlichen Mann und der weiblichen Frau? Die Wahrheit ist: Wir wissen es nicht. In meinem Fach, der Sozialpsychologie, erklären wir uns das Phänomen so, dass in ursprünglichen, kleinen Gesellschaften ein Mensch als Individuum wahrgenommen wird. Friederike ist Friederike und Fritz ist Fritz. Beide werden unabhängig von ihrer Geschlechtszugehörigkeit als Mensch wahrgenommen. Friederike ist Friederike, weil sie so ist, wie sie ist. Und Fritz ist Fritz, weil er so ist, wie er ist. Das heißt, die Individuen, ihre Eigenschaften, ihre Persönlichkeits- und Charaktereigenschaften machen den Menschen aus. Je größer und unüberschaubarer Gesellschaften oder Gruppen werden, desto mehr werden Anhaltspunkte benötigt, um das Verhalten der Mitmenschen einordnen zu können. Dann ist Fritz eben nicht mehr Fritz, sondern er ist ein Unbekannter wie so viele andere Unbekannte auf der Straße, und er reiht sich ein in den Strom der vielen Millionen anderer Sinneseindrücke, die uns erreichen. Das Gehirn hat nur eine Chance, diesen Dschungel zu lichten: Es muss kategorisieren, die Welt um sich herum sortieren. Das betrifft nicht nur unsere Mitmenschen, sondern auch Pflanzen – Baum –, Tiere – Hund –, alles, auch die unbelebte Umwelt. Wir hatten das Thema schon besprochen, unser Gehirn benötigt diese Kategorisierungen oder Schemata, um spontan reagieren zu können. Aufgrund der so gebildeten Vorannahmen über Objekte und Menschen brauchen wir nicht jedes Mal genau zu analysieren, wer oder was da gerade auftaucht, ob es, er oder sie gefährlich ist oder Freude verursacht.

Entsprechend unserer Schubladeninhalte verhalten wir uns dann auch und nutzen Stereotype, wenn wir einen Mann auf sein Auto und eine Frau auf ihr Kleid ansprechen. Allein die Vorstellung, einem ausgeprägt männlichen Mann, der neben einem sportlichen Auto steht, ein Kompliment für sein hübsches Hemd zu machen, verleitet zum Schmunzeln. Richtig im Sinne unserer Vorauswahl – Mann mit Männerthema ansprechen – wäre es, seinem Auto, Fahrrad oder Computer ein Kompliment zu machen. Oder, wenn er ein Kind im Kinderwagen schiebt, vielleicht über die Federung des Gefährts zu sprechen. Nicht jedoch darüber, ob der Säugling Blähungen hat. Natürlich würden Sie das fragen, wenn Sie den Vater näher kennen, doch bei einem Unbekannten geht man lieber auf Nummer sicher und hält sich an die Stereotype.

Da taucht schon ein anderer Mann auf. Sie sehen eine Baskenmütze und denken: Franzose. Auch wenn es völliger Nonsens ist, glaubt etwas in Ihnen zu wissen, dass dieser Unbekannte lieber Rotwein als Bier trinkt und gern beschaulich bei Sonnenuntergang an der Seine sitzt. Und natürlich küsst er gern. Dass er in Wirklichkeit aus dem Allgäu stammt und wegen seiner Zahnprothese seit Jahren nicht mehr geküsst hat, werden Sie nie erfahren. Sie sind schon weitergegangen in Ihrer Welt im Lot, an der alles seinen Platz hat, auch wenn dies auf Stereotypen beruht. Das muss so sein, bei jedem von uns. Kategorisierungen helfen uns, in einer unüberschaubaren Welt klarzukommen, mit ihr verbunden zu bleiben. Was wäre denn, wenn wir uns in einer Großstadt über jeden Menschen, der uns begegnet, Gedanken machen würden? Wer ist das, was macht der beruflich, welche Interessen hat er, ist er verheiratet, hat er Kinder, was hat er für einen Charakter, trinkt er lieber Rotwein oder Limonade? Wir würden uns selbst lähmen, wir wären handlungsunfähig, und nach kürzester Zeit würden vermutlich Rauchwolken aus unseren Köpfen aufsteigen. Kurzschluss! Dieser wird verhindert durch unsere Kategorien, zum Beispiel Mann und Frau, die so enorm wichtig geworden sind für moderne Großstadtmenschen oder große Gemeinschaften, in denen Menschen nicht mehr als Individuen erkannt werden können, weil es einfach zu viele sind.

Je vertrauter desto schöner

Schönheit ist ein weiterer wichtiger Aspekt bei den Kategorien. Doch was ist Schönheit eigentlich? Auch das wurde in zahlreichen Studien erforscht.[4] Man hat Bilder von Gesichtern gemorpht, beispielsweise zwei normal attraktive Gesichter übereinandergelegt, um ein Mischgesicht zu erhalten. Dieses Verfahren kann auf fünf, zehn Bilder erweitert werden, sodass ein Mischgesicht entsteht, das immer weniger individuell ist, jedoch die Anteile von mehreren Menschen in sich vereint. Befragungen haben gezeigt, dass die künstlich hergestellten Mischbilder als attraktiver beurteilt werden als die echten Gesichter.

In diesem verblüffenden Ergebnis begegnet uns eigentlich ein alter Bekannter, nämlich die Vertrautheit. Wie so oft im Leben sind Ähnlichkeit und Vertrautheit wichtige Aspekte, auch bei der Beurteilung der Attraktivität von fremden Personen. Da in den Mischgesichtern Anteile von mehreren Menschen vereint werden, steigt die Wahrscheinlichkeit, dass uns einzelne Aspekte vertraut sind. Und je vertrauter uns ein Gesicht ist, das wissen Sie bereits, desto lieber ist es uns.

Sicher kennen Sie auch das Phänomen, dass Sie einer fremden Person, die Sie nie gesehen haben, einen Vertrauensvorschuss entgegenbringen, weil etwas an ihm oder ihr Sie an jemanden erinnert, den Sie mögen. Im Zusammenhang mit uns persönlich wichtigen Personen bilden wir sogenannte relationale Schemata aus. Ein bestimmtes Verhaltensmuster, das durch die bestimmte Person aktiviert wird. Treffen wir eine unbekannte Person, die ähnlich aussieht, reagieren wir auf ähnliche Weise wie vormals bei der ursprünglichen Person. Aufgrund dieser Kategorisierung glauben wir, etwas zu wissen, was wir nicht wissen können. Wir gehen uns selbst auf den Leim. *Wobei so ein Vorurteil auch Vorteile haben kann: Wenn wir beispielsweise einem fremden Menschen, der uns an einen guten Freund erinnert, »vorurteilsfrei« begegnen und offener, als es unser realer Bekanntschaftsstatus erwarten ließe. In Beantwortung dieser vielleicht überraschenden Offenheit kann beim anderen viel ebenfalls Überraschendes entstehen, Bejahendes und Verneinendes.*

Das Gehirn hat viel zu tun, einen Weg durch diesen Dschungel der Annäherung zu finden. In Zweifelsfall können wir aber wie immer auf unsere Nase vertrauen, die sich in unserem Bauchgefühl ausdrückt und uns vor überstürzter Offenheit und zu viel Gutgläubigkeit warnen kann. Was jedoch immer von Vorteil ist: wenn wir uns darüber bewusst sind, dass wir ständig einen Rollschrank voller Schubladen hinter uns herziehen und pausenlos alles und jeden und jedes irgendwo einsortieren. Vielleicht waren wir an irgendeiner Stelle vorschnell und haben ein Fehlurteil gefällt. Androgyne Menschen sind nicht so leicht einzuordnen. Da muss man einen zweiten Blick riskieren. Wenn wir ihn riskiert haben und uns näher einlassen, beginnen wir vielleicht eine …

Affäre

Körperlich hohe Anziehung oder aufregende geistige Anziehung? In jedem Fall: prickelnd und berauschend. Der Verstand ist hier gerade mal nicht so wichtig!

Wie vorhin schon geschildert, fühlen wir uns häufig zu Menschen hingezogen, die uns ähnlich sind. Doch bei Affären kommt es nicht selten vor, dass uns gerade die Verschiedenheit anzieht, fast so, als müssten wir diese mit einer besonderen Verbindung überbrücken. Wir erobern das Fremde, wir erweitern unser Selbst durch diese neuen Aspekte. Eine Affäre ist nicht von Dauer. Und nicht von Dauer ist häufig auch die Anziehung, die auf dem Sprichwort »Gegensätze ziehen sich an« beruht. Langfristig erfolgreicher ist man mit »Gleich und Gleich gesellt sich gern«. Extreme Ungleichheiten dienen zwar als Attraktoren für kurze flammende Begegnungen, doch die Extreme finden in der Regel keine gemeinsame Basis, das Zusammenleben kann zum Gräuel werden, zwischen einer Lerche und einer Eule, einem extrem Ordentlichen und einem extrem Unordentlichen, einem Eifersüchtigen und einem Flirtfan, einem Veganer und der Grillfreundin und so weiter. Typische Besonderheiten können zum Beispiel in einem ungleichen Alter liegen: »Oh, ich bin so verliebt, er ist so weise und erfahren«, kann ganz schnell zu: »Ojee, ist der langweilig, nie geht er mit mir auf Partys, und abends möchte er immer schlafen, was für ein Langweiler« werden. Auch extreme ungewöhnliche Eigenschaften können attraktiv sein, wie zum Beispiel »Er hat so ein wahnsinnig intensives Interesse an mir, jede Stunde bekomme ich eine Handynachricht von ihm, wie wunderbar«. Das wird schnell zu: »Er ist krankhaft eifersüchtig, immer will er kontrollieren, was ich gerade mache. Ich fühle mich wie eingesperrt.« Oftmals sind also die Verschiedenheiten, die zum Beginn der Affäre führen, hinterher genau die Gründe für deren Beendigung.

Nähe macht glücklich

Den Unterschied zwischen freundschaftlicher und Liebesbeziehung macht die körperliche Nähe. Und jetzt sind wir mittendrin in den Nähe-Sinnen, dem Fühlen, Streicheln, Schmecken, Küssen und der chemosensorischen Kommunikation.

Menschen, die wir begehren, riechen wir gern. Wir fühlen uns wohl in der Körperlichkeit des anderen. Mit Berührungen erleben wir die größtmögliche Nähe, durch sie werden wie sonst kaum Endorphine ausgeschüttet. Der Nähe- und Geruchssinn sind die wichtigsten, wenn wir Nähe-Glück erleben.

Früher glaubte man, Berührung wäre immer gleich, egal ob man einen Tisch oder einen anderen Menschen berührt. So habe ich es noch im Studium gelernt. *Heute wissen wir, dass es spezielle Nervenfasern für zärtliche Berührungen gibt, die sogenannten C-Touch-Fasern. Sie reagieren auf zärtliches Streicheln, aber auch auf Kitzeln.*[5] *Während die Nervenfasern des normalen Tastsinnes im sensorischen Kortex enden und dort Informationen über Art und Ort der Berührung melden, enden die C-Touch-Fasern im limbischen System, dem emotionalen Gehirn.*

Durch liebevolles Berühren werden in erster Linie körpereigene Opioide, morphiumähnliche Substanzen, ausgeschüttet. Sie lösen Gefühle aus wie »völlig abgehoben«, »nicht mehr in dieser Welt«, »absolute Glückseligkeit«. Diese auch Endorphine genannten Stoffe haben noch eine weitere Eigenschaft: Sie sind stark schmerzlindernd. Daher kennen wir es vom Menschen, aber auch von vielen anderen Säugetieren und sogar von Mäusen,[6] dass sie Artgenossen durch Körperkontakt beruhigen, wenn sie mitbekommen, dass diese an Schmerzen leiden oder gestresst sind. Nehmen wir nicht auch unsere Liebsten spontan in den Arm oder streicheln sie, wenn sie Schmerz verspüren? Neben Endorphinen wird durch soziale Berührung auch vermehrt Oxytocin ausgeschüttet, der Stress lässt nach, und die erlebte Verbundenheit zum Partner wird immer größer. Berührung ist Verbundenheit pur, der Körper leitet alle Prozesse ein, die zum größtmöglichen Glückserleben führen können.

Berührungen erzählen uns auch sehr viel über unseren Partner. Es gibt das Sprichwort: Eine Berührung sagt mehr als tausend Worte. Wie meint der andere das, was er sagt? Wie ehrlich ist er? Was genau empfindet er für mich? Auf der Suche nach Antwort kann eine Berührung viel aufschlussreicher sein als langes Erklären.

Liebevolle Berührungen, ob freundschaftliche Umarmung oder

zärtliches Streicheln, brauchen wir als soziale Wesen, um gesund zu bleiben.[7] Die gravierendsten Effekte von Berührungsmangel sehen wir bei kleinen Kindern. Werden Kinder bei Eltern groß, die sie nicht oder kaum berühren, kann es zu Verzögerungen in der Sprachentwicklung kommen, zu schlechteren Schulleistungen, Schlafproblemen und erhöhter Aggressionsneigung. Beim Erwachsenen führt ein anhaltender Entzug menschlicher Berührung zu erhöhter Ängstlichkeit, Traurigkeit und Einsamkeitsgefühlen.

Don't touch: Distanz tut weh

Kommen wir zurück zur intimen Berührung bei Liebespaaren. Wie war das eigentlich während der Pandemie, als es auch vielen Liebespaaren verboten war, sich zu treffen? In einer Studie wurden knapp 2000 Teilnehmer aus England, Frankreich und Mexiko zu ihren Erfahrungen zum Verlust von Berührung während der Pandemie befragt. Besonders die Menschen in Liebesbeziehungen litten sehr unter Berührungsverlust. Mit zunehmender Zeitdauer von sozialer Isolation beziehungsweise Lockdown wurde das Verlangen nach Berührung stärker. Je stärker der Verlust von Berührungen durch den Partner erlebt wurde, desto ängstlicher und einsamer beschrieben sich die Teilnehmer. Die stressberuhigende Wirkung des Streichelns fehlte, und die Angst vor Corona oder Einsamkeit oder wirtschaftlicher Pleite konnte sich ungehindert ausbreiten.

Dass wir uns schließlich wohlfühlen im Geruch eines anderen Menschen, ist eine Voraussetzung dafür, dass aus einer Affäre eine langfristige Partnerschaft wird, in der wir vielleicht, wenn wir auf Reisen gehen, ein T-Shirt unseres Liebsten mitnehmen.[8] Das tun nicht wenige Menschen. Der vertraute Geruch reduziert Stress, tröstet, spendet Geborgenheit und gute Gefühle. Wenn die Beziehung schon eine Weile anhält, wenn man die rosarote Brille auch einmal absetzt, betrachtet man die Beziehung allmählich realistischer. Sie kann nicht für beide genau gleich viel bedeuten, denn jeder Mensch geht mit unterschiedlichen Vorstellungen in eine Beziehung.

Beziehungs-Weisen

In Beziehungen machen wir häufig Kosten-Nutzen-Rechnungen auf, mit denen wir abklären wollen, ob wir dabei auch wirklich schwarze Zahlen schreiben. Diese Berechnungen werden meist nicht bewusst durchgeführt, sondern sie äußern sich eher in Gefühlen und entscheiden, ob wir langfristig in der Beziehung verbleiben oder nicht. Im Folgenden schildere ich ausschließlich psychisch stabile Beziehungsteilnehmer, keine Menschen, die ihre psychischen Probleme durch eine Beziehung therapieren wollen, womit sie sie meistens vergrößern.

Man überlegt also: Es ist zwar total lustig mit ihm, und wir haben viel Spaß miteinander, und im Bett klappt es auch, aber eigentlich fehlen mir tiefgründige Gespräche.

Man stellt fest: Ich kann zwar wahnsinnig gut tiefgründige Gespräche mit ihm führen, aber ein bisschen mehr Leidenschaft wäre nicht schlecht.

Man bedauert: Dass sie so ungern neue Leute kennenlernt, wenngleich sie in puncto Zuverlässigkeit und Treue meine absolute Traumfrau ist.

Man hätte gern einen gemeinsamen Biorhythmus oder einen ähnlichen Musikgeschmack und bitte keine Zigaretten mehr!

So rechnen wir hin und her, wir vergleichen mit anderen Beziehungen, eigenen und denen von Bekannten. Wenn wir bislang ein hohes Beziehungslevel hatten, also harmonische Beziehungen führten, wollen wir uns dies auch in Zukunft erhalten. Sind wir an viele Kompromisse gewöhnt, haben wir weniger hohe Ansprüche. Es ist ein bisschen, wie wenn man eine neue Wohnung sucht: Man möchte sich auf keinen Fall verschlechtern.

Wir überprüfen auch unser Vergleichsniveau für Alternativen. Wenn ich das Gefühl habe, ein begehrenswerter Mensch zu sein, schätze ich meine Chance auf Alternativen höher ein, als wenn ich mich für ein Mauerblümchen halte. Das ist nicht auf Äußerlichkeiten beschränkt, man kann sich auch für die Summe seiner positiven Eigenschaften wertschätzen. Oder eben nicht, dann wäre das Vergleichsniveau für Alternativen niedrig. Wer so denkt, kann sich nur schwer vorstellen, dass andere Menschen gern mit ihm zusammen sind. Also besser den Spatz in der Hand als die Taube auf dem Dach und in der wenn auch nicht idealen Beziehung bleiben?

Gründe fürs Zusammenbleiben

Eine wichtige Rolle spielt auch, wie lang eine Beziehung schon besteht. Währt sie kurz, zwei, drei Jahre, ist es noch relativ einfach, sie zu beenden. Doch wenn man seit vielen Jahren, vielleicht Jahrzehnten, in die Beziehung investiert hat, Kinder großgezogen, ein Haus gebaut und vieles gemeinsam gut gemeistert hat … ja, wieso sollte man sich trennen? … Vielleicht weil einer immer zurückgesteckt hat? Das sind sehr oft die Frauen. Sie haben zugunsten der Familie auf eine berufliche Karriere verzichtet, sind zu Hause geblieben. Ihr Horizont hat sich mit der Zeit verkleinert, während sich der ihres vielleicht erfolgreichen Mannes erweitert hat. Er hat viele Kontakte, sie immer weniger. Er findet sich attraktiv und wird auch so wahrgenommen, sie verblasst neben ihm und ist gleichzeitig finanziell von ihm abhängig. Das ist ein weitverbreitetes Problem in der westlichen Welt. Man bleibt zusammen, nicht aus freien Stücken, sondern weil man alles in diese eine Beziehung investiert und verloren hat, Schönheit, Geld, Freunde, sodass man im Laufe der Zeit keine Alternativen mehr hat. Man fühlt sich einem Menschen nicht verbunden, sondern ist an ihn gefesselt.

Gemeinsam glücklich alt zu werden, das ergibt sich nicht einfach so. Die Paare, denen dies gelingt, haben meistens daran gearbeitet. Sie haben ihre Beziehung weiterentwickelt. Sie haben nie aufgehört, sich gegenseitig Komplimente zu machen, und stets im Auge behalten, dass sich ihr Partner wohlfühlt. Dazu gehört, dass sie seine Freiheit nicht eingeschränkt haben, kreativ in der Gestaltung ihres

Alltags bleiben, respektvoll im Umgang. Sie spüren, dass sie nicht aus Verpflichtung, Zwang oder einfach, weil es eben so ist, beieinander sind, sondern weil sie es wollen. Dieses Wollen erneuert sich stetig, weil sie sich gegenseitig Raum zur Veränderung geben und sich in großer psychischer Offenheit aneinander teilhaben lassen – so bleibt es spannend und so erneut sich die Verbindung immer wieder.

Solche glücklichen Paare nehmen ihre Beziehung häufig als etwas ganz Besonderes wahr. Hier ist er wieder, der Effekt der positiven Illusion. Genauso wie zufriedene und gesunde Menschen in einer positiven Illusion über ihre Fähigkeiten und Persönlichkeit leben, erleben auch zufriedene und glückliche Paare ihre Beziehung als überproportional besonders. Selbst wenn die Beziehung von Außenstehenden überhaupt nicht für etwas Besonderes gehalten wird, können die beiden das so sehen, und genau das bestätigt sie in ihrer Wahl und macht sie glücklich. Nach langen gemeinsam verbrachten Jahren kennt man sich und seine Eigenheiten, man teilt eine ähnliche Realität, man denkt zur selben Zeit das Gleiche, und manchmal beendet man den Satz des Partners oder hilft ihm mit einem Namen aus. »Der Dingsbums, na du weißt schon«.

Sind sie nicht herrlich, diese langjährigen Paare: »Als wir damals in Dingsbums mit dem Dingsbums waren, wo dann der Dingsbums sein Smartphone verloren hat.«

Alles klar?

Freundschafts-Waisen

Ja, manchmal liegt Glück auf der Straße, oder es fällt einem in den Schoß. Doch wer es langfristig in sein Leben einladen möchte, öffnet ihm bewusst die Tür – und auch anderen Menschen, die das Glück in unser Leben bringen können und damit auch in ihr eigenes, wie wir auf den vorhergehenden Seiten gesehen haben. Kurioserweise ist uns das, was Liebesbeziehungen betrifft, klar. Freundschaften aber betrachten wir zuweilen als nicht so wichtig, obwohl wir zu Freunden oft sehr innige langjährige Beziehungen haben. Diese geminderte Bedeutung von Freundschaft sehen wir auch im öffentlichen Leben. Wenn jemand seinem Chef sagt: Morgen komme ich später zum Dienst, ich muss meine Mutter/meine Frau/meinen Vater/meinen Mann zum Arzt fahren, ist das ein wichtiger Grund. Geht es jedoch um einen Freund, eine Freundin, die er oder sie zur Ärztin fahren möchte, sieht es anders aus. Kann das sonst niemand tun? Also jemand aus der Familie?

Ganz automatisch habe ich eben bei der Freundin ***fahren möchte*** *geschrieben, während ich die Familienangehörigen* ***fahren muss.*** *Familiendienste sind anerkanntermaßen wichtig, eine Art Pflicht, das muss der Chef einsehen. Freundschaftsdienste hingegen gehören eher ins Privatleben und sie sind keine Pflicht, sondern freiwillig. Aber das ist kein Grund, sie geringer zu schätzen, wie es manche Politiker während der Pandemie als Parole ausriefen.* Man dürfe seine Freunde nun eine Weile nicht mehr sehen, da müsse man halt mal die Zähne zusammenbeißen. Wie hätte das wohl geklungen, wenn verkündet worden wäre: Sie dürfen keine Familienangehörigen mehr treffen, da müssen Sie jetzt halt mal die Zähne zusammenbeißen. Ein Aufschrei wäre durch die Bevölkerung gegangen, wie sich der Staat so dreist ins Privatleben einmischen könne!

Freunde, Familie – ob Wahlverwandtschaft oder genetisch, glücklich kann sich schätzen, wer in der Geborgenheit der Verbundenheit lebt. Und wenn eine Freundschaft endet, tut das weh. Der Tod eines guten Freundes kann das eigene Leben aus der Bahn werfen, und wer den Verlust intensiv betrauert, stößt zuweilen auf wenig Verständnis. Er war doch nur ein Freund. Nein, er oder sie war ein Stück Heimat, wie Kurt Tucholsky es so wunderschön ausgedrückt hat: »Freundschaft, das ist wie Heimat.«

Für Freundschaft lohnt es sich zu kämpfen

Und deshalb lohnt es sich auch, dafür zu kämpfen. Eine Zeit, in der Menschen auf dem Smartphone einfach weggewischt und Liebesbeziehungen per Knopfdruck beendet werden, verführt vielleicht dazu, leichtfertig mit dem hohen Gut der Freundschaft umzugehen. Oder schier Übermenschliches von Freunden zu erwarten. Doch wir alle sind Menschen, und die Freundin, mit der ich so viel Spaß beim gemeinsamen Wandern habe, muss nicht meine literarischen oder kulinarischen Vorlieben teilen. Wir freuen uns an dem, was uns verbindet, und sind neugierig auf die jeweils andere Sicht auf die Welt. So wie Sie, meine lieben Leserinnen und Leser, nun auch sehr lange neugierig geblieben sind. Ja, auch wir sind durch dieses Buch in gewisser Weise miteinander verbunden.

An den Anfang habe ich den Text einer sehr bekannten Weise gestellt. Damit hat Mary Hopkin in den 1960er-Jahren einen großen Hit gelandet. »Those Were The Days« erzählt die Geschichte einer langen Freundschaft. Diese kann nur bestehen, weil die Freunde sich niemals aus den Augen verloren, niemals aufgegeben haben. *We'd fight and never lose.*

Auch sie haben für ihrer beider Verbundenheit gekämpft … und das hat ihr Leben zum Leuchten gebracht. Wenn sie sich sehen, wenn sie sich riechen, wenn sie sich begegnen, erblühen all die wunderschönen Gefühle, die wir auch kennen, wenn wir im Glück einer Freundschaft schwingen.

I saw your face and heard you call my name
Oh, my friend we're older but no wiser
For in our hearts the dreams are still the same

Heimat

Es war ein stürmischer Vormittag. Nicht nur wegen des Wetters, auch an der Uni: Semesterbeginn! Wie immer ging es drunter und drüber … und mittendrin in dem Orkan meine Mitarbeiterin Katrin und ich, ein auch bei hohem Seegang seit Langem bewährtes Team. Wie in den Jahren zuvor meisterten wir auch diese Böen, und als ich mich von ihr verabschiedet hatte, blieb ich kurz an der Tür stehen. Wir wechselten einen Blick. Ein stiller Moment der Verbundenheit. Wir haben das heute gut hingekriegt.

Beschwingt ging ich nach Hause, wo ich stürmisch begrüßt wurde von sechs Beinen. Mit vieren davon brach ich zu einem längeren Spaziergang auf. Lykka, unsere Hündin, hatte mir viel zu zeigen. Ihre Welt hatte sich verändert. Überall lagen neue Stöckchen herum, die der Wind von den Bäumen geweht hatte. Ich teilte ihre Freude. Nicht, dass ich ebenfalls ein Stöckchen apportiert hätte, was für Lykka völlig in Ordnung wäre, solange ich brav weiter für sie warf. Wie wäre es, fragte ich mich, wenn sie zwei auf einmal bringen würde? Wie konnte ich ihr zeigen, was ich wollte? In den nächsten fünf Minuten lernten wir das zusammen und auch voneinander. Womit wir unser Band noch enger knüpften.

Auf dem Nachhauseweg kam ich an meinem Lieblingscafé vorbei. Guddi, die Besitzerin, winkte durch die Glasscheibe, ich winkte zurück. Ein fröhlicher Augenblick der Verbundenheit. Sie zeigte auf die Vitrine mit ihren köstlichen Kuchen. Ich bedeutete ihr, dass ich morgen, am Samstag, kommen würde. Wir nickten beide, wir lachten, ich ging weiter.

Da fiel mir ein, dass ich noch Brot kaufen sollte. »Frau Pause, auf Sie habe ich schon gewartet«, begrüßte mich die Bäckerin. »Wir haben nämlich eine neue Brotsorte, die könnte Ihnen schmecken, wollen Sie mal kosten?«

»Gern«, sagte ich.

Lykka durfte anschließend auch kosten, aber sie brauchte nicht lang dafür, ein Schnapp und das Wurststück vom Metzgermeister war weg. Sehr zufrieden kamen wir beide nach Hause, wo es herrlich nach Leibspeise duftete. Einen Moment blieb ich im Flur stehen, schloss kurz die Augen und nahm diesen Duft in mir auf. Wohlig, warm, verbunden, zugehörig. Es roch nach Freundschaft und Liebe. Es roch nach Heimat.

»Hattet ihr einen schönen Ausflug?«, klang es aus der Küche.

Ich folgte meiner Nase zum schön gedeckten Tisch.

»Danke«, sagte ich.

Ich danke Shirley Michaela Seul für die Initiative zu diesem neuen Buchprojekt. Deine Begeisterung zum Thema hat das Buch weich und liebevoll werden lassen.

Ich danke Angela Hermann-Heene und dem Scorpio Verlag für die intensive Betreuung und wertvolle Hilfe während der Entstehung dieses Buches.

Ich danke allen Menschen, mit denen ich befreundet sein durfte und es bin, allen Menschen, mit denen ich Verbundenheit erlebte und erlebe, beruflich oder privat. Ihr habt in mein Leben die Glücksmomente eingestreut.

Ich danke Gudrun für all die köstlichen Momente des Singens, Tanzens, Küssens, Riechens und Berührens. Du bist meine Heimat.

Literatur

Die Literaturauswahl ist sowohl für Studierende und Wissenschaftler*innen als auch für interessierte Laien gedacht. Ich habe daher, wenn möglich, deutschsprachige gut lesbare Sachbücher aufgenommen, und wenn diese zu einem Thema nicht verfügbar waren, englischsprachige Sachbücher oder Überblicksartikel zitiert. Oft musste ich allerdings auf die englischsprachige Originalliteratur zurückgreifen. Je nach Bedeutung des jeweiligen Themas im Buch habe ich dabei entweder auf die klassische Basisliteratur oder aktuelle spezifische Quellen Bezug genommen.

Gleich und Gleich gesellt sich gern

1 Prochazkova, E., Sjak-Shie, E., Behrens, F., Lindh, D., & Kret, M. E. (2022). Physiological synchrony is associated with attraction in a blind date setting. Nature Human Behaviour, 6(2), 269–278.

2 Romero, T., Konno, A., & Hasegawa, T. (2013). Familiarity bias and physiological responses in contagious yawning by dogs support link to empathy. PloS One, 8(8), e71365.

3 Dunbar, R. I. (2018). The anatomy of friendship. Trends in Cognitive Sciences, 22(1), 32–51.

4 Pearce, E., Launay, J., & Dunbar, R. I. (2015). The ice-breaker effect: Singing mediates fast social bonding. Royal Society Open Science, 2(10), 150221.
5 De Waal, F. B., & Kober, H. (2011). Das Prinzip Empathie: Was wir von der Natur für eine bessere Gesellschaft lernen können. C. Hanser.
6 Brosnan, S. F., & De Waal, F. (2003). Monkeys reject unequal pay. Nature, 425(6955), 297–299.
7 Solomon, S., Greenberg, J., & Pyszczynski, T. (2016). Der Wurm in unserem Herzen: Wie das Wissen um die Sterblichkeit unser Leben beeinflusst. dva.

Stress stresst!

1 Maier, S. F., & Seligman, M. E. (1976). Learned helplessness: theory and evidence. Journal of Experimental Psychology: General, 105(1), 3–46.
2 Maier, S. F., & Seligman, M. E. (2016). Learned helplessness at fifty: Insights from neuroscience. Psychological Review, 123(4), 349. Seligman, M. E. (2006). Learned optimism: How to change your mind and your life. Vintage.
3 Rodman, A. M., Powers, K. E., & Somerville, L. H. (2017). Development of self-protective biases in response to social evaluative feedback. Proceedings of the National Academy of Sciences, 114(50), 13158–13163.
4 Kim, J. J., & Diamond, D. M. (2002). The stressed hippocampus, synaptic plasticity and lost memories. Nature Reviews Neuroscience, 3(6), 453–462.
5 de Figueiredo, C. S., Sandre, P. C., Portugal, L. C. L., Mázala-de-Oliveira, T., da Silva Chagas, L., Raony, Í., ... & Bomfim, P. O. S. (2021). COVID-19 pandemic impact on children and adolescents' mental health: Biological, environmental, and social

factors. Progress in Neuro-Psychopharmacology and Biological Psychiatry, 106, 110171.

6 Lazarus, R. S., & Folkman, S. (1984). Stress, appraisal, and coping. Springer Publishing Company.

7 Taylor, S. E. (2006). Tend and befriend: Biobehavioral bases of affiliation under stress. Current Directions in Psychological Science, 15(6), 273–277.

Glück zieht Menschen an – und Gesundheit

1 Allen, J. B. (2018). The Psychology of Happiness in the Modern World. Springer Publishing Company.

2 Helliwell, J. F., & Aknin, L. B. (2018). Expanding the social science of happiness. Nature Human Behaviour, 2(4), 248–252. Helliwell, J. F., & Aknin, L. B. (2018). Publisher Correction: Expanding the social science of happiness. Nature Human Behaviour, 2(4), 313–313.

3 Aknin, L. B., Van de Vondervoort, J. W., & Hamlin, J. K. (2018). Positive feelings reward and promote prosocial behavior. Current Opinion in Psychology, 20, 55–59.

4 Milgram, S. (1970). The experience of living in cities. Science, 167, 1461–1468. Steblay, N. M. (1987). Helping behavior in rural and urban environments: A meta-analysis. Psychological Bulletin, 102(3), 346–356.

5 Bandura, A. (1977). Self-efficacy: toward a unifying theory of behavioral change. Psychological Review, 84(2), 191–215.

6 Lefcourt, H. M., & Davidson-Katz, K. (1991). Locus of control and health. Handbook of Social and Clinical Psychology: The Health Perspective, 246–266.

7 Rodin, J., & Langer, E. J. (1977). Long-term effects of a control-relevant intervention with the institutionalized aged. Journal of Personality and Social Psychology, 35(12), 897–902.

8 Schulz, R. & Hanusa, B. H. (1978). Long-term effects of control and predictability-enhancing interventions. Journal of Personality and Social Psychology, 36 (11), 1194–1201.

9 Donovan, N. J., & Blazer, D. (2020). Social isolation and loneliness in older adults: review and commentary of a National Academies report. The American Journal of Geriatric Psychiatry, 28(12), 1233–1244. Gangnus, A., Hering, C., Kohl, R., Henson, C. S., Schwinger, A., Steinhagen-Thiessen, E., ... & Gellert, P. (2021). Covid-19-Schutzmaßnahmen und Einschränkungen des sozialen Lebens in Pflegeheimen. Pflege, 2021, 1–10. Räker, M., Klauber, J., & Schwinger, A. (2021). Pflegerische Versorgung in der ersten Welle der COVID-19-Pandemie. In: Jacobs, K., Kuhlmey, A., Greß, S., Klauber, J., & Schwinger, A. (2021). Pflege-Report 2021 (33–58). Springer Nature.

10 Sutin, A. R., Stephan, Y., Luchetti, M., & Terracciano, A. (2020). Loneliness and risk of dementia. The Journals of Gerontology: Series B, 75(7), 1414–1422.

11 Sampedro-Piquero, P., & Begega, A. (2017). Environmental enrichment as a positive behavioral intervention across the lifespan. Current Neuropharmacology, 15(4), 459–470.

12 Pause, B. M., Zlomuzica, A., Kinugawa, K., Mariani, J., Pietrowsky, R., & Dere, E. (2013). Perspectives on episodic-like and episodic memory. Frontiers in Behavioral Neuroscience, 7, 33. Dere, E., Pause, B. M., & Pietrowsky, R. (2010). Emotion and episodic memory in neuropsychiatric disorders. Behavioural Brain Research, 215(2), 162–171. Pause, B. M., Jungbluth, C., Adolph, D., Pietrowsky, R., & Dere, E. (2010). Induction and measurement of episodic memories in healthy adults. Journal of Neuroscience Methods, 189(1), 88–96.

13 Raichlen, D. A., & Alexander, G. E. (2017). Adaptive capacity: an evolutionary neuroscience model linking exercise, cognition, and brain health. Trends in Neurosciences, 40(7), 408–421. Zhang, Z., & Chen, W. (2019). A systematic review of the rela-

tionship between physical activity and happiness. Journal of Happiness Studies, 20(4), 1305–1322.

14 Mogilner, C., & Norton, M. I. (2016). Time, money, and happiness. Current Opinion in Psychology, 10, 12–16. Allen, J. B. (2018). The Psychology of Happiness in the Modern World. Springer Publishing Company.

15 Ader, R., Cohen, N., & Felten, D. (1995). Psychoneuroimmunology: interactions between the nervous system and the immune system. The Lancet, 345(8942), 99–103.

16 Kiecolt-Glaser, J. K., McGuire, L., Robles, T. F., & Glaser, R. (2002). Psychoneuroimmunology and psychosomatic medicine: back to the future. Psychosomatic Medicine, 64(1), 15–28.

17 Janis, I.L. (1982). Groupthink (2nd edition). Boston, MA: Houghton Mifflin.

18 Dr. Marco Buschmann (FDP), Deutscher Bundestag, Stenografischer Bericht, 206. Sitzung. Berlin, Donnerstag, den 28. Januar 2021.

19 Wiest, M., Schüz, B., Webster, N., & Wurm, S. (2011). Subjective well-being and mortality revisited: differential effects of cognitive and emotional facets of well-being on mortality. Health Psychology, 30(6), 728–735.

20 Newall, N. E., Chipperfield, J. G., Bailis, D. S., & Stewart, T. L. (2013). Consequences of loneliness on physical activity and mortality in older adults and the power of positive emotions. Health Psychology, 32(8), 921–924.

21 Marchant, J. (2013). The pursuit of happiness. Nature, 503(7477), 458–460. Fredrickson, B. L., Grewen, K. M., Coffey, K. A., Algoe, S. B., Firestine, A. M., Arevalo, J. M., ... & Cole, S. W. (2013). A functional genomic perspective on human well-being. Proceedings of the National Academy of Sciences, 110(33), 13684–13689.

Verbindung ist die Nahrung der Seele

1 Marino, C., Gini, G., Vieno, A., & Spada, M. M. (2018). A comprehensive meta-analysis on problematic Facebook use. Computers in Human Behavior, 83, 262–277. Caplan, S. E. (2010). Theory and measurement of generalized problematic internet use: A two-step approach. Computers in Human Behavior, 26(5), 1089–1097.

2 Pezoa-Jares, R. E., Espinoza-Luna, I. L., & Vasquez-Medina, J. A. (2012). Internet addiction: A review. Journal of Addiction Research and Therapy. S6:004.

3 Drew, L. (2022). The brain-reading devices helping paralysed people to move, talk and touch. Nature, 604(7906), 416–419.

4 Kagan, B. J., Kitchen, A. C., Tran, N. T., Parker, B. J., Bhat, A., Rollo, B., ... & Friston, K. J. (2021). In vitro neurons learn and exhibit sentience when embodied in a simulated game-world. bioRxiv.

5 Damasio, A. R. (2016). Der Spinoza-Effekt: Wie Gefühle unser Leben bestimmen. Refinery.

6 Heaven, D. (2019). Deep trouble for deep learning. Nature, 574(7777), 163–166.

7 Solomon, S., Greenberg, J., & Pyszczynski, T. (2016). Der Wurm in unserem Herzen: Wie das Wissen um die Sterblichkeit unser Leben beeinflusst. dva.

8 LeDoux, J. (1998). Das Netz der Gefühle. Wie Emotionen entstehen. München: Hanser.

Menschen wollen Freunde sein

1 Dunbar, R. I. M., & Shultz, S. (2007). Evolution in the social brain. Science, 317(5843), 1344–1347. Dunbar, R. I. M., & Shultz, S. (2017). Why are there so many explanations for primate brain

evolution? Philosophical Transactions of the Royal Society B: Biological Sciences, 372(1727), 20160244. Gamble, C., Gowlett, J., & Dunbar, R. (2016). Evolution, Denken, Kultur: das soziale Gehirn und die Entstehung des Menschlichen. Berlin: Springer Spektrum.

2 Asch, S. E. (1955). Opinions and social pressure. Scientific American, 193(5), 31–35.

3 Tajfel, H. (1982). Social psychology of intergroup relations. Annual Review of Psychology, 33(1), 1–39.

4 Latane, B., & Darley, J. M. (1968). Group inhibition of bystander intervention in emergencies. Journal of Personality and Social Psychology, 10(3), 215–221.

5 Herby, J., Jonung, L., & Hanke, S. (2022). A literature review and meta-analysis of the effects of lockdowns on COVID-19 mortality. Studies in Applied Economics, 200, 1–61. Bendavid, E., Oh, C., Bhattacharya, J., & Ioannidis, J. P. (2021). Assessing mandatory stay-at-home and business closure effects on the spread of COVID-19. European Journal of Clinical Investigation, 51(4), e13484. Bendavid, E., Oh, C., Bhattacharya, J., & Ioannidis, J. P. (2021). Authors response to letters to the editor regarding: ›Assessing mandatory stay-At-Home and business closure effects on the spread of COVID-19‹. European Journal of Clinical Investigation, 51 (6), e13553.

6 Santomauro, D. F., Herrera, A. M. M., Shadid, J., Zheng, P., Ashbaugh, C., Pigott, D. M., ... & Ferrari, A. J. (2021). Global prevalence and burden of depressive and anxiety disorders in 204 countries and territories in 2020 due to the COVID-19 pandemic. The Lancet, 398(10312), 1700–1712.

7 MacDonald, J. J., Baxter-King, R., Vavreck, L., Naeim, A., Wenger, N., Sepucha, K., & Stanton, A. L. (2022). Depressive symptoms and anxiety during the COVID-19 pandemic: Large, longitudinal, cross-sectional survey. JMIR Mental Health, 9(2), e33585.

8 Giuntella, O., Hyde, K., Saccardo, S., & Sadoff, S. (2021). Lifestyle and mental health disruptions during COVID-19. Proceedings of the National Academy of Sciences, 118(9) e2016632118.

Ohne Verbindung kein Leben

1 Schaal, B., Hummel, T., & Soussignan, R. (2004). Olfaction in the fetal and premature infant: functional status and clinical implications. Clinics in Perinatology, 31(2), 261–285.
2 Cascio, C. J., Moore, D., & McGlone, F. (2019). Social touch and human development. Developmental Cognitive Neuroscience, 35, 5–11.
3 Schaal, B., Marlier, L., & Soussignan, R. (2000). Human foetuses learn odours from their pregnant mother's diet. Chemical Senses, 25(6), 729–737.
4 Le Grand, R., Mondloch, C. J., Maurer, D., & Brent, H. P. (2001). Early visual experience and face processing. Nature, 410(6831), 890–890.
5 Morrison, I. (2016). Keep calm and cuddle on: Social touch as a stress buffer. Adaptive Human Behavior and Physiology, 2, 344–362.
6 Harlow, H. F., & Zimmermann, R. R. (1959). Affectional responses in the infant monkey. Science, 130(3373), 421–432.
7 Snyder-Mackler, N., Burger, J. R., Gaydosh, L., Belsky, D. W., Noppert, G. A., Campos, F. A., ... & Tung, J. (2020). Social determinants of health and survival in humans and other animals. Science, 368(6493), eaax9553.
8 Entringer, S., Buss, C., & Wadhwa, P. D. (2015). Prenatal stress, development, health and disease risk: A psychobiological perspective – 2015 Curt Richter Award Paper. Psychoneuroendocrinology, 62, 366–375.

9 Van Os, J., & Selten, J. P. (1998). Prenatal exposure to maternal stress and subsequent schizophrenia: the May 1940 invasion of the Netherlands. The British Journal of Psychiatry, 172(4), 324–326.

10 Deoni, S., Beauchemin, J., Volpe, A., & D'Sa, V. (2021). Impact of the COVID-19 pandemic on early child cognitive development: Initial findings in a longitudinal observational study of child health. Medrxiv.

11 Rotter, J. B. (1980). Interpersonal trust, trustworthiness, and gullibility. American Psychologist, 35(1), 1–7.

12 Kosfeld, M., Heinrichs, M., Zak, P. J., Fischbacher, U., & Fehr, E. (2005). Oxytocin increases trust in humans. Nature, 435(7042), 673–676.

13 Meister, L., & Pause, B. M. (2021). It's trust or risk? Chemosensory anxiety signals affect bargaining in women. Biological Psychology, 162, 108114.

Der Schmerz der Ungebundenheit

1 Fratiglioni, L., Wang, H. X., Ericsson, K., Maytan, M., & Winblad, B. (2000). Influence of social network on occurrence of dementia: a community-based longitudinal study. The Lancet, 355(9212), 1315–1319. Sutin, A. R., Stephan, Y., Luchetti, M., & Terracciano, A. (2020). Loneliness and risk of dementia. The Journals of Gerontology: Series B, 75(7), 1414–1422.

2 Eisenberger, N. I., Lieberman, M. D., & Williams, K. D. (2003). Does rejection hurt? An fMRI study of social exclusion. Science, 302(5643), 290–292.

3 Cacioppo, J. T., & Patrick, W. (2011). Einsamkeit: Woher sie kommt, was sie bewirkt, wie man ihr entrinnt. Spektrum, Akad. Verlag.

4 Moghaddam, F. M. (2005). The staircase to terrorism: A psychological exploration. American Psychologist, 60(2), 161–169.

5 Dubé, J. P., Smith, M. M., Sherry, S. B., Hewitt, P. L., & Stewart, S. H. (2021). Suicide behaviors during the COVID-19 pandemic: a meta-analysis of 54 studies. Psychiatry Research, 301, 113998.

6 Santomauro, D. F., Herrera, A. M. M., Shadid, J., Zheng, P., Ashbaugh, C., Pigott, D. M., ... & Ferrari, A. J. (2021). Global prevalence and burden of depressive and anxiety disorders in 204 countries and territories in 2020 due to the COVID-19 pandemic. The Lancet, 398(10312), 1700–1712.

7 Giuntella, O., Hyde, K., Saccardo, S., & Sadoff, S. (2021). Lifestyle and mental health disruptions during COVID-19. Proceedings of the National Academy of Sciences, 118(9), e2016632118.

8 Zhang, W., Gao, F., Gross, J., Shrum, L. J., & Hayne, H. (2021). How does social distancing during COVID-19 affect negative moods and memory? Memory, 29(1), 90–97.

9 Guedj, E., Campion, J. Y., Horowitz, T., Barthelemy, F., Cammilleri, S., & Ceccaldi, M. (2022). The impact of COVID-19 lockdown on brain metabolism. Human Brain Mapping, 43(2), 593–597.

10 Deoni, S., Beauchemin, J., Volpe, A., & D'Sa, V. (2021). Impact of the COVID-19 pandemic on early child cognitive development: Initial findings in a longitudinal observational study of child health. Medrxiv.

11 Räker, M., Klauber, J., & Schwinger, A. (2021). Pflegerische Versorgung in der ersten Welle der COVID-19-Pandemie. In: Jacobs, K., Kuhlmey, A., Greß, S., Klauber, J., & Schwinger, A. (2021). Pflege-Report 2021 (33–58). Springer Nature.

12 Hering, C., Gangnus, A., Kohl, R., Steinhagen-Thiessen, E. S., Sander, C. S., & Gellert, P. (2021). Lehren aus der Corona-Pandemie für Strukturentwicklungen im Versorgungssetting Pflege-

heim. Zur Infektions- und Versorgungssituation in der Corona-Pandemie. Charité Berlin.

13 Cole, S. W., Hawkley, L. C., Arevalo, J. M., & Cacioppo, J. T. (2011). Transcript origin analysis identifies antigen-presenting cells as primary targets of socially regulated gene expression in leukocytes. Proceedings of the National Academy of Sciences, 108(7), 3080–3085. Cole, S. W., Capitanio, J. P., Chun, K., Arevalo, J. M., Ma, J., & Cacioppo, J. T. (2015). Myeloid differentiation architecture of leukocyte transcriptome dynamics in perceived social isolation. Proceedings of the National Academy of Sciences, 112(49), 15142–15147.

Vom Fremden zum Vertrauten

1 Moreland, R. L., & Beach, S. R. (1992). Exposure effects in the classroom: The development of affinity among students. Journal of Experimental Social Psychology, 28(3), 255–276.

2 Bian, L., Leslie, S. J., & Cimpian, A. (2017). Gender stereotypes about intellectual ability emerge early and influence children's interests. Science, 355(6323), 389–391.

3 Christakis, N. A., & Fowler, J. H. (2014). Friendship and natural selection. Proceedings of the National Academy of Sciences, 111(Supplement 3), 10796–10801.

4 Ravreby, I., Snitz, K., & Sobel, N. (2021). Sniffing out new friends: Similarity in body-odor predicts the quality of same-Sex non-romantic dyadic interactions. sbioRxiv.

5 Preston, S. D., & De Waal, F. B. (2002). Empathy: Its ultimate and proximate bases. Behavioral and brain sciences, 25(1), 1–20. De Waal, F. B., & Kober, H. (2011). Das Prinzip Empathie: Was wir von der Natur für eine bessere Gesellschaft lernen können. C. Hanser.

Die Nase lügt nicht

1 Christakis, N. A., & Fowler, J. H. (2014). Friendship and natural selection. Proceedings of the National Academy of Sciences, 111(Supplement 3), 10796–10801.

2 Pause, B. M., & Seul, S. M. (2020). Alles Geruchssache: Wie unsere Nase steuert, was wir wollen und wen wir lieben. Piper.

3 https://www.krankenhaushygiene.de/pdfdata/2021-07-07-Masken.pdf

4 https://www.baua.de/DE/Themen/Arbeitsgestaltung-im-Betrieb/Coronavirus/FAQ/26-FAQ_node.html

5 Chen, B., Wang, Q., Zhong, X., Heyne, L., Ning, Y., & Hummel, T. (2020). Can we assess the sense of smell through a face mask? International Forum of Allergy & Rhinology, 10 (11), 1264–1265.

6 McCrackin, S. D., Capozzi, F., Mayrand, F., & Ristic, J. (2022). Face masks impair basic emotion recognition. Social Psychology. https://doi.org/10.1027/1864-9335/a000470. Pavlova, M. A., & Sokolov, A. A. (2022). Reading covered faces. Cerebral Cortex, 32(2), 249–265. Grahlow, M., Rupp, C. I., & Derntl, B. (2022). The impact of face masks on emotion recognition performance and perception of threat. PLoS One, 17(2), e0262840. Grundmann, F., Epstude, K., & Scheibe, S. (2021). Face masks reduce emotion-recognition accuracy and perceived closeness. Plos One, 16(4), e0249792.

7 Gabrieli, G., & Esposito, G. (2021). Reduced perceived trustworthiness during face mask wearing. European Journal of Investigation in Health, Psychology and Education, 11(4), 1474–1484.

8 Kastendieck, T., Zillmer, S., & Hess, U. (2022). (Un) mask yourself! Effects of face masks on facial mimicry and emotion perception during the COVID-19 pandemic. Cognition and Emotion, 36(1), 59–69.

9 Le Grand, R., Mondloch, C. J., Maurer, D., & Brent, H. P. (2001). Early visual experience and face processing. Nature, 410(6831), 890–890.
10 Green, J., Staff, L., Bromley, P., Jones, L., & Petty, J. (2021). The implications of face masks for babies and families during the COVID-19 pandemic: A discussion paper. Journal of Neonatal Nursing, 27(1), 21–25.
11 Stajduhar, A., Ganel, T., Avidan, G., Rosenbaum, R. S., & Freud, E. (2022). Face masks disrupt holistic processing and face perception in school-age children. Cognitive Research: Principles and Implications, 7(1), 1–10.

Das hohe Gut der Freundschaft

1 Bzdok, D., & Dunbar, R. I. (2020). The neurobiology of social distance. Trends in Cognitive Sciences, 24(9), 717–733.
2 Dunbar, R. I. (2018). The anatomy of friendship. Trends in Cognitive Sciences, 22(1), 32–51.
3 Ehrlich, K. B. (2019). Attachment and psychoneuroimmunology. Current Opinion in Psychology, 25, 96–100.
4 Boursier, V., Gioia, F., Musetti, A., & Schimmenti, A. (2020). Facing loneliness and anxiety during the COVID-19 isolation: the role of excessive social media use in a sample of Italian adults. Frontiers in Psychiatry, 11:586222.
5 Brucks, M.S., Levav, J. (2022). Virtual communication curbs creative idea generation. Nature 605, 108–112.
6 Erdfelder, E., Antoni, C. H., Bermeitinger, C., Bühner, M., Elsner, B., Fydrich, T., ... & Vaterrodt, B. (2021). Präsenzveranstaltungen: Unverzichtbarer Kernbestandteil einer qualitativ hochwertigen universitären Psychologieausbildung. Psychologische Rundschau, 72 (1), 19–26.

Liebe!

1 Scott, I. M., Clark, A. P., Josephson, S. C., Boyette, A. H., Cuthill, I. C., Fried, R. L., ... & Penton-Voak, I. S. (2014). Human preferences for sexually dimorphic faces may be evolutionarily novel. Proceedings of the National Academy of Sciences, 111(40), 14388–14393.

2 Bem, S. L. (1975). Sex role adaptability: One consequence of psychological androgyny. Journal of Personality and Social Psychology, 31(4), 634–643.

3 Lefkowitz, E. S., & Zeldow, P. B. (2006). Masculinity and femininity predict optimal mental health: A belated test of the androgyny hypothesis. Journal of Personality Assessment, 87(1), 95–101.

4 Langlois, J. H., & Roggman, L. A. (1990). Attractive faces are only average. Psychological Science, 1(2), 115–121.

5 Dunbar, R. I. (2010). The social role of touch in humans and primates: behavioural function and neurobiological mechanisms. Neuroscience & Biobehavioral Reviews, 34(2), 260–268.

6 Wu, Y. E., Dang, J., Kingsbury, L., Zhang, M., Sun, F., Hu, R. K., & Hong, W. (2021). Neural control of affiliative touch in prosocial interaction. Nature, 599(7884), 262–267.

7 Von Mohr, M., Kirsch, L. P., & Fotopoulou, A. (2021). Social touch deprivation during COVID-19: effects on psychological wellbeing and craving interpersonal touch. Royal Society Open Science, 8(9), 210287.

8 Pause, B. M., & Seul, S. M. (2020). Alles Geruchssache: Wie unsere Nase steuert, was wir wollen und wen wir lieben. Piper.

Über die Autorin

© privat

PROF. BETTINA M. PAUSE ist eine international anerkannte Forscherin im Bereich Psychologie des Geruchs und der sozialen Kommunikation. Sie promovierte in Psychologie und leitet heute die Abteilung für Biologische und Sozialpsychologie an der Heinrich-Heine-Universität in Düsseldorf. Laut »Marquis Who's Who« gehört sie zu den Top 3 Prozent der Wissenschaftler weltweit über alle Disziplinen hinweg (Philosophie, Naturwissenschaften, Medizin etc.).